21 世纪高等学校
经济管理类规划教材
高校系列

EXCEL PRACTICE
OF ACCOUNTING

Excel
会计实务

✚ 王晓民 陈晓暾 主编
✚ 王化中 齐灶娥 副主编

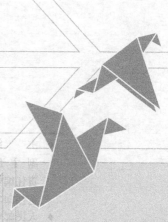

人 民 邮 电 出 版 社
北 京

图书在版编目（CIP）数据

Excel会计实务 / 王晓民，陈晓暾主编. -- 北京：
人民邮电出版社，2015.6
　21世纪高等学校经济管理类规划教材
　ISBN 978-7-115-38826-1

Ⅰ．①E… Ⅱ．①王… ②陈… Ⅲ．①表处理软件—应
用—会计—高等学校—教材 Ⅳ．①F232

中国版本图书馆CIP数据核字(2015)第080296号

内 容 提 要

本书将会计知识与实务和 Excel 操作技巧完美融合，主要介绍了 Excel 的基础知识和高级应用；
并在此基础上结合大量示例，详细介绍了 Excel 在会计凭证、会计账簿、财务报表、固定资产管理、
工资管理、应收账款管理、进销存管理工作和财务分析中的应用。

本书提供了完整的知识框架体系和知识脉络，便于读者对知识、技巧从整体到细节全面掌握。

本书可作为高等院校经济、管理类专业的教材，也可作为会计人员职业培训教材。

◆ 主　编　王晓民　陈晓暾

　副主编　王化中　齐灶娥

　责任编辑　邹文波

　责任印制　沈　蓉　彭志环

◆ 人民邮电出版社出版发行　　北京市丰台区成寿寺路 11 号

　邮编　100164　电子邮件　315@ptpress.com.cn

　网址　https://www.ptpress.com.cn

　北京盛通印刷股份有限公司印刷

◆ 开本：787×1092　1/16

　印张：16　　　　　　　　2015 年 6 月第 1 版

　字数：430 千字　　　　　2025 年 9 月北京第 14 次印刷

定价：38.00 元

读者服务热线：(010)81055256　印装质量热线：(010)81055316
反盗版热线：(010)81055315

前言 Preface

本书以 Excel 在会计工作中的具体应用为主线，按照会计人员的日常工作特点谋篇布局，通过介绍典型应用案例，在讲解具体工作方法的同时，介绍相关的 Excel 常用功能。

各章主要内容如下。

第 1 章编制会计凭证，主要介绍在 Excel 中制作记账凭证、录入记账凭证信息、查询及审核记账凭证等的方法和具体操作步骤。

第 2 章编制会计账簿，主要介绍如何根据已创建的会计科目表、记账凭证汇总表中的数据，利用 Excel 创建科目汇总表、科目余额表、总分类账等会计账簿。

第 3 章编制财务报表，主要介绍如何在编制会计账簿的基础上，利用 Excel 编制财务报表。

第 4 章 Excel 在固定资产管理中的应用，主要介绍如何利用 Excel 制作固定资产卡片、计算固定资产折旧、分配折旧费用及生成相关凭证、编制固定资产的分析表等。

第 5 章 Excel 在工资管理中的应用，主要介绍面对大量的工资数据，在规定的时间内如何运用 Excel 及时、准确地对工资进行核算和管理，提高工作效率和工作的准确性。

第 6 章 Excel 在应收账款管理中的应用，主要介绍如何使用 Excel 进行应收账款管理，其设计方法同样适用于应付账款的管理。

第 7 章 Excel 在进销存管理中的应用，主要介绍如何使用 Excel 进行简易的进销存管理。

第 8 章 Excel 在财务分析中的应用，主要介绍财务分析中的常用方法和如何运用 Excel 进行简单的财务分析。

本书最大的特点就是将会计知识与实务和 Excel 操作技巧完美融合。每一章的开头，都有针对该章的会计知识与传统手工会计实务的精简讲解，随后切入相关会计业务，讲解如何利用 Excel 操作技巧提高效率。让学习者不但知道应该怎么做，而且知道为什么这样做，这样的设计解决了同类图书会计知识与 Excel 操作技巧脱节的普遍问题。

本书提供了完整的知识框架体系，便于读者对知识、技巧从整体到细节的全面掌握。

另外，本书还提供了全套的会计实务案例和模板，有助于提高读者的学习效率。读者可以简单修改这些模板的参数，将模板直接用于本单位的会计实务。需要的读者可以到人民邮电出版社的教学服务与资源网（www.ptpedu.com.cn）下载。

除了图文并茂、深入浅出的讲解，本书所有章节配有大量的操作提示。这些提示一方面来自编者多年工作经验的总结，还有部分是根据本书初稿完成后，内部测试读者的反馈进行的专门设计。这些提示有助于开拓读者的思路，将某一知识、技巧扩展应用，做到举一反三、触类旁通。

本书由王晓民、陈晓暾担任主编，王化中、齐灶娥担任副主编。其中，第1章、第2章、第4章由王晓民编写，第3章、第5章、第8章由陈晓暾编写，第6章、第7章由王化中编写，潘枭负责全书的示例文件和习题的整理，张丹阳负责全书的文字编排和校对工作，齐灶娥负责部分章节的编写和全书的统稿与审定工作。

由于时间仓促，以及编者水平有限，本书难免存在不足之处，欢迎广大读者批评指正。

编者

2015 年 4 月

目 录 Contents

会计凭证是记录经济业务、明确经济责任、按一定格式编制的据以登记会计账簿的书面证明。对于发生的任何经济业务，企业都必须填制或取得原始凭证，只有审核无误的原始凭证才能作为依据，填制记账凭证，并登记分类账、科目汇总表等账簿，作为编制资产负债表、利润表、现金流量表等财务报表的基础。

本章主要介绍在 Excel 2010 中制作记账凭证、输入记账凭证信息、查询及审核记账凭证等的方法和具体操作步骤。

【学习目标】

通过本章的学习，读者应掌握和了解以下知识点：

- 掌握会计科目表的制作方法。
- 掌握如何在会计科目表中添加、删除、更改会计科目。
- 掌握自动显示年月日、会计科目、借贷方向的方法。
- 掌握使用数据有效性为单元格设置数据条件、提示信息、出错警告信息的方法。
- 掌握记账凭证的编制和使用方法。

1.1

会计凭证概述

会计凭证是会计核算的起点，也是会计账务处理的重要依据。在处理任何经济业务时，企业都必须依法取得相关凭证，以书面形式记录和证明所发生的经济业务，并在凭证上签字、盖章，用于对经济业务的合法性、正式性和正确性予以证明，明确有关单位和人员的责任。

1.1.1　会计凭证的用途

填制和审核会计凭证，既是会计工作的开始，也是对经济业务进行监督的重要环节。

会计凭证在会计核算中具有十分重要的用途，主要表现在以下几个方面。

1．监督、控制经济活动

通过会计凭证的审核，可以检查经济业务的发生是否符合相关的法律、制度，是否符合业务经营、账务收支的方针和计划及预算的规定，以确保经济业务的合理、合法和有效性。

2．提供记账依据

会计凭证是记账的依据，通过会计凭证的填制审核，按照一定方法对会计凭证及时传递，确保经济业务适时、准确地记录。

3．加强经济责任制

经济业务发生后，须取得或填制适当的会计凭证，证明经济业务已经发生或完成；同时由经办人员在凭证上签字、盖章，明确业务责任人。通过会计凭证的填制和审核，使有关责任人在其职权范围内各负其责，并利用凭证填制、审核的制度进一步完善经济责任制。

1.1.2 会计凭证的类别

按照会计凭证的填制程序和用途，记账凭证一般可以分为原始凭证和记账凭证两大类。

1. 原始凭证

原始凭证是记录经济业务已经发生、执行或完成，用以明确经济责任，作为记账依据的最初的书面证明文件，如出差乘坐的车船票、采购材料的发货票、到仓库领料的领料单等，都是原始凭证。原始凭证是在经济业务发生的过程中直接产生的，是经济业务发生的最初证明，在法律上具有证明效力，所以也可以叫作"证明凭证"。原始凭证按其取得的来源不同，可以分为自制原始凭证和外来原始凭证两类。

（1）自制原始凭证

自制原始凭证是指在经济业务发生、执行或完成时，由本单位的经办人员自行填制的原始凭证，如收料单、领料单、产品入库单等。自制原始凭证按其填制手续不同，又可分为一次凭证、累计凭证、汇总原始凭证和记账编制凭证四种。

（2）外来原始凭证

外来原始凭证是指在与外单位发生经济往来关系时，从外单位取得的凭证。外来原始凭证都是一次凭证。如企业为购买材料、商品时，从供货单位取得的发货票，就是外来原始凭证。

原始凭证按照其使用的范围，可以分为通用凭证和专用凭证两大类。通用凭证在一定的范围内具有统一的格式和使用的方法，如增值税发票等；专用凭证是指一些单位根据自身业务内容和特点自制凭证，不同单位格式可以不同。

2. 记账凭证

记账凭证是会计人员根据审核无误的原始凭证或汇总原始凭证，用来确定经济业务应借、应贷的会计科目和金额而填制的，作为登记账簿直接依据的会计凭证。为了将类别繁多、数量庞大、格式不一的原始凭证，按照反映的不同经济业务进行归类和整理，需要填制具有统一格式的记账凭证，确定会计分录，并将相关的原始凭证附在后面。

记账凭证按其适用的经济业务，分为专用记账凭证和通用记账凭证两类。

（1）专用记账凭证

专用记账凭证是用来专门记录某一类经济业务的记账凭证。专用凭证按其所记录的经济业务与现金和银行存款的收付有无关系，又分为收款凭证、付款凭证和转账凭证3种。

① 收款凭证：收款凭证是用来记录现金和银行存款等货币资金收款业务的凭证，它是根据现金和银行存款收款业务的原始凭证填制的。

② 付款凭证：付款凭证是用来记录现金和银行存款等货币资金付款业务的凭证，它是根据现金和银行存款付款业务的原始凭证填制的。

收款凭证和付款凭证是用来记录货币收付业务的凭证，它们既是登记现金日记账、银行存款日记账、明细分类账及总分类账等账簿的依据，也是出纳人员收、付款项的依据。出纳人员不能依据现金、银行存款收付业务的原始凭证收付款项，必须根据会计主管人员或指定人员审核批准的收款凭证和付款凭证收付款项，以加强对货币资金的管理，有效地监督货币资金的使用。

③ 转账凭证：转账凭证是用来记录与现金、银行存款等货币资金收付款业务无关的转账业务的凭证，它是根据有关转账业务的原始凭证填制的。转账凭证是登记总分类账及有关明细分

类账的依据。

（2）通用记账凭证

通用记账凭证的格式不再分为收款凭证、付款凭证和转账凭证，而是以一种格式记录全部经济业务。通用记账凭证又简称为记账凭证。

记账凭证的基本内容一般包含以下几个方面：记账凭证的名称及填制记账凭证的单位的名称、凭证填制的日期和编号、经济业务的摘要、会计分录、记账标记、附件张数、有关人员签章等。

为了简化会计核算的填制工作，会计信息系统中一般采用如图 1-1 所示的通用记账凭证格式，并在凭证类别（“字”）中用现、银、转来区分特定的经济业务类型。

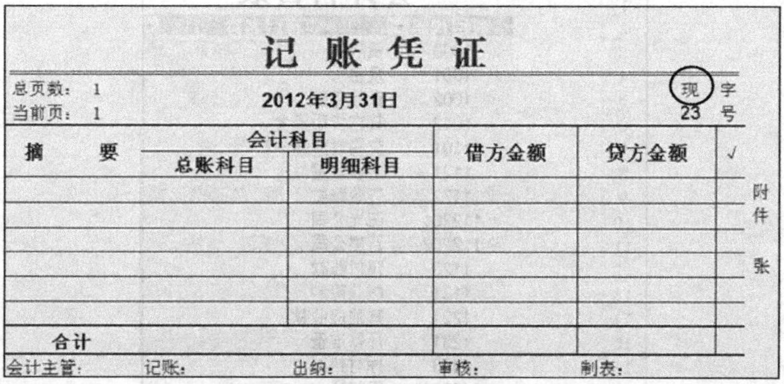
记 账 凭 证

总页数：1
当前页：1
2012年3月31日
现 字
23 号

摘　要	会计科目		借方金额	贷方金额	√
	总账科目	明细科目			
合计					

附件　张

会计主管：　记账：　出纳：　审核：　制表：

图 1-1　通用记账凭证格式

1.2 会计科目表的编制

会计科目表用于保存企业设置的总账科目和明细科目。会计科目是对会计要素的具体内容进行分类核算的标志。企业根据会计准则和本单位实际情况设置总账科目和明细科目。

1.2.1　会计科目的编号

为了便于编制会计凭证、登记账簿、查阅账目，在对会计科目进行分类的基础上，为每个会计科目编制固定的号码，这些号码称为会计科目编号，简称科目编号。

根据所提供信息的详细程度及其统驭关系不同，会计科目分为总分类科目和明细分类科目。总分类科目也称为一级会计科目，它是提供总括信息的会计科目，如“应收账款”“原材料”等科目，参考《企业会计准则——应用指南》对会计科目进行编码：总分类科目采用四位数的编码，以千位数数码代表会计科目的类别，如资产类科目、负债类科目、所有者权益类科目、成本类科目、损益类科目分别以 1、2、4、5、6 为第一位数字，百分位以下的数字代表该类别下更为详细的分类，如 1122 代表的是资产类的“应收账款”科目。

明细分类科目是对总分类科目作进一步分类，提供更为详细具体的会计信息科目，如“应收账款”科目按债务人名称设置明细科目，反映应收账款具体对象。明细分类科目可以根据企业具体情况设置，如 112201 代表某公司的应收账款。

1.2.2 创建会计科目表

在 Excel 中建立会计科目表，应考虑方便用户增加和删除会计科目。下面介绍创建会计科目表的方法。

例1-1 建立会计科目表。

假设为 X 公司设置会计科目表，该公司是以加工金属制品为主的中小型制造业公司，依据参照《企业会计准则——应用指南》与公司自身特点，设置如图 1-2 所示的会计科目表。

科目代码	科目名称
	会计科目表
1000	资产类
1001	现金
1002	银行存款
1012	其它货币资金
1101	交易性金融资产
1121	应收票据
1122	应收账款
112201	阳光公司
112202	万昌公司
1123	预付账款
1131	应收股利
1221	其他应收款
1231	坏账准备
1403	原材料
140301	甲材料
140302	乙材料
1405	库存商品
140501	A产品
140502	B产品

图 1-2　会计科目表

该范例文件见网上资源"第 1 章"文件夹下"会计凭证.xlsx"工作簿的"会计科目"工作表。其具体操作步骤如下。

（1）新建工作表。

启动 Excel 软件，创建名为"会计凭证"的工作簿，双击"Sheet1"工作表标签，重命名为"会计科目"，如图 1-3 所示。

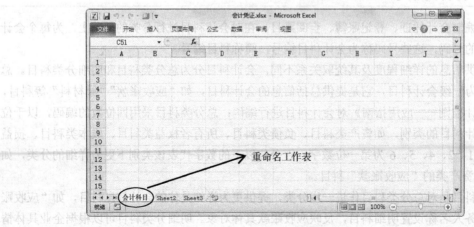

图 1-3　重命名工作表

除通过双击进行重命名工作表标签的方法之外，我们还可以通过右键单击工作表标签，在弹出的快捷菜单中单击"重命名"命令来完成这项操作，同时我们也可以在快捷菜单中对工作表进行诸如"删除""插入"等其他命令。

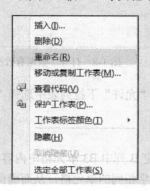

（2）设置表头。

选择单元格 B1，输入"会计科目表"，将其字体设置为"华文中宋"，字号设置为"20"，如图1-4 所示。

选定区域 B1:C1，选择"开始"/"对齐方式"/"合并后居中"命令，将单元格内容居中，效果如图 1-5 所示，在单元格 B2、C2 中分别输入"科目代码"和"科目名称"。

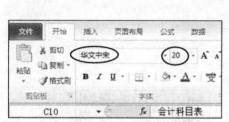

图 1-4 "开始"选项卡设定

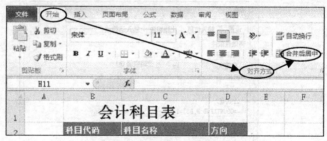

图 1-5 设置表头字体和对齐方式

（3）创建表格区域。

选中区域 B2:C3，选择"插入"/"表格"/"表格"命令创建表格，弹出如图 1-6 所示的"创建表"对话框。选择"表包含标题"复选框，单击"确定"按钮，关闭对话框，返回工作表界面，创建如图 1-7 所示的表格区域。

（4）设置数据有效性。

选中单元格 B4，如图 1-8 所示，选择"数据"/"数据工具"/"数据有效性"命令，弹出"数据有效性"对话框。

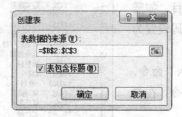

图 1-6 "创建表"对话框

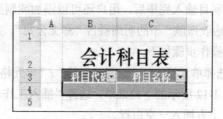

图 1-7 创建表格

图1-8　打开"数据有效性"命令

单击"设置"选项卡，在"允许"下拉列表中选择"自定义"选项，在"公式"文本框中输入以下公式：

=COUNTIF(B:B,B3)=1

如图1-9所示，该公式限定B列中B3单元格中内容与其余单元格内容相同的个数为1，即在B列中没有与 B3 单元格中的数字相同的单元格，从而确保每一个会计科目的唯一性，然后单击"确定"按钮，关闭对话框，完成数据有效性设置。

（5）设置表格区域格式。

选择表格的"科目代码"列，单击水平居中按钮 ，使该列内容居中显示，选择表格的"科目代码"列和"科目名称"列，右键单击，在弹出的快捷菜单中选择"列宽"命令，弹出如图1-10所示的"列宽"对话框，在文本框中输入10，单击"确定"按钮，关闭对话框。

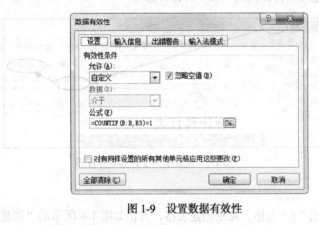

图1-9　设置数据有效性

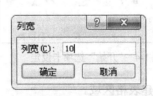

图1-10　"列宽"对话框

（6）扩展表格区域并输入科目代码与科目名称。

将鼠标移动到表格区域右下端，待单元格指针变成一个双向箭头对角线时，单击并向下拖动至任意行，从表格的第三行开始，依次输入如图1-11所示的会计科目代码及会计科目名称。

（7）添加会计科目。

所有科目输入完毕后，用户还可以添加或删除会计科目，如需要增加"应收账款"下的明细科目"海文公司"，并将其代码设置为112202，操作步骤如下。

① 选择单元格B11，选择"开始"/"单元格"/"插入"命令，打开如图1-12所示的下拉菜单，选择"插入工作表行"命令，在单元格B11上方插入一空白行。

② 在空白表格行的单元格B11、C11内分别输入"112202""海

A	B	C
		会计科目表
	科目代码	科目名称
	1000	资产类
	1001	现金
	1002	银行存款
	1012	其他货币资金
	1101	交易性金融资产
	1121	应收票据
	1122	应收账款
	112201	万万公司
	1123	预付账款
	1131	应收股利
	1221	其他应收款
	1231	坏账准备
	1403	原材料
	140301	A材料
	140302	B材料
	1405	库存商品
	140501	甲产品
	140502	乙产品

图1-11　会计科目表内容

文公司"。

（8）删除与修改会计科目。

选中要删除的会计科目所在的单元格并单击鼠标右键，在弹出的快捷菜单中选择"删除"命令，弹出如图 1-13 所示的对话框，选择"整行"删除；选中要修改的会计科目所在的单元格，双击（或按 F2 键）使单元格进入编辑模式后，可以在单元格内或者公式栏内对单元格进行修改和编辑。

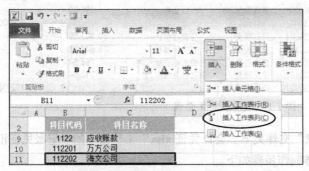

图 1-12　在表格中插入新行

图 1-13　"删除"对话框

1.3　记账凭证汇总表的编制

会计科目表创建后，按手工会计账务处理程序，应该将企业日常发生的经济业务填写在记账凭证上。记账凭证汇总表就是关于记账凭证信息的汇总表格。在会计核算信息系统中，它具有以下功能。

1. 输入会计凭证信息

用户在日常会计工作中，将企业每日发生或完成的经济业务按时间的先后顺序逐笔登记在记账凭证汇总表中。

2. 普通日记账

月末，工作人员将本月发生的所有经济业务完成登记后，记账凭证汇总表可以作为普通日记账使用。

3. 查询凭证信息

在会计核算中，记账凭证汇总表是非常重要的一个表格，它是会计核算和财务管理的核心资料。使用 Excel 的排序和筛选功能帮助用户快速查找所需的信息。

1.3.1　相关格式设计

记账凭证汇总表作为记账凭证信息的输入界面，包含了如图 1-1 所示的通用记账凭证中的所有信息，主要项目有：日期、凭证编号、类型、号、摘要、科目代码、总账科目、明细科目、发生额、附件数量等。下面以 X 公司 3 月份的经济业务为例，介绍设置相关格式的方法。

例 1-2　创建记账凭证汇总表。

以 X 公司 3 月份的经济业务为例，创建如图 1-14 所示的记账凭证汇总表，记录并汇总本月的记账凭证信息。

凭证编号	年	月	日	类型	号	摘要	科目代码	总账科目	明细科目	借方金额	贷方金额	附件	方向
						记账凭证汇总表							
						2012年3月							
2-1-1	2012	3	1	银	1	提取备用金	1001	现金		2,000.00		1	借
2-1-2	2012	3	1	银	1	提取备用金	1002	银行存款			2,000.00	1	贷
3-1-1	2012	3	2	转	1	车间领用原材料	500101	生产成本	甲产品	50,000.00		3	借
3-1-2	2012	3	2	转	1	车间领用原材料	140301	原材料	A材料		50,000.00	3	贷
1-1-1	2012	3	3	现	1	购买办公用品	660201	管理费用	办公费	500.00		2	借
1-1-2	2012	3	3	现	1	购买办公用品	1001	现金			500.00	2	贷
3-2-1	2012	3	4	转	2	缴纳上月所得税	222101	应交税费	应交增值税	10,373.89		4	借
3-2-2	2012	3	4	转	2	缴纳上月所得税	222102	应交税费	应交所得税	38,647.28		4	借
3-2-3	2012	3	4	转	2	缴纳上月所得税	222104	应交税费	应交城市维护建设税	768.34		4	借
3-2-4	2012	3	4	转	2	缴纳上月所得税	222105	应交税费	应交教育费附加	312.54		4	借
3-2-5	2012	3	4	转	2	缴纳上月所得税	1002	银行存款			50,102.05	4	贷

图 1-14　记账凭证汇总表

该范例文件见网上资源"第 1 章"文件夹下"会计凭证.xlsx"工作簿中的"记账凭证汇总表"工作表，其格式如图 1-11 所示，具体制作步骤如下。

（1）重命名工作表。

打开"会计凭证"工作簿，双击"Sheet2"工作表标签，重命名为"记账凭证汇总表"，如图 1-15 所示。

（2）设置表头。

① 在单元格 B1 中输入文本"记账凭证汇总表"，转到"开始"选项卡，在"对齐方式"功能组中将区域 B1:M1 合并后居中，如图 1-16 所示。

图 1-15　重命名工作表　　　　　　　　　　图 1-16　"合并后居中"按钮

② 在"字体"功能组中将字体设置为"华文中宋"，字号为"20"，字体颜色为"蓝色"，并添加双底框线，如图 1-17 所示。

图 1-17　"双下划线"按钮

③ 选择"开始"/"单元格"/"格式"/"行高"命令，将行高设置为"40"，设置后的效果如图 1-18 所示。

图 1-18　设置表头

（3）设置日期格式。

选取区域 B2:M2，合并并居中；按 Ctrl+1 组合键，打开如图 1-19 所示的"设置单元格格式"对话框，转到"数字"选项卡，在"分类"列表框中选择"日期"，在"类型"列表框中选择"2001年 3 月"格式，单击"确定"按钮，关闭对话框，完成对单元格日期格式的设置。

图 1-19　设置日期格式

（4）设置标题及格式。

① 在单元格 A3 至 N3 中，分别输入"凭证编号""年""月""日""类型""号""摘要""科目代码""总账科目""明细科目""借方金额""贷方金额""附件"和"方向"。

② 将单元格指针移动到列字母之间，变成左右拉伸形状之后，单击并拖动到合适的宽度。

③ 选择第 3 行，居中显示标题文本，选择"开始"/"单元格"/"格式"/"行高"命令，如图 1-20 所示，设置行高为"25"。

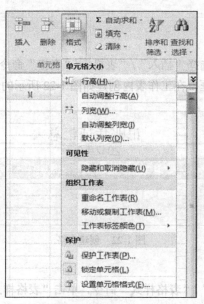

图 1-20　调整单元格行高

④ 选择 K 列，L 列，单击"开始"选项卡，在"字体"功能组中设置字体为"Arial"，字号默认为"11"，在"数字"功能组中单击千分位分隔符 ' 按钮，设置借方金额和贷方金额的数字格式。设置后的效果如图 1-21 所示。

图 1-21　设置标题格式

 提示

当系统提供的千分位分隔符 ' 无法满足我们对数字的设定要求时，可以通过按 Ctrl+1 组合键，打开"设置单元格格式"文本框，在"数字"选项卡中进行相应的数字类型的设定。

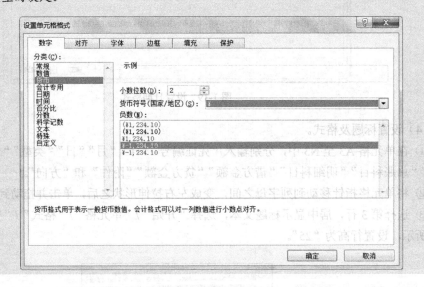

（5）创建表格。

选中单元格区域 A3:N6，选择"插入"/"表格"/"表格"命令，选择"包含表标题"复选框，单击"确定"按钮，关闭对话框，在工作表内创建如图 1-22 所示的表格区域。

图 1-22　创建表格

（6）选择表格样式。

选择"表格工具"/"设计"/"表格样式"命令，单击"表格样式"功能区右端的下拉按钮，打开如图 1-23 所示的"表格样式"下拉列表，从中选择样式"中等深浅 2"。

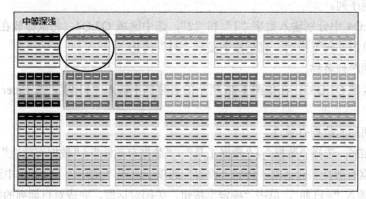

图 1-23　选择表样式

1.3.2　区域名称设定

为了方便地在公式中对记账凭证汇总表区域内的数据进行结构引用，需要对表格重命名一个更具描述性的名称。

具体操作步骤如下。

（1）按 Ctrl+F3 组合键，打开如图 1-24 所示的"名称管理器"对话框。

（2）选择"表2"行，单击"编辑"按钮，弹出如图 1-25 所示的"编辑名称"对话框。

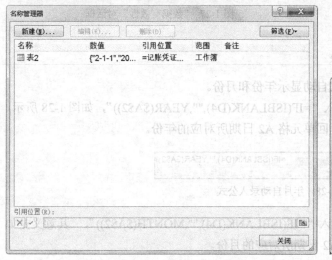

图 1-24　"名称管理器"对话框

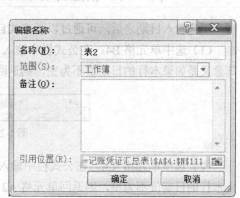

图 1-25　"编辑名称"对话框

（3）在"名称"文本框中输入"记账凭证汇总"。

1.3.3　日期录入

记账凭证汇总表中包含年、月、日的信息。其中年份和月份可以自动显示，而日期需要手工输入。日期的输入可以采取手工输入，也可以通过设置数据有效性序列的输入方法，为日期列创建数据有效性序列的具体步骤如下。

（1）输入日期序列。

在单元格 Q3:Q4 中分别输入数字"1"和"2"，选中区域 Q3:Q4，将鼠标放在右下角直至出现实心十字形状，单击并向下拖动，直至数字显示"31"为止。

（2）定义日期序列名称。

选择单元格区域 Q3:Q33，在如图 1-26 所示的名称框中输入"日期"，按 Enter 键，为该日期序列命名。

（3）设置日期列的数据有效性。

选择区域 D4:D6，选择"数据"/"数据工具"/"数据有效性"/"数据有效性"命令，打开如图 1-27 所示的"数据有效性"对话框，转到"设置"选项卡，在"允许"下拉列表中选择"序列"，在"来源"文本框中输入"=日期"，单击"确定"按钮，关闭对话框，完成对日期列的数据有效性设置。

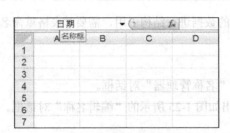

图 1-26　更改区域名称

图 1-27　"数据有效性"对话框

1.3.4　"年""月"信息自动录入

用户输入日期之后，可通过以下方式自动显示年份和月份。

（1）选中单元格 B4，在公式栏中输入"=IF(ISBLANK(D4),"",YEAR($A$2))"，如图 1-28 所示，其意义是如果本行的日期值不为空，则返回单元格 A2 日期所对应的年份。

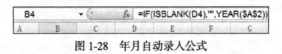

图 1-28　年月自动录入公式

（2）选中单元格 C4，在公式栏中输入"=IF(ISBLANK(D4),"",MONTH($A$2))"，　其意义是如果本行的日期值不为空，则返回单元格 A2 日期所对应的月份。

 提示

　　IF 函数作为 Excel 中最常用的逻辑函数之一，主要执行真假值判断，根据逻辑计算的真假值，返回不同结果。可以使用函数 IF 对数值和公式进行条件检测。

　　IF 函数语法表达为 IF(logical_test,value_if_true,value_if_false)，共有 3 个参数，logical_test 为判断项，当 logical_test 为真时，执行 value_if_true 选项；当 value_if_true 为假时，执行 value_if_false 选项。

　　以下是一个简单的范例。

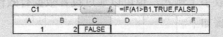

1.3.5 凭证"字""号"录入

根据发生的经济业务是否涉及现金、银行存款科目，可以将记账凭证分为"现"字凭证、"银"字凭证和"转"字凭证三类。依据每种类型的凭证发生的次数，为每类凭证依次编号。

凭证类型的输入可以通过设置数据有效性，创建如图 1-29 所示的下拉列表，具体步骤如下。

（1）选中单元格 E4，选择"数据"/"数据工具"/"数据有效性"/"数据有效性"命令，打开"数据有效性"对话框。

（2）转到"设置"选项卡，在"允许"下拉列表中选择"序列"，如图 1-30 所示，在"来源"文本框中输入"现,银,转"。

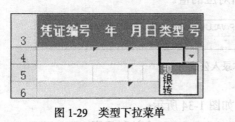

图 1-29 类型下拉菜单

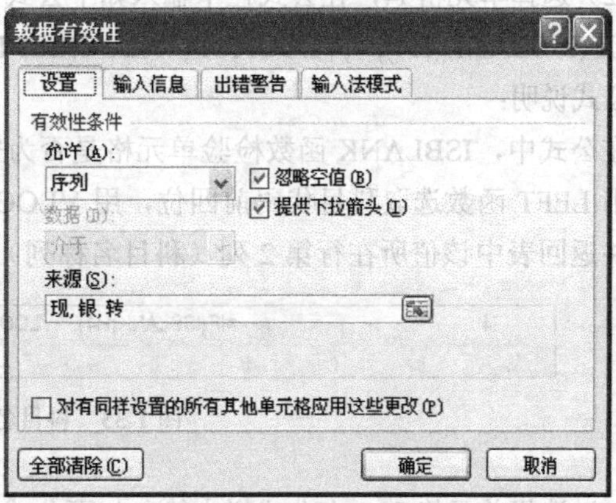

图 1-30 数据有效性设置

（3）单击"确定"按钮，关闭对话框。

1.3.6 摘要录入

用户输入凭证发生的日期及凭证字号后，接下来就需要输入"摘要"内容，为了节约时间，在输入每笔凭证第一条记录的摘要后，可以使用公式在同一笔凭证的其余行内自动填充摘要信息。

选中 G5，在公式栏中输入如下公式，如图 1-31 所示：

=IF(OR(ISBLANK(E5),ISBLANK(F5))," ",IF(AND(E5=E4,F5=F4),G4," "))

公式说明：

使用 ISBLANK 函数判断凭证的年、月、日、凭证字号等单元格内容（区域 B5:F5）是否为空，如果为空，则摘要栏内容也为空，否则判断凭证字号是否与上一行的记录相同；如果相同，返回上一行中的摘要信息，否则返回空值，等待输入下一记录的摘要信息。

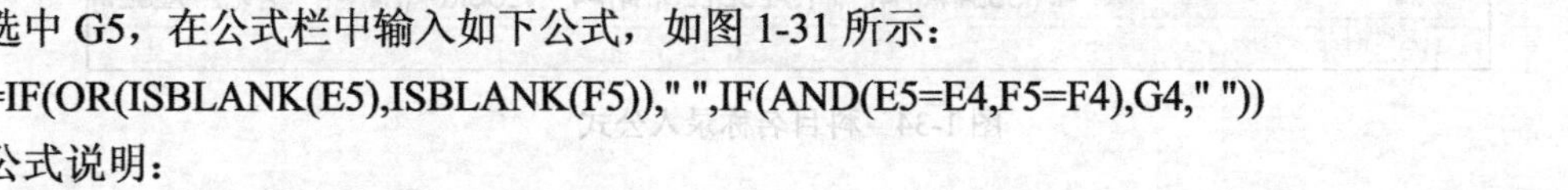

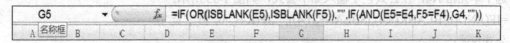

图 1-31 摘要录入公式

1.3.7 会计科目名称自动录入

为了减轻工作量，提高工作效率，用户在输入科目代码后，总账科目和明细科目可通过公式编辑来自动显示。

具体操作步骤如下。

（1）定义"会计科目表"名称。

按 Ctrl+F3 组合键，打开"名称管理器"对话框，选择"表 1"，单击"编辑"按钮，弹出"新建名称"对话框，在如图 1-32 所示的"名称"文本框中输入"会计科目表"，单击"确定"按钮，返回"名称管理器"对话框，单击"确定"按钮，返回工作表界面，完成会计科目表的名称定义。

图 1-32 定义会计科目名称

（2）选择单元格 I4，在公式栏中输入如下公式，如图 1-33 所示：

=IF(ISBLANK(H4),"",VLOOKUP(VALUE(LEFT(H4,4)),会计科目表,2,FALSE))

公式说明：

在公式中，ISBLANK 函数检验单元格是否为空，如果科目代码为空，则总账科目返回空值，否则用 LEFT 函数选取科目代码前四位，用 VLOOKUP 函数，在"会计科目表"中查找精确匹配值，并返回表中该值所在行第 2 列（科目名称列）所对应的值。

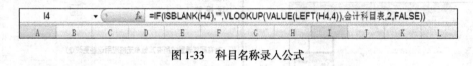

图 1-33 科目名称录入公式

（3）选择单元格 J4，在公式栏中输入如下公式，如图 1-34 所示：

=IF(ISBLANK(H4),"",IF(VALUE(LEN(H4))=4,"",VLOOKUP(H4,会计科目表,2,FALSE)))

公式说明：

在公式中，ISBLANK 函数检验单元格是否为空，如果科目代码为空，则总账科目返回空值，否则用 LEN 函数计算科目代码的位数；如果科目代码为 4，说明该总账科目没有明细科目，返回空值；如果科目代码长度大于 4，则用 VLOOKUP 函数，在"会计科目表"中查找精确匹配值，并返回表中该值所在行第 2 列（科目名称列）所对应的值。

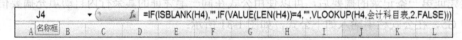

图 1-34 科目名称录入公式

1.3.8 借贷方向自动录入

用户在"借方金额"列或"贷方金额"列输入数值后，可以通过公式自动显示金额的发生方向。

选中单元格 N4，在公式栏中输入如下公式，如图 1-35 所示：

=IF(AND(ISBLANK(K4),ISBLANK(L4)),"",IF(K4<>0,"借","贷"))

公式说明：

使用 ISBLANK 公式判断借方金额和贷方金额所在格（K4，L4）是否为空，如果为空，则返回空值，如果借方金额所在单元格中输入的值大于 0，返回"借"，否则返回"贷"。

N4			f_x	=IF(AND(ISBLANK(K4),ISBLANK(L4)),"",IF(K4<>0,"借","贷"))					
A	B	C	D	E	F	G	H	I	J

图 1-35　借贷方向录入公式

提示

使用"公式记忆式键入"

　　要更轻松地创建和编辑公式并将键入错误和语法错误减到最少，可使用"公式记忆式键入"。在键入 =（等号）和前几个字母或某个显示触发器之后，Microsoft Office Excel 会在单元格下方显示一个与这些字母或触发器匹配的有效函数、名称和文本字符串的动态下拉列表。此时就可以使用 Insert 触发器将下拉列表中的项目插入公式中。

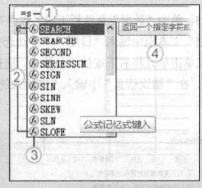

- 键入 =（等号）和前几个字母或某个显示触发器以启动"公式记忆式键入"。
- 在键入时，将显示有效项目的可滚动列表，并突出显示最接近的匹配。
- 这些图标表示输入类型，如函数或表引用。
- 详细的屏幕提示可帮助您做出最佳选择。

1.3.9　单元格信息提示录入

　　为了提示用户在单元格内的内容是手动输入还是自动显示，以及输入内容的类型、方法，可以对这些单元格进行数据有效性设置，当鼠标指针移动到单元格中时，就会显示出提示信息；如果输入的信息错误，可弹出错误警告提示信息。

　　具体设置步骤如下。

　　（1）选择单元格 B4:B5，单击"数据"菜单栏下的"数据有效性"命令，打开对话框，转到"输入信息"选项卡，在"标题"文本框中输入"年份——自动显示"，在"输入信息"文本框中输入"用户在输入日期值后，可自动显示年份信息"；转到"出错警告"选项卡，在"标题"中输入"年份"，在"错误信息"中输入"您输入的年份错误，请首先输入日期值，年份信息可自动显示"，如图 1-36 所示。

　　（2）选择单元格 C4:C5，单击"数据"菜单栏下的"数据有效性"命令，打开对话框，转到"输入信息"选项卡，在"标题"文本框中输入"月份——自动显示"，在"输入信息"文本框中输入"用户在输入日期值后，可自动显示月份信息"，如图 1-37 所示；转到"出错警告"选项卡，在"标题"中输入"月份"，在"错误信息"中输入"您输入的月份错误，请首先输入日期值，月份信息可自动显示"。

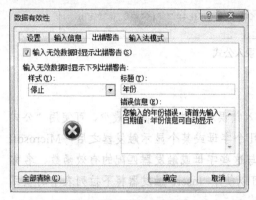

图1-36　设置出错警告　　　　　　　　　　　　图1-37　数据有效性设定

（3）选择单元格D4:D5，单击"数据"菜单栏下的"数据有效性"命令，打开对话框，转到"输入信息"选项卡，在"标题"文本框中输入"日期——手动选择或输入"，在"输入信息"文本框中输入"请手动选择日期值或单击单元格右下端的下拉按钮，选择日期值"；转到"出错警告"选项卡，在"标题"中输入"日期"，在"错误信息"中输入"您输入的日期值不在指定范围内，请重新检查并输入"，如图1-38所示。

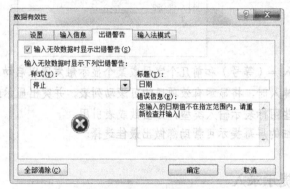

图1-38　数据有效性设定

（4）选择单元格G4:G5，单击"数据"菜单栏下的"数据有效性"命令，打开对话框，转到"输入信息"选项卡，在"标题"文本框中输入"摘要——手动输入"，在"输入信息"文本框中输入"请输入每笔分录的摘要信息"，如图1-39所示。

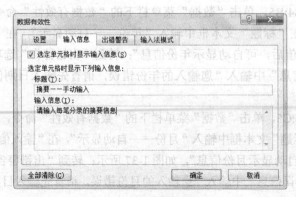

图1-39　数据有效性设定

按此方法，依次对科目代码、借方金额、贷方金额、附件所在列设置"手动输入"及相关的输入信息提示，对总账科目、明细科目、方向所在列设置"自动显示"及相关的输入信息，如图 1-40 所示。

记账凭证汇总表
2012年3月

凭证编号	年	月	日	类型	号	摘要	科目代码	总账科目	明细科目	借方金额	贷方金额	附件	方向
2-1-1	2	3	1	银	1	提取备用金	1001	现金		2,000.00		1	借
2-1-2	2012					备用金	1002	银行存款			2,000.00	1	贷
3-1-1	2012					领用原材料	500101	生产成本	甲产品	50,000.00		3	借
3-1-2	2012					领用原材料	140301	原材料	A材料		50,000.00	3	贷
1-1-1	2012					办公用品	660201	管理费用	办公费	500.00		2	借
1-1-2	2012					办公用品	1001	现金			500.00	2	贷
3-2-1	2012	3	4	转	2	缴纳上月所得税	222101	应交税费	应交增值税	10,373.89		4	借
3-2-2	2012	3	4	转	2	缴纳上月所得税	222102	应交税费	应交所得税	38,647.28		4	借
3-2-3	2012	3	4	转	2	缴纳上月所得税	222104	应交税费	应交城市维护建设	768.34		4	借
3-2-4	2012	3	4	转	2	缴纳上月所得税	222105	应交税费	应交教育费附加	312.54		4	借
3-2-5	2012	3	4	转	2	缴纳上月所得税	1002	银行存款			50,102.05	4	贷

（注释框）月份——自动显示 用户在输入日期值后，可自动显示月份信息

图 1-40　设置信息提示

1.3.10　保护工作表

工作表中有很多格式设置和计算公式，并且部分单元格也不需要输入数据，对工作表进行保护，可防止用户不小心对单元格格式和计算公式的修改。其主要步骤如下。

（1）单击工作表左上角的全选按钮，选中整张工作表，按 Ctrl+1 组合键，弹出"设置单元格格式"对话框，转到"保护"选项卡，选择"锁定"和"隐藏"复选框，如图 1-41 所示。单击"确定"按钮，关闭对话框，返回工作表界面。

（2）选择区域 A1:N1 和 A3:N3、"日"列、"类型"列、"号"列、"摘要"列、"科目代码"列、"借方金额"列、"贷方金额"列、"附件"列，按 Ctrl+1 组合键，弹出"设置单元格格式"对话框。单击"保护"选项卡，选择"锁定"复选框，单击"确定"按钮，关闭对话框，返回工作表界面。

图 1-41　锁定和隐藏

（3）选择"审阅"/"更改"/"保护工作表"命令，如图 1-42 所示，弹出"保护工作表"对话框，勾选"选定未锁定的单元格"复选框，如图 1-43 所示。单击"确定"按钮，返回工作表界面。

图1-42 保护工作表命令

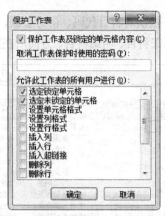
图1-43 保护工作表

1.4 记账凭证的编制

在会计电算化核算工作中，记账凭证通过从记账凭证汇总表中提取相关信息，显示在记账凭证中。用户在审核凭证无误后可输入审核标记。如果发现记账凭证的内容需要更改，必须返回记账凭证汇总表进行相应的修改。

1.4.1 相关格式设计

记账凭证为用户提供了方便的查询界面,它包含的项目和结果与手工记账使用的记账凭证外观基本一致。下面以具体会计科目为例，介绍制作记账凭证的方法。

例1-3 制作记账凭证。

该范例文件见网上资源"第1章"文件夹下"会计凭证.xlsx"工作簿中的"会计凭证"工作表。记账凭证的查询界面如图1-44所示，具体制作步骤如下。

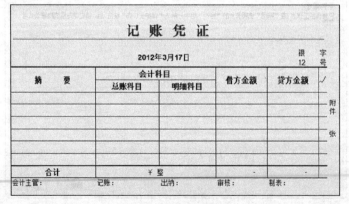
图1-44 记账凭证结构

（1）打开"会计凭证"工作簿，双击"Sheet3"工作表标签，重命名为"会计凭证"。

（2）在单元格B3中输入"记账凭证"，合并并居中区域B3:L3，设置字体为"华文中宋"，字号为"20"，字体颜色为"深蓝"，添加会计用双下划线，如图1-45所示。

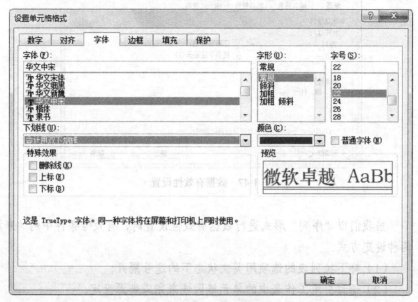

图1-45　设置单元格格式

（3）选择区域D5:H6，合并并居中该区域；按Ctrl+1组合键，打开"设置单元格格式"对话框，转到"数字"选项卡，在"分类"列表框中选择"日期"，在"类型"列表框中选择"2001年3月14日"格式，完成对日期格式的设置，如图1-46所示。

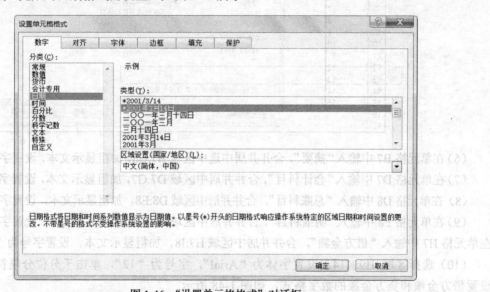

图1-46　"设置单元格格式"对话框

（4）在单元格L5、L6中分别输入"字""号"，居中显示文本。

（5）选择单元格K5，选择"数据"/"数据工具"/"数据有效性"/"数据有效性"命令，打开"数据有效性"对话框，转到"设置"选项卡，在"允许"下拉列表中选择"序列"，在"来源"文本框中输入"现,银,转"，如图1-47所示。

图 1-47　数据有效性设置

当我们以"序列"形式进行数据有效性设置时，有效性条件中的"来源"选项有两种设定方式：

（1）将下拉列表的选项用英文状态下的逗号隔开；

（2）通过引用工作表中的单元格区域来完成来源设定。

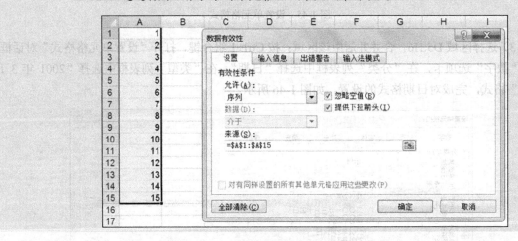

（6）在单元格 B7 中输入"摘要"，合并并居中选中区域 B7:C8，加粗显示文本，设置字号为"12"。

（7）在单元格 D7 中输入"会计科目"，合并并居中区域 D7:G7，加粗显示文本，设置字号为"12"。

（8）在单元格 D8 中输入"总账科目"，合并并居中区域 D8:E8，加粗显示文本，设置字号为"12"。

（9）在单元格 F8 中输入"明细科目"，合并并居中区域 F8:G8，加粗显示文本，设置字号为"12"；在单元格 H7 中输入"借方金额"，合并并居中区域 H7:I8，加粗显示文本，设置字号为"12"。

（10）选择区域 H9:K14，设置字体为"Arial"，字号为"12"，单击千分位分隔符 ' 按钮，设置借方金额和贷方金额的数字格式，如图 1-48 所示。

图 1-48　格式设置

（11）在单元格 J7 中输入"贷方金额"，合并并居中区域 J7:K8，加粗显示文本，设置字号为"12"，选择区域 H9:K14，设置字体为"Arial"，字号为"12"。

（12）在单元格 L7 中输入"√"，合并并居中区域 L7:L8。

（13）在单元格 M7 中输入"附件"，合并并居中区域 M7:M10。

（14）在单元格 M12 中输入"张"，合并并居中区域 M12:M15。

（15）在单元格 M15 中输入"合计"，合并并居中区域 B15:C15，加粗显示文本，设置字号为"12"。

（16）在单元格 B16、D16、F16、H16、J16 中分别输入"会计主管:""记账:""出纳:""审核:"和"制表:"。

（17）将单元格指针移动到列字母之间，变成左右拉伸形状之后，单击并拖动，将单元格区域 B 列至 M 列调整到合适的宽度；选中区域 B9:C14，按 Ctrl+1 组合键，打开"设置单元格格式"对话框，转到"对齐"选项卡，在"文本控制"类别中去掉"自动换行"复选框的勾选，重新勾选"缩小字体填充"复选框，如图 1-49 所示。

图 1-49　选择"缩小字体填充"

（18）选中区域 B7:L14，按 Ctrl+1 组合键，打开"设置单元格格式"对话框，单击"边框"选项卡，在"预置"类别中单击"内部"增加内部边框线，在"样式"中选择粗边框线样式，添加上下边框线，如图 1-50 所示。

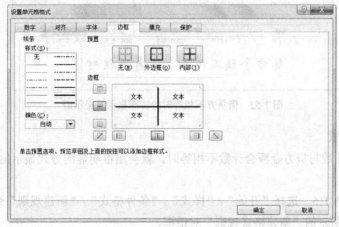

图 1-50　设置单元格格式

（19）选中区域 B15:L15，按 Ctrl+1 组合键，打开"设置单元格格式"对话框，单击"边框"选项卡，在"预置"类别中单击"内部"增加内部边框线，在"样式"中选择粗边框线样式，添加上下粗边框线。

（20）选中区域 B2:M22，单击"开始"/"字体"功能组中的 按钮，在打开的下拉列表的"主题颜色"组中选择"水绿色"，如图 1-51 所示。

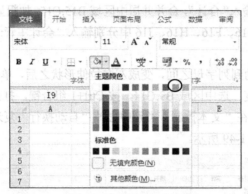

图 1-51　主题颜色设置

1.4.2　提示借贷不相等

用户在输入数据时难免出错，对于这些凭证的错误用手工的方式去检查是很难发现的。可以在凭证审核界面设置条件格式或者提示语，当凭证合计栏处的借方金额合计数与贷款金额合计数不相等时，就会用很明显的方式显示出来或者弹出如图 1-52 所示的提示语言，提醒用户再次认真检查凭证中输入的内容。

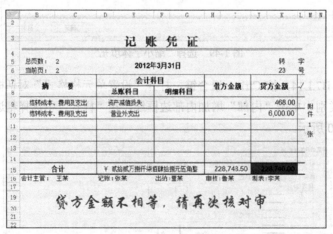

图 1-52　借贷方不相等时的特殊显示及提示语

1. 设置条件格式

当借方金额合计数与贷方金额合计数不相等时，就会用很明显的方式显示出来，具体操作步骤如下。

（1）选择单元格 J15，选择"开始"/"样式"/"条件格式"/"新建规则"命令，如图 1-53 所示，打开如图 1-54 所示的"新建格式规则"对话框。

图1-53　条件格式设置　　　　　　　图1-54　"新建格式规则"对话框

（2）在"选择规则类型"列表中选择"只为包含以下内容的单元格设置格式"。

（3）在"编辑规则说明"中，将判断条件"介于"改为"不等于"，单击折叠按钮，选中单元H15，完成对规则的设定。

（4）单击"格式"按钮，打开如图1-55所示的"设置单元格格式"对话框。转到"填充"选项卡，选择背景为红色，完成对条件格式的设置。

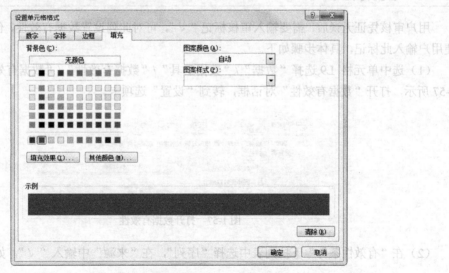

图1-55　"设置单元格格式"对话框

（5）单击"确定"按钮，关闭对话框，返回工作表界面。

2. 借贷不相等时的提示信息

当借方金额合计数与贷方金额合计数不相等时，在凭证下方弹出提示语，提醒用户再次认真核对。

操作步骤如下。

（1）选中区域C19:J20，合并并居中，设置字体为"华文行楷"，字号为"28"，行高"20"，字体颜色为"紫色"。

（2）在公式栏内输入以下公式，如图1-56所示。

=IF(C5=C6,IF(H15=J15,"借贷平衡，继续审核其他项目","借贷方金额不相等，请再次核对审查"),"")

| C20 | ▼ | fx | =IF(C6=C7,IF(H16=J16,"借贷平衡，请继续审核其它项目","借贷方金额不相等，请再次核对审查"),"") |

图 1-56 判断借贷平衡公式

提示

对于诸如√等一些特殊符号与特殊字符，我们可以用"插入"/"文本"/"符号"命令进行添加。

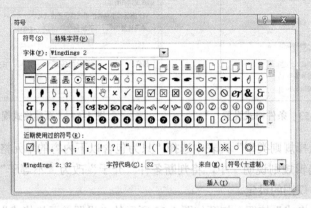

1.4.3 审核标记录入

用户审核凭证无误后，需要输入审核标记"√"，可对此列设置数据有效性，创建下拉列表，方便用户输入此标记，具体步骤如下。

（1）选中单元格 L9,选择"数据"/"数据工具"/"数据有效性"/"数据有效性"命令，如图1-57 所示，打开"数据有效性"对话框，转到"设置"选项卡。

图 1-57 打开数据有效性

（2）在"有效性条件"下拉列表中选择"序列"，在"来源"中输入"√"，如图1-58 所示。

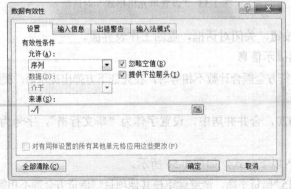

图 1-58 数据有效性设定

（3）将鼠标移动到 L9 单元格的右下角，待指针变成实心后，单击并拖动单元格 L14，将此单元格中的数据有效性复制到该列的其他行单元格中。

课后习题

1. 在"数据有效性"对话框中，"允许"下拉列表中有下列哪些选项：（   ）。

    A．1 项："序列"

    B．2 项："序列"和"小数"

    C．4 项："序列""小数""整数"和"任何值"

    D．8 项："序列""小数""整数""任何值""日期""时间""文本长度"和"自定义"

2. 下面关于数据有效性说法错误的是（   ）。

    A．如果数据的有效性是基于已命名的单元格区域，并且在该区域中有空白的单元格，则设置"忽略空值"复选框将使有效单元格中输入的值都有效

    B．如果引用的单元格是空值，则设置"忽略空值"复选框将使有效单元格中输入的值都有效

    C．如果不输入标题或错误信息，则标题就被默认为"Microsoft Excel"，错误信息默认为"输入值非法"，而且用户也对输入该单元格的数值进行了限制

    D．将数据有效性应用于单元格会影响单元格的格式

3. 当根据条件需要对工作表中的单元格区域进行求和时，应使用的函数是（   ）。

    A．SUM()   B．SUMIF()   C．COUNTIF()   D．CONCATENATE()

4. 会计科目的编码原则有哪几点？

5. VLOOKUP 函数的作用是什么，它都有哪些参数，各个参数的含义及类型分别是什么？

6. 借贷记账法的理论依据和记账规则分别是什么？

第2章 | 编制会计账簿

设置和登记会计账簿是会计账务处理的中心环节。通过对会计账簿的编制，可以从各个角度汇总、查询、反映本期业务发生额，并为编制财务报告提供基础。本章介绍如何根据已创建的会计科目表、记账凭证汇总表中的数据，利用 Excel 创建科目汇总表、科目余额表、总分类账等会计账簿。

【学习目标】

通过本章的学习，读者应掌握和了解以下知识点：

- 了解会计账簿的用途和类别。
- 掌握制作科目汇总表的方法。
- 掌握创建科目余额表的方法。
- 掌握创建总分类账的方法。
- 掌握在表格中复制公式的方法。
- 掌握表格区域转换为普通区域的方法。
- 掌握设置条件格式的方法。
- 掌握 INDEX()、MATCH()、IF()、VLOOKUP()、ROWS()等常用函数在制作会计账簿中的应用。

2.1 | 会计账簿概述

会计账簿是指以会计凭证为依据，在具有专门格式的账页内全面、连续、系统、综合地记录各项经济业务的簿籍。

由于会计凭证数量很多、又很分散，并且每张凭证只能记载个别经济业务的内容，所提供的信息不能全面、连续、系统地反映和监督一个经济单位在一定时期内某一类和全部经济业务活动的情况，而且不便于日后查阅。因此，为了提供系统的会计核算资料，各单位都必须在会计凭证的基础上设置和运用登记账簿的方法，将大量分散在会计凭证上的会计核算资料加以集中和归类整理，生成有用的会计信息，从而为编制会计报表、进行会计分析，以及审计提供主要依据。

2.1.1 会计账簿的意义

会计账簿在会计核算中具有十分重要的意义，主要表现在：

(1) 可以为经济管理提供连续、全面、系统的会计信息；

(2) 通过账簿的设置和登记，可以记载、储存会计信息；

(3) 通过账簿的设置和登记，可以分类、汇总会计信息；

(4) 便于企业单位考核成本、费用和利润计划的完成情况；

(5) 可以为编制会计报表提供资料。

2.1.2 会计账簿的分类

会计账簿可以按照用途、账页格式、外形特征等不同的标准分类。

1. 按用途分类

（1）按用途的不同，会计账簿可以分为序时账簿（又称为日记账）、分类账簿和备查账簿 3 类。按其记录的内容不同可分为普通日记账和特种日记账。

① 普通日记账是用来登记全部经济业务情况的日记账。将每天发生的全部经济业务，按发生的先后顺序，编制成记账凭证，根据记账凭证逐笔登记到普通日记账中，如企业内设置的日记总账就是普通日记账。

② 特种日记账是用来记录某一经济业务发生情况的日记账。将某一类经济业务，按照某一类经济业务发生的先后顺序计入会计账簿，反映特定项目的详细情况，如各经济单位为了加强对现金及银行存款的管理，设置现金日记账和银行存款日记账，来记录现金、银行存款的收、付、结存业务。

（2）分类账簿。

分类账簿是区别不同等级经济业务的账簿，账户按其提供信息的详细程度，可以分为总分类账户和明细分类账。

① 总分类账是按一级科目分类，连续地记录和反映资金增减、成本和利润情况的账簿，它能总括并全面地反映事业单位的经济活动情况，是编制会计报表的依据，所有企业都设置总分类账。

② 明细分类账是根据明细科目开设的账簿，它能详细反映企业某项经济活动的具体情况。

（3）备查账簿，又称辅助登记账簿。是对某些在序时账簿和分类账簿等主要账簿中都不予以登记或登记不够详细的经济业务事项进行补充登记时所使用的账簿。如：经营租赁方式租入，不属于本业务财产，不能计入本企业固定资产账户的机器设备；应收票据贴现等。企业可以根据自身情况，选择设置或不设置此账簿。

2. 按账页格式分类

按账页格式不同可以分为两栏式、三栏式、多栏式和数量金额式四种。

（1）两栏式账簿。

这种账簿只有借方和贷方，普通日记账通常采用此种账簿。

（2）三栏式账簿。

这种账簿设有借方、贷方和余额。各种日记账、总分类账，以及资本、债券、债务明细账都可采用此种账簿。

（3）多栏式账簿。

这种账簿是在账簿的两个基本栏目借方和贷方按照需要分设若干个专栏的账簿。如收入、成本、费用、利润和利润分配明细账。

（4）数量金额式。

这种账簿的借方、贷方和余额 3 个栏目内都分设数量、单价和金额 3 个小栏，以反映财产物资的实物数量和价值量。如原材料、库存商品、产成品和固定资产明细账。

3. 按外形特征分类

（1）订本账：适用于总分类账、现金日记账和银行存款日记账。

（2）活页账：适用于各类明细账。

（3）卡片账：适用于固定资产明细账。

2.2 科目汇总表的编制

科目汇总表是定期对全部记账凭证进行汇总，按各个会计科目列示其借方发生额和贷方发生额的一种汇总凭证。依据“有借必有贷，借贷必相等”的基本原理，科目汇总表中的借方发生额合计与贷方发生额合计数应该相等，因此，科目汇总表也具有试算平衡的用途。

2.2.1 科目汇总表账务处理程序概述

在会计核算方法中，科目汇总表账务处理程序是应用较为广泛的一种账务处理程序。它是科目汇总表核算形式下总分类账登记的依据。这种账务处理程序的优点是：可以利用科目汇总表的汇总结果进行账户发生额的试算平衡；大大减轻登记总分类账的工作量。在科目汇总表账务处理程序下，可根据科目汇总表上有关账户的汇总发生额，在月中定期或月末一次性地登记总分类账，可以使登记总分类账的工作量大为减轻。科目汇总表核算程序一般适用于生产规模比较大、业务比较多的单位。

2.2.2 相关格式设置

下面以 X 公司为例，介绍创建科目汇总表的方法。

例 2-1 设计 X 公司 3 月份的科目汇总表。

为 X 公司编制如图 2-1 所示的 3 月份科目汇总表，该范例文件见网上资源“第 2 章”文件夹下“会计账簿.xlsx”工作簿中的“科目汇总表”工作表，如图 2-1 所示。

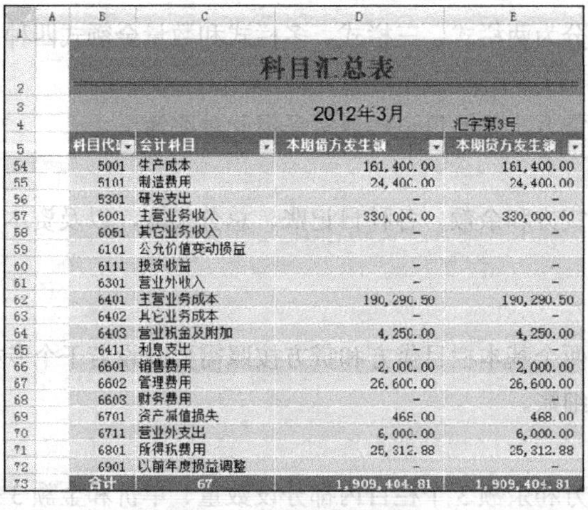

科目汇总表

2012年3月　　汇字第3号

科目代	会计科目	本期借方发生额	本期贷方发生额
5001	生产成本	161,400.00	161,400.00
5101	制造费用	24,400.00	24,400.00
5301	研发支出	-	-
6001	主营业务收入	330,000.00	330,000.00
6051	其它业务收入	-	-
6101	公允价值变动损益		
6111	投资收益	-	-
6301	营业外收入	-	-
6401	主营业务成本	190,290.50	190,290.50
6402	其它业务成本	-	-
6403	营业税金及附加	4,250.00	4,250.00
6411	利息支出	-	-
6601	销售费用	2,000.00	2,000.00
6602	管理费用	26,600.00	26,600.00
6603	财务费用	-	-
6701	资产减值损失	468.00	468.00
6711	营业外支出	6,000.00	6,000.00
6801	所得税费用	25,312.88	25,312.88
6901	以前年度损益调整	-	-
合计	67	1,909,404.81	1,909,404.81

图 2-1 科目汇总表结构

科目汇总表格式如图 2-1 所示，具体操作步骤如下。

（1）在新建的 Excel 中创建“科目汇总表”，在单元格 B2 中输入“科目汇总表”，合并并居中区域 B2:E2，字体设置为“华文中宋”，字号为“20”，加粗，单元格背景为“蓝色”，行高“40”，如图 2-2 所示。

图 2-2　设置表头

（2）选择区域 D3:D4，设置字体为"Arial"，字号"16"，完成对日期的字体设置，按 Ctrl+1 组合键，打开如图 2-3 所示的"设置单元格格式"对话框，转到"数字"选项卡，在"分类"列表框中选中"日期"，在"类型"列表框中选择"2001 年 3 月"格式，单击"确定"按钮，关闭对话框，完成对日期格式的设置。

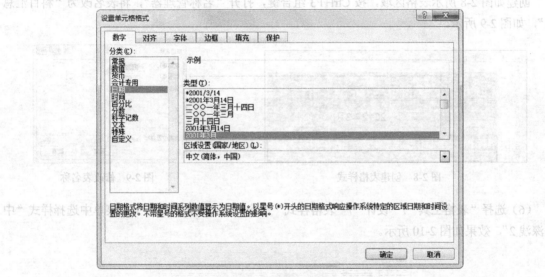

图 2-3　设置单元格格式

（3）选择单元格 E4，设置字体为"楷体"，字号为"12"，选择区域 B3:E4，填充背景为"浅蓝色"，如图 2-4 所示。

图 2-4　设置科目

图2-5 设置行高

（4）在单元格 B5、C5、D5、E5 中分别输入"科目代码""会计科目""本期借方发生额""本期贷方发生额"，选择区域 B5:E5，居中显示文本，设置字体为"12"，行高为"20"，如图2-5所示。

（5）选择区域 B5:E5，选择"插入"/"表格"/"表格"命令，如图 2-6 所示，选择"表包含标题"复选框，如图2-7所示。

图2-6 插入表格命令

图2-7 "创建表"对话框

创建如图2-8所示表格区域，按 Ctrl+F3 组合键，打开"名称管理器"，将表名改为"科目汇总表"，如图2-9所示。

图2-8 创建表格样式

图2-9 修改表名称

（6）选择"表格工具"/"设计"/"表格样式"命令，在"表格样式"下拉菜单中选择样式"中等深浅2"，效果如图2-10所示。

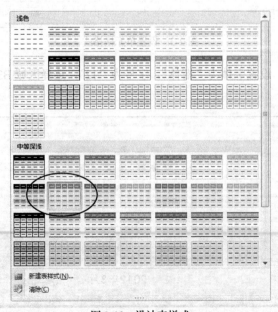

图2-10 设计表样式

（7）选择"科目代码"列，单击"字体"功能区中的"居中显示" ≡ 按钮，如图 2-11 所示；选择"本期借方发生额"列和"本期贷方发生额"列，设置字体为"Arial"，字号默认"11"，转到"开始"选项卡，在"数字"功能区中单击千分位分隔符 , 按钮，设置借方金额和贷方金额的数字格式，如图 2-12 所示。

图 2-11　设置居中显示　　　　　　　　　　图 2-12　设置千分位符

（8）将单元格指针移动到 B 列至 E 列的字母之间，适当调整各列的宽度。

2.2.3　编制科目汇总表

科目汇总表的创建基于记账凭证汇总表，用户可以先构建科目汇总表表格结构，然后在表中填充公式。下面以 X 公司为例，介绍编制科目汇总表的方法。

例 2-2　编制科目汇总表。

科目汇总表

2012年3月

汇字第3号

科目代码	会计科目	本期借方发生额	本期贷方发生额
1001	现金	65,300.00	69,100.00
1002	银行存款	309,500.00	144,702.05
1012	其它货币资金	–	–
1101	交易性金融资产	–	–
1121	应收票据		32,000.00
1122	应收账款	93,600.00	
1123	预付账款	–	–
1131	应收股利	–	–
1221	其他应收款	3,000.00	3,000.00
1231	坏账准备		468.00
1403	原材料	80,860.00	98,000.00
1405	库存商品	161,400.00	190,290.50
1406	发出商品		
1471	存货跌价准备		
1501	持有至到期投资		

图 2-13　科目汇总表

为 X 公司编制如图 2-13 所示的 3 月份科目汇总表，该范例文件见网上资源"第 2 章"文件夹下"会计账簿.xlsx"工作簿中的"科目汇总表"工作表。具体操作步骤如下。

（1）激活"科目汇总表"工作表，选择单元格 D3，在公式栏内输入"=记账凭证汇总表!C2"，显示科目汇总表的年、月信息，如图 2-14 所示。

图 2-14　设置科目汇总表年月信息

（2）选择单元格 E4，在公式栏内输入：

="汇字第"&MONTH(D3)&"号"

（3）选择单元格 D6，在公式栏中输入：

=SUMIF(记账凭证汇总表[总账科目],C6,记账凭证汇总表[借方金额])

（4）选择单元格 E6，在公式栏中输入以下公式，如图 2-15 所示：

=SUMIF(记账凭证汇总[总账科目],C6,记账凭证汇总[贷方金额])

| E6 | ▼ | f_x | =SUMIF(记账凭证汇总[总账科目],C6,记账凭证汇总[贷方金额]) |

图 2-15　引用本期借方发生额

公式说明：

SUMIF 函数在记账凭证汇总表的[凭证编号]列中查找符合条件的记录，如果找到了，就对记账凭证汇总表的[借方金额]列所对应的数值进行求和。

提示

使用 SUMIF 函数可以对区域（区域：工作表上的两个或多个单元格。区域中的单元格可以相邻或不相邻）中符合指定条件的值求和。例如，假设在含有数字的某一列中，需要让大于 5 的数值相加，可使用以下公式：

=SUMIF(B2:B25,">5")

在本例中，应用条件的值即要求和的值。如果需要，可以将条件应用于某个单元格区域，但却对另一个单元格区域中的对应值求和。例如，使用公式 =SUMIF(B2:B5,"John", C2:C5) 时，该函数仅对单元格区域 C2:C5 中与单元格区域 B2:B5 中等于"John"的单元格对应的单元格中的值求和。

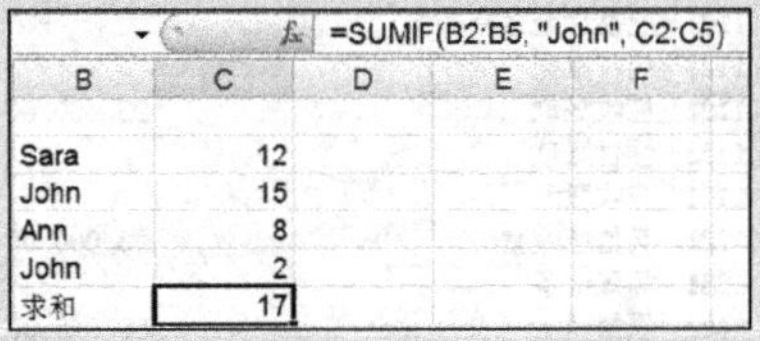

（5）激活"会计科目"工作表，单击表格列标题"科目代码"右端的筛选按钮，弹出如图 2-16 所示的下拉列表。

图 2-16　对会计科目表排序

（6）选择下拉列表中的"升序"命令，由于总账科目代码是4位，而明细科目代码为6位，所以对会计科目表按科目代码进行排序后，所有的总账科目会自动显示在明细科目上方。

（7）选择区域B3:C69，按Ctrl+C组合键。

（8）激活"科目汇总表"工作表，单击单元格B6，按Ctrl+V组合键，表格区域会自动扩展，并且将D6、E6中的公式自动填充到表格的扩展区域内，如图2-17所示。

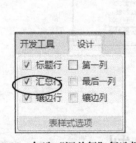

图2-17　引用会计科目并自动填充公式

（9）选择"表格工具"/"设计"/"表格样式选项"命令，在"表样式选项"功能组中选择"汇总行"复选框，如图2-18所示，科目汇总表的末端添加如图2-19所示的汇总行。

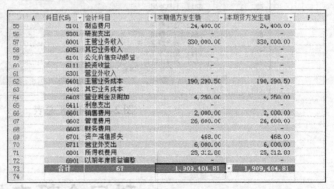

图2-18　勾选"汇总行"复选框　　　　　　　　图2-19　添加汇总行

（10）选择单元格D73，单击右下端的下拉按钮，在弹出的下拉列表中选择"求和"选项，显示该列中数值的总和；用同样的方法选择单元格E73的"求和"选项，单元格B73的"计数"选项，如图2-20所示。

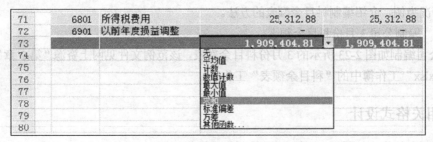

图2-20　设置"合计"选项的各项

（11）选择单元格 B73，输入“合计”，单击单元格 B73 右端的下拉按钮，选择“计数”选项，统计一级科目的总数；选择区域 B73:E73，居中显示该区域内的所有数据，如图 2-21 所示。

71	6801	所得税费用	25, 312. 88	25, 312. 88
72	6901	以前年度损益调整	-	-
73	合计	67	1, 909, 404. 81	1, 909, 404. 81

图 2-21　合计数据设置

完成对科目汇总表的创建，效果如图 2-22 所示。

	A	B	C	D	E	F
1						
2		科目汇总表				
3		2012年3月				
4					汇字第3号	
5		科目代码	会计科目	本期借方发生额	本期贷方发生额	
6		1001	现金	65, 300. 00	69, 100. 00	
7		1002	银行存款	309, 500. 00	144, 702. 05	
8		1012	其它货币资金	-	-	
9		1101	交易性金融资产	-	-	
10		1121	应收票据	-	32, 000. 00	
11		1122	应收账款	93, 600. 00	-	
12		1123	预付账款	-	-	
13		1131	应收股利	-	-	
14		1221	其他应收款	3, 000. 00	3, 000. 00	
15		1231	坏账准备	-	468. 00	
61		6301	营业外收入	-	-	
62		6401	主营业务成本	190, 290. 50	190, 290. 50	
63		6402	其它业务成本	-	-	
64		6403	营业税金及附加	4, 250. 00	4, 250. 00	
65		6411	利息支出	-	-	
66		6601	销售费用	2, 000. 00	2, 000. 00	
67		6602	管理费用	26, 600. 00	26, 600. 00	
68		6603	财务费用	-	-	
69		6701	资产减值损失	468. 00	468. 00	
70		6711	营业外支出	6, 000. 00	6, 000. 00	
71		6801	所得税费用	25, 312. 88	25, 312. 88	
72		6901	以前年度损益调整	-	-	
73		合计	67	1, 909, 404. 81	1, 909, 404. 81	
74						

图 2-22　科目汇总表

2.3 科目余额表的编制

科目余额表是用来记录本期所有会计科目的发生额和余额的表格。它不仅是科目汇总表的进一步延伸，能够反映某一会计期间相关会计科目的期初余额、本期发生额、期末余额，为编制会计报表提供更完善的数据，而且更有试算平衡的功能，以此判断本期记录的分录是否准确。下面以公司余额变动情况为例，介绍编制科目余额表的方法。

例 2-3　编制公司 3 月份科目余额表。

为 X 公司编制如图 2-23 所示的 3 月份科目余额表，该范例文件见网上资源“第 2 章”文件夹下“会计账簿.xlsx”工作簿中的“科目余额表”工作表。

2.3.1　相关格式设计

科目余额表的格式如图 2-23 所示，具体制作步骤如下。

科目余额表

2012年3月

科目代码	会计科目	性质	期初余额		本期发生额		期末余额	
			借方	贷方	借方	贷方	借方	贷方
4101	盈余公积	2	-	450,000.00				450,000.00
4103	本年利润	2	-	248,600.49	254,061.38	330,000.00		324,539.11
4104	利润分配	2	-	-				
5001	生产成本	1	-	-	161,400.00	161,400.00	-	-
5101	制造费用	1	-	-	24,400.00	24,400.00	-	-
5301	研发支出	1	-	-			-	
6001	主营业务收入	2	-	-	330,000.00	330,000.00		-
6051	其它业务收入	2	-	-				-
6101	公允价值变动损益	2	-	-				-
6111	投资收益	2	-	-				-
6301	营业外收入	2	-	-				-
6401	主营业务成本	2	-	-	190,290.50	190,290.50		-
6402	其它业务成本	2	-	-				-
6403	营业税金及附加	2	-	-	4,250.00	4,250.00		-
6411	利息支出	2	-	-				-
6601	销售费用	2	-	-	2,000.00	2,000.00		-
6602	管理费用	2	-	-	26,600.00	26,600.00		-
6603	财务费用	2	-	-				-
6701	资产减值损失	2	-	-	468.00	468.00		-
6711	营业外支出	2	-	-	6,000.00	6,000.00		-
6801	所得税费用	2	-	-	25,312.88	25,312.88		-
6901	以前年度损益调整	2						
合计			7229784.5	7229784.5	1909404.81	1909404.81	7400351.95	7400351.95

图 2-23　科目余额表

（1）在"会计账簿"工作簿中单击工作表插入标签，插入一张工作表，双击工作表标签，重命名为"科目余额表"，如图 2-24 所示。

图 2-24　创建"科目余额表"

（2）在单元格 B2 中输入"科目余额表"，合并并居中区域 B2:J2，设置行高为"40"，选择"开始"/"样式"/"单元格格式"命令，在打开的下拉列表中选择"标题"组，单击"标题"样式。应用预定义的单元格标题样式，如图 2-25 所示。

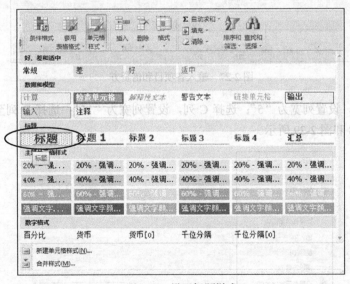

图 2-25　设置标题样式

（3）选择区域 B3:J3，设置字体为"Arial"，字号为"16"，行高"20"，完成对日期字体的设置；按 Ctrl+1 组合键，打开"设置单元格格式"对话框，转换到"数字"选项卡，在"分类"列表选项中选择"2001 年 3 月"格式，单击"确定"按钮，关闭对话框，完成对日期格式的设置，如图 2-26 所示。

图 2-26　设置日期格式

（4）在单元格 B4、C4、D4、E4、G4、I4 中分别输入"科目代码""会计科目""性质""期初余额""本期发生额""期末余额"，相对应分别合并并居中区域 B4：B5、C4：C5、D4:D5、E4：F4、G4：H4、I4：J4；在单元格 E5、F5、G5、H5、I5、J5 中分别输入"借方""贷方""借方""贷方""借方""贷方"。

（5）选择区域 B4:I5，设置字号为"12"，行高"20"，填充背景颜色为"深蓝"，如图 2-27 所示。

图 2-27　输入各项目和借贷方

（6）选择 B 列，设置列宽为"5"；选择 C 列，设置列宽为"15"；选择 D 列至 J 列，设置列宽为"20"，如图 2-28 和图 2-29 所示。

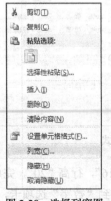

图 2-28　选择列宽图

图 2-29　设置列宽

（7）选择 D 列和 J 列，设置字体为"Arial"，字号默认为"11"，选择"开始"/"数字"命令，在"数字"功能区中单击千分位分隔符 按钮，设置借方金额和贷方金额的数字格式，如图 2-30 所示。

图 2-30　设置 D 和 J 列格式

（8）激活"会计科目表"，选择区域 B3:C69，按 Ctrl+C 组合键；激活"科目余额表"，单击单元格 B6，按 Ctrl+V 组合键，复制总账科目及科目代码。

（9）选择区域 B6:J72，选择"插入"/"表格"/"表格"命令，弹出"创建表"对话框，单击"确定"按钮，关闭对话框，返回工作表界面，弹出如图 2-31 所示对话框。

（10）选择"表格工具"/"设计"/"表格设计选项"命令，在"表格样式选项"功能组中勾选"汇总行"复选框，在表格中添加汇总行一列，所图 2-32 所示。

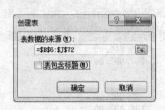

图 2-31　"创建表"对话框

图 2-32　增加汇总行

（11）单击单元格 D73，单击右端的下拉箭头，在弹出的下拉列表中选择"求和"；用同样的方法为 E73、F73、G73、I73 选择该列内数字汇总类型，即"求和"。

（12）选择"表格工具"/"表格样式"命令，在表格样式功能组中选择合适的样式，如图 2-33 所示。

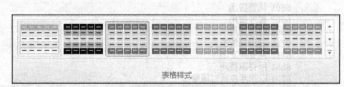

图 2-33　设计表样式

通过以上步骤，完成对科目余额表结构的设置，效果如图 2-34 所示。

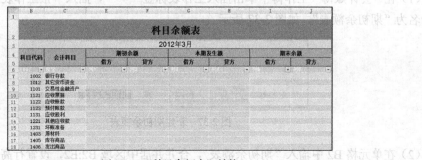

图 2-34　"科目余额表"结构

2.3.2 设置日期

选择单元格 B3，在公式栏中输入"=记账凭证汇总表！C2"，显示科目汇总表的年、月信息，如图 2-35 所示。

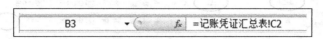

图 2-35　引用年月信息

2.3.3 期初余额表设置

在科目余额表中显示所有科目的期初余额，所以需要添加期初余额表，期初余额表的结构如图 2-36 所示，创建步骤如下。

	A	B	C	D	E
1					
2			期初余额表		
3			2012年3月		
4		科目代码	会计科目	期初借方	期初贷方
5		1001	现金	19,740.00	
6		1002	银行存款	567,892.50	
7		1012	其它货币资金		
8		1101	交易性金融资产		
9		1121	应收票据	32,000.00	
10		1122	应收账款	136,392.00	
11		1123	预付账款	9,500.00	
12		1131	应收股利		
13		1221	其他应收款	12,000.00	
14		1231	坏账准备		681.96
15		1403	原材料	97,500.00	
61		6401	主营业务成本		
62		6402	其它业务成本		
63		6403	营业税金及附加		
64		6411	利息支出		
65		6601	销售费用		
66		6602	管理费用		
67		6603	财务费用		
68		6701	资产减值损失		
69		6711	营业外支出		
70		6801	所得税费用		
71		6901	以前年度损益调整		
72		汇总		7,229,784.50	7,229,784.50

图 2-36　期初余额表的结构

（1）在"会计账簿"工作簿中单击插入工作表标签，插入一张工作表，双击工作表标签，重命名为"期初余额表"，如图 2-37 所示。

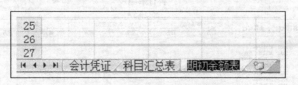

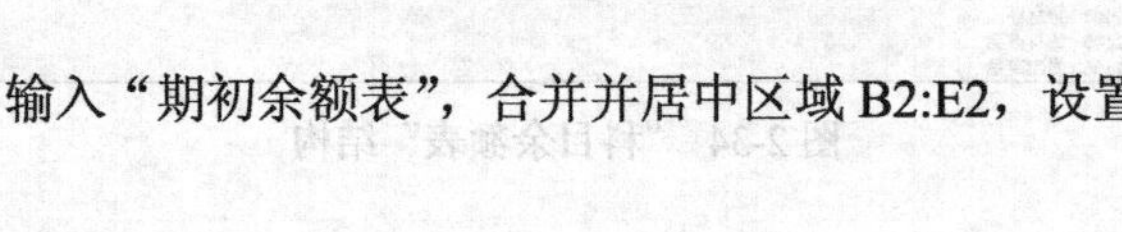

图 2-37　新建期初余额表

（2）在单元格 B2 中输入"期初余额表"，合并并居中区域 B2:E2，设置行高为"40"，选择"开始"/"样式"/"单元格样式"命令，在打开的下拉列表中的"标题"组中单击"标题"样式，应用预定义的单元格标题样式，如图 2-38 所示。

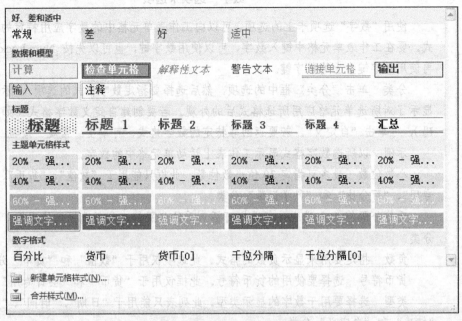

图 2-38　设置单元格标题样式

（3）选择区域 B3:E3，设置字体为"Arial"，字号为"16"，完成对日期的字体设置；按 Ctrl+1 组合键，打开如图 2-39 所示的"设置单元格格式"对话框，转到"数字"选项卡，在"分类"列表框中选择"日期"，在"类型"列表框中选择"2001 年 3 月"格式，单击"确定"按钮，关闭对话框，返回工作表界面，完成对日期格式的设置。

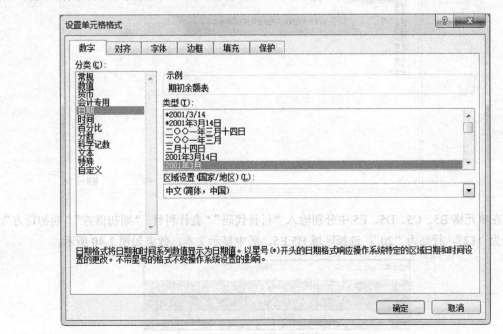

图 2-39　设置日期格式

"数字"选项卡选项

使用"数字"选项卡上的选项，可以向工作表单元格中的数字应用特定的数字格式。要在工作表单元格中键入数字，可以使用数字键，也可以先按 Num Lock，然后再使用数字键盘上的数字键。

分类 单击"分类"框中的选项，然后选择要指定数字格式的选项。"示例"框显示了对所选单元格应用所选格式后的外观。若要创建自定义数字格式（如产品代码），可单击"自定义"。若要返回非特定的数字格式，可单击"常规"按钮。

示例 以所选数字格式显示工作表上活动单元格中的数字。

小数位数 最多可指定 30 位小数位数。此框只能用于"数值"、"货币"、"会计专用"、"百分比"和"科学记数"分类。

千位分隔符（,）选中此复选框可插入千位分隔符。此复选框只能用于"数值"分类。

负数 指定要用来显示负数的格式。此选项仅用于"数值"和"货币"分类。

货币符号 选择要使用的货币符号。此框仅用于"货币"和"会计专用"分类。

类型 选择要用于数字的显示类型。此列表只能用于"日期"、"时间"、"分数"、"特殊"和"自定义"分类。

区域设置（国家/地区） 选择要用于数字显示类型的另一种语言。此选项仅用于"日期"、"时间"和"特殊"分类。

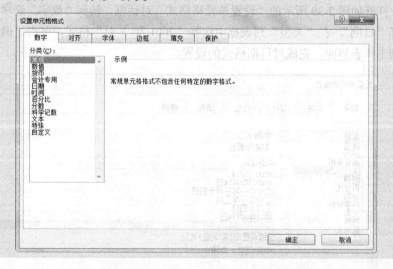

（4）在单元格 B5、C5、D5、E5 中分别输入"科目代码""会计科目""期初借方""期初贷方"，设置字号为"12"，行高为"20"；选择区域 B5:E5，居中显示文本，效果如图 2-40 所示。

图 2-40 输入有关文本

（5）选择 B 列，单击"字体"功能区中的"居中显示"  按钮；选择 D 列和 E 列，设置字体为
"Arial"，字号默认为"11"，选择"开始"/"数字"命令，在"数字"功能区中单击千分位分隔符
按钮，设置借方金额和贷方金额的数字格式，如图 2-41 所示。

图 2-41　设置字体和数字格式

（6）将单元格指针移动到 B 列至 E 列的列字母之间，待变成左右拉伸形状之后，单击并拖动，
将单元格区域 B 列至 E 列调整到合适的宽度。

（7）激活"会计科目"工作表，选择区域 B3:C69，按 Ctrl+C 组合键；激活"期初余额表"，单
击单元格 B5，按 Ctrl+V 组合键，将总账科目代码及科目名称复制到期初余额表中，如图 2-42 所示。

科目代码	会计科目
1001	现金
1002	银行存款
1012	其它货币资金
1101	交易性金融资产
1121	应收票据
1122	应收账款
1123	预付账款
1131	应收股利
1221	其他应收款
1231	坏账准备
1403	原材料
1405	库存商品
1406	发出商品
1471	存货跌价准备
1501	持有至到期投资
1503	可供出售金融资产
1511	长期股权投资
1512	长期股权投资减值准备
1521	投资性房地产
1601	固定资产
1602	累计折旧
1603	固定资产减值准备
1604	在建工程

图 2-42　粘贴的科目代码和会计科目

（8）选择区域 B5:E6，选择"插入"/"表格"/"表格"命令，打开如图 2-43 所示的对话框，
勾选"表包含标题"复选框，单击"确定"按钮，返回工作表界面，创建表格区域。

（9）选择"表格工具"/"设计"/"表格样式选项"命令，在"表格样式选项"功能组中勾选"汇
总行"，在表格中增加汇总行一列，如图 2-44 所示。

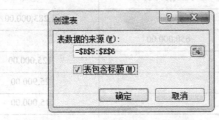

图 2-43　"创建表"对话框

图 2-44　勾选"汇总行"对话框

（10）单击单元格 D72，单击右端的下拉箭头，在弹出的下拉列表中选择"求和"；单击单元格 E72，单击右端的下拉箭头，在弹出的下拉列表中选择"求和"，如图 2-45 所示。

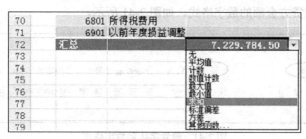

图 2-45 汇总求和

（11）选择"表格工具"/"设计"/"表格样式"命令，在表格样式功能组中选择合适的样式，并在"名称管理器"中将此表更名为"总账期初余额表"。

在创建的期初余额表内，依次输入表 2-1 中的数据。

表 2-1   总账科目期初余额数据

期初余额表			
2012 年 3 月			
科目代码	会计科目	期初借方	期初贷方
1001	现金	19,740.00	
1002	银行存款	567,892.50	
1012	其他货币资金		
1101	交易性金融资产		
1121	应收票据	38,000.00	
1122	应收账款	101,392.00	
1123	预付账款	15,000.00	
1131	应收股利		
1221	其他应收款	12,000.00	
1231	坏账准备		681.96
1403	原材料	97,500.00	
1405	库存商品	422,760.00	
1511	长期股权投资	82,000.00	
1512	长期股权投资减值准备		
1521	投资性房地产		
1601	固定资产	5,200,000.00	
1602	累计折旧		1,283,000.00
1701	无形资产	650,000.00	
2001	短期借款		125,000.00
2202	应收账款		25,900.00
2203	预收账款		15,000.00
2221	应交税费		50,102.05

续表

期初余额表			
2012 年 3 月			
2231	应付利息		8,000.00
4001	实收资本		5,000,000.00
4101	盈余公积		450,000.00
4103	本年利润		200,000.49

用同样的方法建立明细科目的期初余额表，依次输入表 2-2 中的数据，在"名称管理器"中将表更改为"明细期初余额表"。

表2-2 　　　　　　　　　　　　　明细科目期初余额数据

明细期初余额			
2012 年 3 月			
科目代码	会计科目	期初借方	期初贷方
112201	阳光公司	28,600.00	—
112202	万昌公司	110,792.00	—
140301	甲材料	36,000.00	—
140302	乙材料	50,386.00	—
140501	A产品	192,580.00	—
140502	B产品	200,180.00	—
220201	恒昌公司	—	12,286.00
222101	应交增值税	—	7,373.89
222102	应交所得税	—	38,647.28
222104	应交城市维护建设税	—	2768.34
222105	应交教育费附加	—	1312.54

2.3.4　期初余额的调用

由于科目余额表中的会计科目和期初余额表中的会计科目都是从会计科目表中复制过来的，所以结构和位置都固定，这样期初余额就可以直接从期初余额表中调用（如果单位经济业务发生多期，期初余额则可以从上期的科目余额表的期末余额中调用）。

操作步骤如下。

（1）激活"科目余额表"，单击单元格 D7，在公式栏内输入"="；激活"期初余额表"工作表内的单元格 D5，按 Enter 键，返回"科目余额表"，公式栏内显示公式"=期初余额表!D5"，如图 2-46 所示。

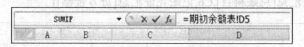

图 2-46　引用期初余额表数据

（2）按 Enter 键，在单元格 D8 旁显示如图 2-47 所示的图标，单击图标的下拉箭头，弹出提示框"使用此公式覆盖当前列中的所有单元格"，单击该提示框，公式自动复制到该列的所有单元格中。

图 2-47　自动复制公式图标

（3）单击单元格 E7，在公式栏内输入"="；激活"期初余额表"工作表内的单元格 D5，按 Enter 键，返回"科目余额表"，公式栏内显示公式"=期初余额表!D5"，如图 2-48 所示。

图 2-48　引入期初借方金额

（4）按 Enter 键，在单元格 E8 旁显示 图标，单击图标的下拉箭头，弹出提示框"使用此公式覆盖当前列中的所有单元格"，单击该提示框，公式自动复制到该列的所有单元格中，完成对所有总账科目的期初余额的调用，如图 2-49 所示。

图 2-49　公式自动填充

2.3.5　本期发生额的计算

科目余额表中的本期发生额可以从本期科目汇总表中调用，也可以参照创建科目汇总表，用 SUMIF 函数汇总符合条件的总账科目发生额。用函数汇总的优点在于，如果科目汇总表插入一个新的会计科目后，相对引用的地址会发生变化，而函数是直接从记账凭证中汇总得出的数据，不受其他格式变动的限制，可靠性更强。

用函数计算本期发生额的具体步骤如下。

（1）选择单元格 G6，输入如图 2-50 所示公式：

=SUMIF(记账凭证汇总[总账科目],C6,记账凭证汇总[借方金额])

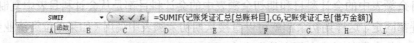

图 2-50　计算本期借方发生额

按 Enter 键，在单元格 F8 旁显示 图标，单击图标的下拉箭头，弹出提示框"使用此公式覆盖当前列中的所有单元格"，单击该提示框，公式自动复制到该列的所有单元格中。

（2）选择单元格 H6，输入如图 2-51 所示公式：

=SUMIF(记账凭证汇总[总账科目],C6,记账凭证汇总[贷方金额])

图 2-51　计算本期贷方发生额

按 Enter 键，在单元格 G8 旁显示 图标，单击图标的下拉箭头，弹出提示框"使用此公式覆盖当前列中的所有单元格"，如图 2-52 所示，单击该提示框，公式自动复制到该列的所有单元格中。

图 2-52 公式自动填充

2.3.6 期末余额的计算

期末余额表中的所有会计科目分为五类：资产、负债、所有者权益、成本和损益。根据会计核算的规则，资产/成本类的期末余额=期初余额+本期借方发生额−本期贷方发生额，负债/所有者权益的期末余额=期初余额+本期贷方发生额−本期借方发生额，损益类无余额。所以计算期末余额时，首先需要判断总账会计科目的性质，然后在"科目余额表"中添加辅助列，计算期末余额。

1. 判断会计科目的性质

为方便计算，我们将资产、成本类的会计科目性质设置为"1"，负债、所有者权益的会计科目性质设置为"2"，损益由于本期发生额等于本期贷方发生额，所以期末余额为 0，但为方便计算，将其科目性质设置为"1"。除此之外，在资产类中，有部分科目的增加额是在贷方计算的，如"坏账准备""长期股权投资减值准备"等科目，需要对这些科目的性质做特殊处理，设置为"2"，具体见表 2-3。

表 2-3　　　　　　　　　会计科目的性质表

代码	名称	性质	代码	名称	性质	代码	名称	性质
1001	现金	1	1606	固定资产清理	1	4103	本年利润	2
1002	银行存款	1	1701	无形资产	1	1404	利润分配	2
1012	其他货币资金	1	1702	累计摊销	2	5001	生产成本	1
1101	交易性金融资产	1	1703	无形资产减值准备	2	5101	制造费用	1
1121	应收票据	1	1811	递延所得税资产	1	5301	研发支出	1
1122	应收账款	1	1901	待处理财产损益	1	6001	主营业务收入	2
1123	预付账款	1	2001	短期借款	2	6051	其他业务收入	2
1131	应收股利	1	2101	交易性金融负债	2	6101	公允价值变动损益	2
1221	其他应收款	1	2201	应付票据	2	6111	投资收益	2
1231	坏账准备	2	2202	应付账款	2	6301	营业外收入	2
1403	原材料	1	2203	预收账款	2	6401	主营业务成本	2
1405	库存商品	1	2211	应付职工薪酬	2	6402	其他业务成本	2
1406	发出商品	1	2221	应交税费	2	6403	营业税金及附加	2
1471	存货跌价准备	2	2231	应付利息	2	6411	利息支出	2
1501	持有至到期投资	1	2232	应付股利	2	6601	销售费用	2
1503	可供出售金融资产	1	2241	其他应付款	2	6602	管理费用	2
1511	长期股权投资	1	2701	长期应付款	2	6603	财务费用	2
1512	长期股权投资减值准备	2	2702	未确认融资费用	2	6701	资产减值损失	2

续表

代码	名称	性质	代码	名称	性质	代码	名称	性质
1521	投资性房地产	1	2801	预计负债	2	6711	营业外支出	2
1601	固定资产	1	2901	递延所得税负债	2	6801	所得税费用	2
1602	累计折旧	2	4001	实收资本	2	6901	以前年度损益调整	2
1603	固定资产减值准备	2	4002	资本公积	2			
1604	在建工程	1	4101	盈余公积	2			

具体操作步骤如下。

（1）激活"会计科目"工作表，将鼠标移动到表格区域的右下角（单元格 C114），待指针变为左右拉伸形状之后，单击并向右拖动一列，扩展表格区域；在单元格 D2 中输入"性质"。

（2）选择单元格 D3，在公式栏内输入如图 2-53 所示公式：
=IF(OR(LEFT(B3)="1",LEFT(B3)="5"),1,2)

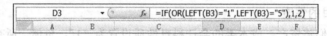

图 2-53　确定会计科目性质公式

按 Enter 键，在单元格 G8 旁显示图标▦，单击图标的下拉箭头，弹出提示框"使用此公式覆盖当前列中的所有单元格"，如图 2-54 所示，单击该提示框，公式自动复制到该列的所有单元格中，完成对会计科目性质的判断。

图 2-54　公式自动填充

公式说明：

该公式选择科目代码的第 1 位数字，如果为 1（资产类）或者 5（成本类），则返回该会计科目的性质 1，否则返回 2。

（3）将"坏账准备""存货跌价准备""累计折旧""固定资产减值准备""长期投资减值准备""累计摊销"对应的科目性质改为 2。

2. 计算科目汇总表的期末余额

（1）激活"科目汇总表"，按 Ctrl+F3 组合键，打开"编辑名称"对话框，将名称改为"科目余额表"，如图 2-55 所示。

图 2-55　修改科目余额表名称

（2）选择 D 列，右键单击鼠标，在打开的快捷菜单中选择"插入"命令，插入一列，如图 2-56 所示，选择区域 D4:D5，合并并居中，输入"性质"，调整列宽。

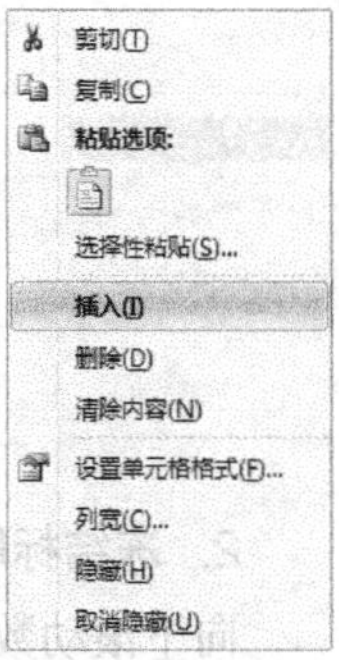

（3）选择单元格 D7，在公式栏内输入：

=VLOOKUP(科目余额表[[#此行],[列 1]],会计科目表,3)

按 Enter 键，在单元格 D8 旁显示图标，单击图标的下拉箭头，弹出提示框 "使用此公式覆盖当前列中的所有单元格"，单击该提示框，公式自动复制到该列 的所有单元格中，完成对会计科目性质的引用。

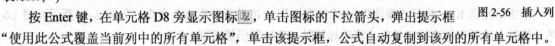

（4）选择单元格 I7，在公式栏内输入公式：

=IF(科目余额表!$D$7=1,科目余额表!$E7+科目余额表!$G7-科目余额 表!$H7,"")

按 Enter 键，在单元格 D8 旁显示图标，单击图标的下拉箭头，弹出提示框 "使用此公式覆盖当前列中的所有单元格"，单击该提示框，公式自动复制到该列的所有单元格中。

图 2-56 插入列

（5）选择单元格 J7，在公式栏内输入公式：

=IF(科目余额表!$D$7=2,科目余额表!$F7+科目余额表!$H7-科目余额表!$G7,"")

按 Enter 键，在单元格 D8 旁显示图标，单击图标的下拉箭头，弹出提示框"使用此公式覆盖 当前列中的所有单元格"，单击该提示框，公式自动复制到该列的所有单元格中。

2.3.7 转换为普通区域

由于创建表格时，自动添加了一行如图 2-57 所示的列标题，需要将此行删除，此外需要保留表格的样式，可以将表格区域转换为普通区域。还需冻结标题区域，当向下拖动滚动条时仍然可以使表标题可见。

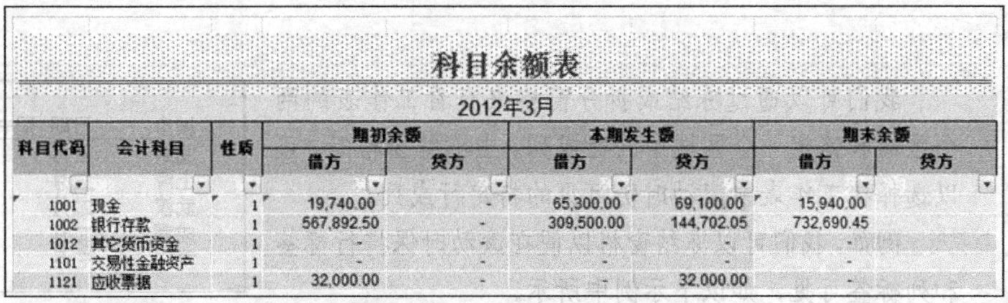

科目余额表

2012年3月

科目代码	会计科目	性质	期初余额		本期发生额		期末余额	
			借方	贷方	借方	贷方	借方	贷方
1001	现金	1	19,740.00	-	65,300.00	69,100.00	15,940.00	
1002	银行存款	1	567,892.50	-	309,500.00	144,702.05	732,690.45	
1012	其它货币资金	1	-	-			-	
1101	交易性金融资产	1	-	-			-	
1121	应收票据	1	32,000.00	-			32,000.00	

图 2-57 创建表格增加的列标题

1. 将表格区域转换为普通区域

由于表格的列标题不能删除，所以需要首先将表格转化为普通区域，这样既可以保留表格样式，又能方便地删除表标题，具体步骤如下。

（1）选择表格区域内的任一单元格，选择"表格工具"/"设计"/"工具"/"转换为区域"命令，如图 2-58 所示，将表格区域转换为普通区域，保留了表格的样式。

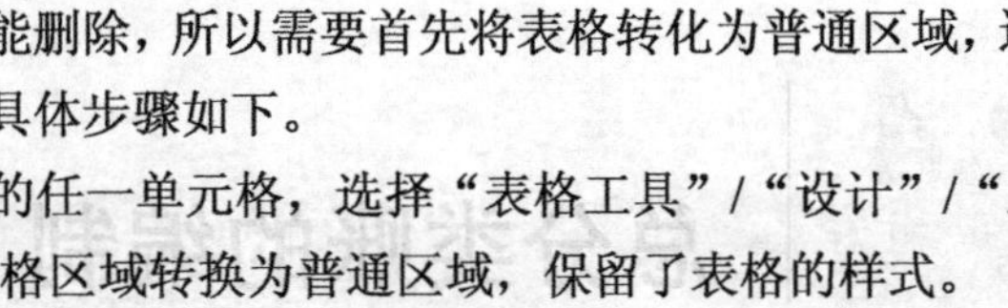

图 2-58 将表转化为普通区域

（2）选择区域 B6:J6，选择"开始"/"单元格"/"删除"命令，删除表格的列标题列，如图 2-59 所示。

图 2-59　删除单元格

2. 冻结标题区域

向下滚动数据时，仍然可以显示表格标题行，可以将表格标题区域冻结，具体步骤如下。

单击单元格 K6，选择"视图"/"冻结窗格"/"冻结拆分窗格"命令，如图 2-60 所示，将 E6 单元格以上的所有行冻结，当向上滚动标签时，表标题仍然可视。

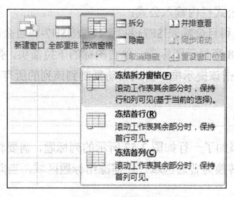

图 2-60　冻结窗格

提示

　　我们可以通过冻结或拆分窗格来查看工作表的两个区域和锁定一个区域中的行或列。当冻结窗格时，可以选择在工作表中滚动时仍可见的特定行或列。

　　例如，我们可以冻结窗格以便在滚动时保持行标签和列标签可见，如以下示例中所示。

　　当拆分窗格时，我们会创建可在其中滚动的单独工作表区域，同时保持非滚动区域中的行或列依然可见。

2.4

总分类账的编制

　　总分类账简称总账，是根据总分类科目开设账目，用来登记全部经济业务，进行总分类核算的账簿。总分类账所提供的核算资料是编制会计报表的主要依据，任何单位都必须设置总分类账。

　　总分类账的登记依据和方法主要取决于所采用的会计核算形式。它可以直接根据各种记账凭证逐笔登记，也可以先把记账凭证按照一定方式进行汇总，编制成科目汇总表或汇总记账凭证等，然后据以登记。通过总分类账，可以全面、总括地反映业务单位的财务收支和经济活动情况，并为编制财务报表提供所需的材料。下面以具体会计科目为例，介绍编制总分类账的方法。

例 2-4 编制总分类账。

为 X 公司编制如图 2-61 所示的总分类账，该范例文件见网上资源"第 2 章"文件下"会计账簿.xlsx"工作簿中的"总分类账"工作表。

2.4.1　相关格式设计

总分类账的格式如图 2-61 所示，具体制作步骤如下。

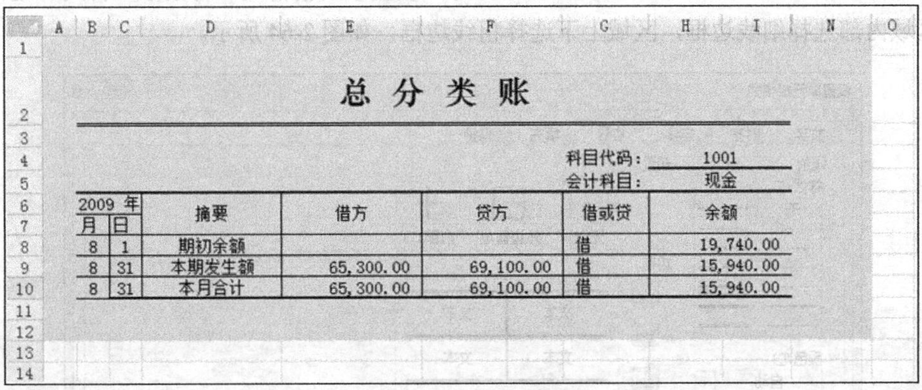

					科目代码：1001	
总 分 类 账					会计科目：现金	
2009 年 月 日	摘要	借方	贷方	借或贷	余额	
8　1	期初余额			借	19,740.00	
8　31	本期发生额	65,300.00	69,100.00	借	15,940.00	
8　31	本月合计	65,300.00	69,100.00	借	15,940.00	

图 2-61　总分类账结构

（1）在"会计账簿"工作簿中单击工作表插入标签 ，插入一张工作表，双击工作表标签，重命名为"总分类账"，如图 2-62 所示。

图 2-62　建立"总分类账"表

（2）在单元格 B2 中输入"总分类账"，合并并居中区域 B2:I2，设置字体为"华文中宋"，加粗显示，字号为"20"，字体颜色"深蓝（深色 25%）"，行高为"40"，添加双下划线，效果如图 2-63 所示。

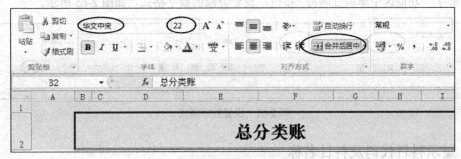

图 2-63　设置标题格式

（3）在单元格 G4、G5 中分别输入"科目代码："、"会计科目："，加粗显示文本，对齐方式"水平靠右"，设置行高为"15"。

（4）选择区域 H4:I4，合并并居中，设置字体为"Arial"，字号为"12"，加粗底框线；选择区域 B6:C6，合并并居中，设置字体为"Arial"，字号为"12"。

（5）在单元格 B8、C8 中分别输入"月""日"，水平居中显示文本。

（6）分别选择区域 D6:D7、E6:E7、F6:F7、G6:G7、H6:H7，合并并居中，并输入文本"摘要""借方""贷方""借或贷""余额"。

（7）在 D8、D9、D10 中分别输入"期初余额""本期发生额""本月合计"，居中显示文本；分别选择区域 H8:I8、H9:I9、H10:I10，合并并居中。

（8）选择区域 B6:I10，按 Ctrl+1 组合键，打开"设置单元格格式"对话框，转到"边框"选项卡，为区域内部选择细线边框，区域上下选择粗线边框，如图 2-64 所示。

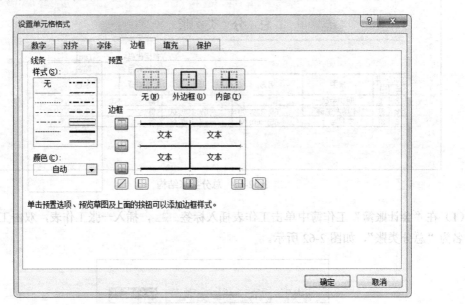

图 2-64　设置表格边框线

（9）将单元格指针移动到 B 列至 I 列的列字母之间，变成左右箭头形状之后，单击并拖动，将单元格区域 B 列至 I 列调整到合适的宽度。

（10）选择区域 E8:I10，设置字体为"Arial"，字号默认为"11"，选择"开始"/"数字"选项卡，在"数字"功能区中单击分隔符·按钮，设置金额的数字格式，如图 2-65 所示。

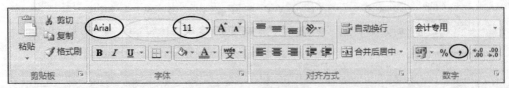

图 2-65　设置数字格式

2.4.2　显示科目代码及科目名称

用户在使用总分类账时，只需在下拉列表中选择或输入要查询的科目代码，科目名称可自动显示。

1. 输入科目代码

科目代码的输入既可以手工输入，也可以采用数据有效性的序列输入方法，具体步骤如下。

（1）激活"会计科目"工作表，选择区域 B3:B69，按 Ctrl+C 组合键。

（2）激活"总分类账"工作表，单击单元格 L4，按 Ctrl+V 组合键，同时在名称框中输入"总账代码"，为该序列命名。

（3）选择单元格 H4，选择"数据"/"数据工具"/"数据有效性"/"数据有效性"命令，如图 2-66 所示，打开"数据有效性"对话框，转到"设置"选项卡，在"允许"下拉列表中选择"序列"，在"来源"文本框中输入"=总账代码"，如图 2-67 所示。

图 2-66　设置数据有效性

（4）单击"确定"按钮，关闭对话框，返回工作表界面。

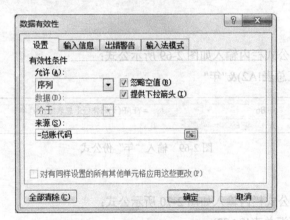

图 2-67　"数据有效性"对话框

2. 自动显示科目名称

单击单元格 H5，在公式栏内输入如图 2-68 所示公式：

=VLOOKUP(H4,会计科目表,2)

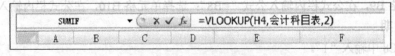

图 2-68　输入相应会计科目

2.4.3　显示日期

总分类账的日期显示信息包括年份、月份和日期，在 Excel 中可以分别使用 YEAR()、MONTH() 和 DAY() 函数来实现。

日期与时间函数的简要介绍如下：

1. 显示年份

选择单元格 B6，在公式栏内输入如图 2-69 所示公式：

=YEAR(记账凭证汇总表!A2)&"年"

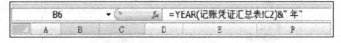

图 2-69　输入"年"份公式

2. 显示月份

选择单元格 B8，在公式栏内输入如图 2-70 所示公式：

=MONTH(记账凭证汇总表!$A$2)

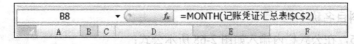

图 2-70　输入"月"份公式

选择单元格 B9，在公式栏内输入公式"=B8"；选择单元格 B10，在公式栏内输入公式"=B9"。

3. 显示日期

在单元格 C8 中输入"1"。

选择单元格 C9，在公式栏内输入如图 2-71 所示公式：

=DAY(EOMONTH(记账凭证汇总表!A2,0))

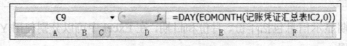

图 2-71　输入日期公式

选择单元格 C10，在公式栏内输入公式"=C9"。

2.4.4 显示借方、贷方、余额

由于资产类/成本类和负债类/权益类在计算期末余额时的方法不一样，所以在总分类账表中显示借方、贷方、余额数时，需要使用辅助区域，首先判断会计科目的性质，然后使用不同的方法调用指定会计科目在科目余额表中显示的期初余额和本期发生额，计算期末余额。

1. 设置辅助区域

由于总分类账使用的是科目余额表中的数据，为了方便地输入公式，需要首先对会计科目余额表命名，然后设置如图 2-72 所示的辅助区域。

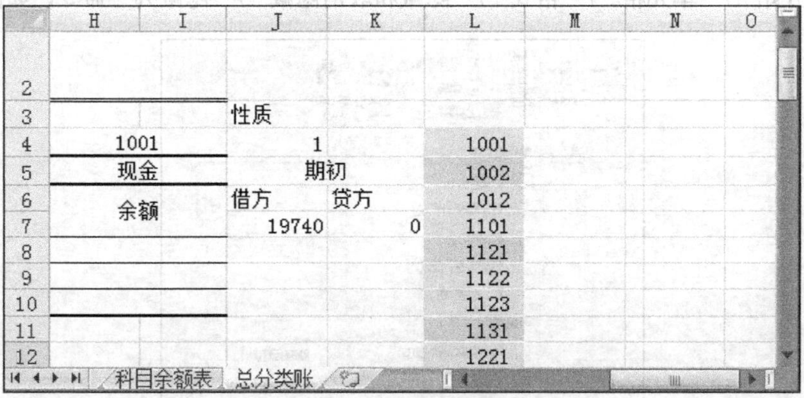

图 2-72 辅助区域

（1）激活"科目余额表"工作表，选择区域 B6:J73，在名称框中输入"科目余额表"。

（2）激活"总分类账"工作表，在单元格 J3 中输入"性质"。

（3）选择单元格 J4，在公式栏内输入公式：

=VLOOKUP(H4,科目余额表,3)

（4）在单元格 J6、K6 中分别输入"借方"、"贷方"。

（5）选择单元格 J7，在公式栏内输入公式：

=VLOOKUP(H4,科目余额表,4)

（6）选择单元格 K7，在公式栏内输入公式：

=VLOOKUP(H4,科目余额表,5)

2. 显示借方、贷方、余额、借贷方向

借方、贷方、余额等单元格内的公式见表 2-4。

表 2-4　　　　　　　　　　　　总分类账区域内的公式

显示内容	单元格	公　　式
显示初期余额	K7	=IF(J4=1,J7,IF(J4=2,K7,0))
显示本期发生额	E9	=VLOOKUP(H4,科目余额表,6)
	F9	=VLOOKUP(H4,科目余额表,7)
	H9	=IF(J4=1,ABS(H8+H9−F9),ABS(H8+F9−E9))
显示本月合计数	E10	=E9

续表

显示内容	单元格	公 式
显示本月合计数	F10	=F9
	H10	=H9
显示借贷方向	G8	=IF(J7<>0,"借",IF(K7<>0,"贷","平"))
	G9	=IF(H9=0,"平",IF(AND(J4=1,H8+E9-F9>0),"借","贷"))
	G10	=G9

3. 隐藏辅助区域

为了使整张表格看起来更美观，需要将辅助列隐藏，为总分类账表添加背景颜色。选择 J 列到 L 列，选择"开始"/"单元格"/"格式"/"隐藏和取消隐藏"/"隐藏列"命令，如图 2-73 所示。

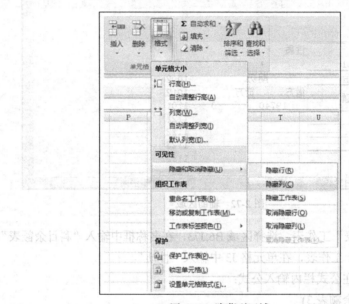

图 2-73　隐藏列区域

4. 设置背景色

选择区域 A1:N21，单击"开始"选项卡下的"字体"功能区中的添加背景色 按钮，如图 2-74 所示，在打开的下拉列表中选择"水绿色（淡色 60%）"。

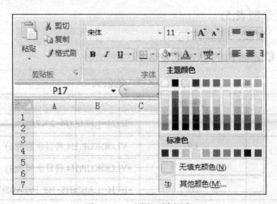

图 2-74　选择区域颜色

2.4.5 保护工作表

由于工作表中有很多格式设置和计算公式，并且某些单元格也不需要输入数据，为了防止用户的不正确操作对这些格式设置和计算公式进行的修改，需要对工作表进行保护，具体步骤如下。

（1）单击工作表左上角的全选按钮，选中整张工作表，按 Ctrl+1 组合键，弹出"设置单元格格式"对话框，转到"保护"选项卡，勾选"锁定"和"隐藏"复选框，如图 2-75 所示，单击"确定"按钮，关闭对话框，返回工作表界面。

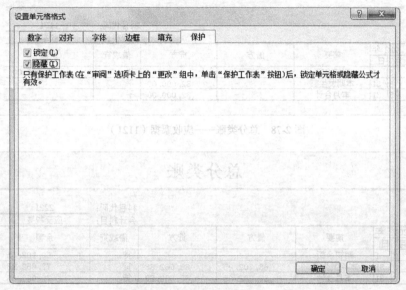

图 2-75 设置保护工作表

（2）选择单元格 H4，按 Ctrl+1 组合键，弹出"设置单元格格式"对话框，转到"保护"选项卡，勾选"锁定"和"隐藏"复选框，单击"确定"按钮，关闭对话框，返回工作表界面。

（3）选择"审阅"/"更改"/"保护工作表"命令，如图 2-76 所示，弹出"保护工作表"对话框，只勾选"选定未锁定的单元格"复选框，单击"确定"按钮，关闭对话框，返回工作表界面，如图 2-77 所示。

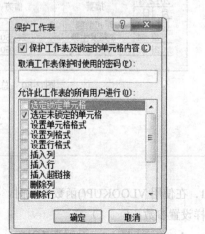

图 2-76 设置工作表保护　　　　图 2-77 勾选"选定未锁定的单元格"复选框

2.4.6 总分类账表的使用

总分类账表的使用非常简单，用户只需在单元格 **H4** 中输入科目代码，或者在下拉列表中选择科目代码，Excel 就会自动生成指定科目代码的总分类账表。

图 2-78、图 2-79 和图 2-80 为几个查询会计科目的总分类账的例子。

总分类账

科目代码：					1121	
会计科目：					应收票据	

2012 年		摘要	借方	贷方	借或贷	余额
月	日					
3	1	期初余额			借	32,000.00
3	31	本期发生额	–	32,000.00	平	–
3	31	本月合计	–	32,000.00	平	–

图 2-78　总分类账——应收票据（1121）

总分类账

科目代码：					2221	
会计科目：					应交税费	

2012 年		摘要	借方	贷方	借或贷	余额
月	日					
3	1	期初余额			贷	50,102.05
3	31	本期发生额	63,702.05	85,662.88	贷	72,062.88
3	31	本月合计	63,702.05	85,662.88	贷	72,062.88

图 2-79　总分类账——应交税费（2221）

总分类账

科目代码：					6602	
会计科目：					管理费用	

2012 年		摘要	借方	贷方	借或贷	余额
月	日					
3	1	期初余额			平	–
3	31	本期发生额	26,600.00	26,600.00	平	–
3	31	本月合计	26,600.00	26,600.00	平	–

图 2-80　总分类账——管理费用（6602）

课后习题

1. 在使用 VLOOKUP()函数查找时，要求查找精确匹配值，如果找不到，则返回无值#N/A，应该怎样设置参数：（　　）

    A．range_lookup 设置为 TRVE　　　　　　B．range_lookup 设置为 FALSE

    C．range_lookup 参数省略　　　　　　　　D．range_lookup 设置为 2

2．INDEX 函数的参数个数为（ 　　 ）。

  A．1个   B．2个   C．3个   D．4个

3．下列说法正确的有（ 　　 ）。

  A．IF()函数允许多重嵌套使用，它最多允许9层嵌套

  B．COUNIF()函数一共有3个参数，第1个参数为条件判断区域，第2个参数为条件，第3个参数为统计的区域

  C．IF()函数不能和 VLOOKUP()函数组合使用

  D．输入数组公式时，不能手动输入大括号，而需要在输入完代码后，按 Ctrl+Shift+Enter 组合键

4．常见的明细分类账的格式有哪几种，它们分别常用于哪些账户的核算？

5．如题图 2-1 所示，求销售额最低的2个销售额，并返回对应的销售点。

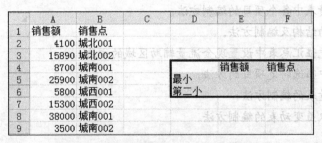

题图 2-1　求销售额最低的2个销售点并返回

第3章 | 编制财务报表

财务报表是会计处理的最终环节，是会计工作的定期总结。它是在会计凭证、会计账簿、会计科目汇总表和科目余额表等会计资料的基础上编制而成的。本章主要介绍如何在编制会计账簿的基础上，利用 Excel 编制财务报表。

【学习目标】

通过本章的学习，读者应掌握和了解以下知识点：

- 了解资产负债表的组成。
- 掌握资产负债表中各个项目的编制方法。
- 掌握利润表的结构及编制方法。
- 掌握在记账凭证汇总表中设置现金流量辅助区域的方法。
- 掌握在表格中筛选特定项目的方法。
- 掌握现金流量表的编制方法。
- 掌握所有者权益变动表的编制方法。

3.1 财务报表概述

财务报表是综合反映企业某一特定日期财务状况和某一会计期间经营成果、现金流量的总结性书面文件。它是企业财务报告的主要成分，是企业向外传递会计信息的主要手段。

3.1.1 财务报表的用途

财务报表向投资者、债权人、政府及其他报表使用者提供有用的经济决策信息。编制财务报表的用途主要有以下几方面：

（1）财务报表提供的经济信息是评价企业经营业绩和改善企业管理的重要依据；

（2）财务报表提供的经济信息是国家经济管理机构进行宏观调控与管理的重要依据；

（3）财务报表提供的经济信息是投资者与贷款者进行决策的重要依据。

3.1.2 财务报表的分类

财务报表可按不同的标准，例如按照反映的内容、编制的主体、编制的时间进行分类，具体介绍如下。

（1）按照反映的内容不同，财务报表可以分为动态的会计报表和静态的会计报表。

① 动态的会计报表是反映一定时期内资金耗费和资金回收的报表，如利润表是反映一定时期内经营成果的报表。

② 静态的会计报表是综合反映一定时期内资产、负债和所有者权益的财务报表，如资产负债表

是反映企业在某一特定日期财务状况的会计报表，它反映企业在某一特定日期拥有和控制的经济资源、所承担的现时义务和所有者对净资产的要求权。

（2）按编制的主体不同，会计报表可以分为单位报表、合并报表和汇总报表。

① 单位报表是指由企业在自身核算的基础上，对账簿记录进行加工而编制的会计报表，以反映企业自身的财务状况和经营成果。

② 合并报表是集团公司中的母公司编制的报表，是以母公司及其子公司组成会计主体，以控股公司和其子公司单独编制的个别财务报表为基础，由控股公司编制的反映抵消集团内部往来账项后的集团合并财务状况和经营成果的财务报表。

③ 汇总报表是由会计主管部门或上级机关根据所属单位报送的会计报表，连同本单位会计报表汇总编制的综合性会计报表。

（3）按编制的时间不同，会计报表可以分为中期报表（包括月报、季报和半年报）和年度报表。

3.2 | 资产负债表的编制

资产负债表是指反映企业在某一特定日期的财务状况的报表，资产负债表包括资产、负债和所有者权益三部分的内容。

3.2.1 资产负债表的组成

资产负债表一般采用账户式结构，分为左右两方，左方为资产，右方为负债和所有者权益。资产负债表左右双方平衡，资产总计等于负债加所有者权益，即"资产=负债+所有者权益"。资产负债表中的三部分按照一定的标准进一步分类并排列。

（1）资产按资产的流动性大小不同，分为流动资产和非流动资产两类：

① 流动资产类由货币资金、交易性金融资产、应收票据、应收账款、预付账款、其他应收款、应收利息、存货和一年内到期的非流动资产等项目组成。

② 非流动资产是指流动资产以外的资产，主要有持有至到期投资、可供出售金融资产、长期应收款、长期股权投资、固定资产、无形资产、开发支出、长期待摊费递延所得税资产等项目组成。

（2）按负债的流动性不同，分为流动负债和非流动负债两类：

① 流动负债类由短期借款、应付票据、应付账款、预收账款、应付职工薪酬、应缴税费、应付股利、其他应付款、预提费用等项目组成。

② 非流动负债类由长期借款、应付债券、长期应付款、预计负债、递延所得税负债等项目组成。

（3）所有者权益是企业资产扣除负债后的剩余资产。

按所有者权益的来源不同，由实收资本、资本公积、盈余公积和未分配利润等项目组成。

3.2.2 资产负债表的编制方法

1. 根据总账科目余额直接填列

资产负债表各项目的数据来源主要是根据总账科目余额直接填列，这些项目有以下几种。

（1）资产类项目：应收票据、应收股利、应收利息、应收补贴款、固定资产原价、累计折旧、工程物资、固定资产减值准备、固定资产清理、递延税款借项等。

（2）负债类项目：短期借款、应付票据、应付工资、应付福利费、应付股利、应交税金、其他应交款、其他应付款、预计负债、长期借款、应付债券、专项应付款、递延税款贷项等。

（3）所有者权益项目：实收资本、已归还投资、资本公积、盈余公积等。

2. 根据总账科目余额计算填列

资产负债表某些项目需要根据若干个总账科目的期末余额计算填列，这些项目有：

（1）资产类的货币资金项目，根据"现金""银行存款""其他货币资金"科目的期末余额合计填列。

（2）资产类的存货项目，根据"物资采购""原材料""低值易耗品""自制半成品""库存商品""包装物""分期收款付出商品""委托加工物资""委托代销产品""生产成本"等账户的合计，减去"代销商品额""活存跌价准备"科目的期末余额后的余额填列。

（3）资产类的固定资产净值项目，根据"固定资产"账户的借方余额减去"累计折旧"账户的贷方余额后的净额填列。

（4）所有者权益的未分配利润项目，在月（季）报中，根据"本年利润"和"未分配利润"科目的余额计算填列。

3. 根据明细科目的余额计算填列

资产负债表某些项目不能根据总账项目余额或若干个总账项目的期末余额计算填列，需要根据有关科目所属的相关明细科目的期末余额计算填列。

（1）"应收账款"项目，应根据"应收账款"科目所属各明细账户的期末贷方余额合计，再加上"预收账款"科目的有关明细科目期末借方余额计算填列。

（2）"应付账款"项目，应根据"应付账款""预付账款"科目的有关明细科目的期末贷方余额计算编制。

4. 根据总账科目和明细科目余额分析计算填列

资产负债表上某些项目不能根据有关总账科目的期末余额直接或计算填列，也不能根据有关科目所属明细科目的期末余额计算填列，需要根据总账科目和明细科目余额分析计算填列。

（1）"长期借款"项目，根据"长期借款"总账科目余额扣除"长期借款"科目所属的明细科目中反映的将于一年内到期的长期借款部分分析计算填列。

（2）"长期债权投资"项目、"长期待摊费用"项目，也要分别根据"长期债权投资"科目和"长期待摊费用"科目的期末余额，减去一年内到期的长期债权投资和一年内摊销的数额后的金额计算。

5. 根据科目余额减去其备抵项目后的净额填列

具体的项目有：

（1）"应收款项"项目，应根据"应收账款"科目所属各明细科目的期末借方余额合计数，减去"坏账准备"科目中有关应收账款计提的坏账准备期末余额数后的金额填列。

（2）"存货"项目，根据扣除前的存货项目余额减去"存货跌价准备"科目期末余额后的金额填列。

（3）"长期股权投资"项目，应根据"长期股权投资"科目的期末余额，减去"长期投资减值准备"科目中有关投资减值准备期末余额后的金额填列；"长期债权投资"项目，应根据"长期债权投资"科目的期末余额，减去"长期投资减值准备"科目中有关债权投资减值准备期末余额后的金额填列。

（4）“固定资产净额”项目，按照“固定资产净值”项目余额减去“固定资产减值准备”科目期末余额后的净值填列。

（5）“在建工程”项目，按照“在建工程”科目的期末余额，减去“在建工程减值准备”科目期末余额后的净值填列。

（6）“无形资产”项目，按照“无形资产”科目的期末余额减去“无形资产减值准备”科目期末余额后的净值填列，以反映无形资产的期末可回收金额。

资产负债表的“年初数”栏各项目数字，应根据上年末资产负债表“期末数”栏内所列数字填列。

3.2.3 相关格式设计

下面以公司资产负债情况为例，介绍编制资产负债表的方法。

例 3-1 编制 X 公司 3 月份资产负债表

为 X 公司编制如图 3-1 所示的 3 月份资产负债表，该范例文件见网上资源“第 3 章”文件夹下“会计报表.xlsx”工作簿中的“资产负债表”。

资产负债表的格式如图 3-1 所示，制作步骤如下。

资产负债表					
编制单位：			2012年3月31日		单位：元
资　　产	期初余额	期末余额	负债及所有者权益	期初余额	期末余额
流动资产：			流动负债：		
货币资金	587,632.50	748,630.45	短期借款	160,000.00	160,000.00
交易性金融资产	-	-	交易性金融负债	-	-
应收票据	32,000.00	-	应付票据	-	35,100.00
应收账款	135,710.04	228,842.04	应付账款	23,400.00	58,500.00
预付账款	9,500.00	9,500.00	预收账款	15,000.00	-
应收股利	-	-	应付职工薪酬	-	-
应收利息			应交税费	50,102.05	72,062.88
其他应收款	12,000.00	12,000.00	应付利息	2,000.00	2,000.00
存货	520,260.00	474,229.50	应付股利	-	-
其中：消耗性生物资产			其他应付款	-	1,000.00
一年内到期的非流动资产			预计负债		
其他流动资产			一年内到期的非流动负债		
流动资产合计	1,297,102.54	1,473,201.99	其他流动负债		
非流动资产：			流动负债合计	250,502.05	328,662.88
可供出售金融资产	-	-	非流动负债：		
持有至到期投资	-	-	长期借款		
投资性房地产	-	-	应付债券		
长期股权投资	82,000.00	82,000.00	长期应付款	-	-
长期应收款			专项应付款		
固定资产	3,920,000.00	3,898,000.00	递延所得税负债	-	-
在建工程	-	-	其他非流动负债		
工程物资			非流动负债合计	-	-
固定资产清理	-	-	负　债　合　计	250,502.05	328,662.88
生产性生物资产					
油气资产			所有者权益（或股东权益）：		
无形资产	650,000.00	650,000.00	实收资本（或股本）	5,000,000.00	5,000,000.00
开发支出			资本公积	-	-
商誉			盈余公积	450,000.00	450,000.00
长摊待摊费用			本年利润	248,600.49	324,539.11
递延所得税资产			减：库存股		
其他非流动资产			所有者权益（或股东权益）合计	5,698,600.49	5,774,539.11
非流动资产合计	4,652,000.00	4,630,000.00			
资产总计	5,949,102.54	6,103,201.99	负债和所有者（或股东权益）合计	5,949,102.54	6,103,201.99

图 3-1　资产负债表格式

（1）在“会计报表”工作簿中单击工作表插入标签，插入一张工作表，双击工作表标签，重命名为“资产负债表”。

（2）在单元格 A1 中输入“资产负债表”，合并并居中区域“A1:F2”，设置行高为“22.5”，选择

"开始"/"样式"/"单元格样式"命令，在打开的下拉列表"标题"组中选择"标题"样式，应用预定义的单元格标题样式，如图3-2所示。

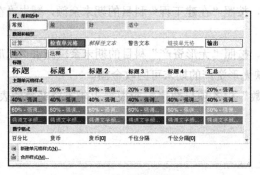

图3-2 单元格标题样式

（3）在单元格A3、F3中分别输入"编制单位："和"单位：元"，设置字号为"12"，行高为"20"。

（4）选择区域C3:D3，合并并居中，设置字体为"Arial"，字号为"16"，行高为"20"，单元格背景为"深蓝（淡色80%）"，如图3-3所示，完成对日期的字体设置。

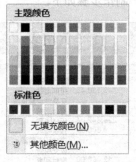

图3-3 设置单元格背景颜色

（5）按Ctrl+1组合键，打开"设置单元格格式"对话框，选择"数字"选项卡，在"分类"列表框中选择"日期"，在"类型"列表框中选择"2001年3月14日"格式，单击"确定"按钮，关闭对话框，返回工作表界面，完成对日期格式的设置，如图3-4所示。

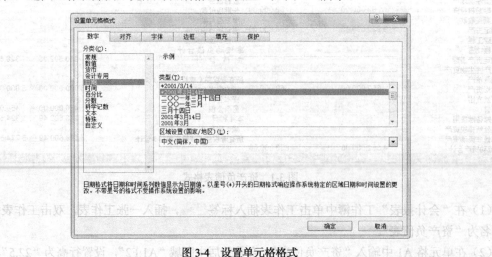

图3-4 设置单元格格式

（6）在单元格 A4、B4、C4、D4、E4、F4 中分别输入"资产""期初余额""期末余额""负债及所有者权益""期初余额""期末余额"；选取区域 A4:F4，设置字号为"12"，行高为"20"，填充背景色为"深蓝（淡色60%）"，如图 3-5 所示。

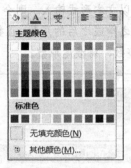

图 3-5　设置填充背景色

（7）选取 B 列、C 列、E 列和 F 列，设置字体为"Arial"，字号默认为"11"，选择"开始" / "数字"选项卡，在"数字"功能区中单击千分位分隔符 按钮，设置借方金额和贷方金额的数字格式，如图 3-6 所示。

图 3-6　设置借方与贷方金额数字格式

（8）参照图 3-1 所示的资产负债表的格式，在区域 A5:A38 和区域 B5:B38 内输入资产负债表项目。

（9）将单元格指针移动到 A 列至 F 列的列字母之间，变成左右拉伸形状之后，单击并拖动，将单元格区域 A 列至 F 列调整到合适的宽度。

3.2.4　相关公式设计

资产负债表内的公式包括日期和表内项目公式，表内的数据主要来源于"科目余额表"，在表内输入公式的方法和步骤如下。

（1）选中单元格 C3，在公式栏内输入如图 3-7 所示公式：

=EOMONTH(记账凭证汇总表!C2,0)

图 3-7　通过 EOMONTH 函数获取特定月份的最后一天

　　EOMONTH 函数用于返回 start_date 之前或之后用于指示月份的该月最后一天的序列号。用函数 EOMONTH 可计算正好在特定月份中最后一天内的到期日或发行日。

提示

语法：EOMONTH(start_date,months)

Start_date 是代表开始日期的一个日期。应使用 DATE 函数输入日期，或者将函数作为其他公式或函数的结果输入。例如，使用函数 DATE(2008,5,23) 输入 2008 年 5 月 23 日。如果日期以文本形式输入，则会出现问题。

Month 为 start_date 之前或之后的月数。正数表示未来日期，负数表示过去日期。如果 months 不是整数，将截尾取整。

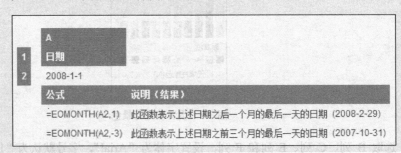

	A
1	日期
2	2008-1-1

公式	说明（结果）
=EOMONTH(A2,1)	此函数表示上述日期之后一个月的最后一天的日期（2008-2-29）
=EOMONTH(A2,-3)	此函数表示上述日期之前三个月的最后一天的日期（2007-10-31）

（2）参照图 3-8 和图 3-9 在资产负债表内输入公式。

资 产	期末余额
流动资产：	
货币资金	=SUM(科目余额表!I6:I8)
交易性金融资产	=科目余额表!I9
应收票据	=科目余额表!I10
应收账款	=科目余额表!I11-科目余额表!J15
预付账款	=科目余额表!I12
应收股利	=科目余额表!I13
应收利息	
其他应收款	=科目余额表!I14
存货	=SUM(科目余额表!I16:I18)-科目余额表!J19
其中：消耗性生物资产	
一年内到期的非流动资产	
其他流动资产	
流动资产合计	=SUM(C6:C14)+SUM(C16:C17)
非流动资产：	
可供出售金融资产	=科目余额表!I20
持有至到期投资	=科目余额表!I20
投资性房地产	=科目余额表!I24
长期股权投资	=科目余额表!I22-科目余额表!J23
长期应收款	
固定资产	=科目余额表!I25-科目余额表!I26-科目余额表!J27
在建工程	=科目余额表!F28
工程物资	
固定资产清理	=科目余额表!I29
生产性生物资产	
油气资产	
无形资产	=科目余额表!I30-科目余额表!I31-科目余额表!J32
开发支出	
商誉	
长期待摊费用	
递延所得税资产	
其他非流动资产	
非流动资产合计	=SUM(C20:C36)
资产总计	=C18+C37

图 3-8　资产负债表内的公式（B 列、C 列）

负债及所有者权益	期初余额	期末余额
流动负债：		
短期借款	=科目余额表!F35	=科目余额表!J35
交易性金融负债	=科目余额表!F36	=科目余额表!J36
应付票据	=科目余额表!F37	=科目余额表!J37
应付账款	=科目余额表!F38	=科目余额表!J38
预收账款	=科目余额表!F39	=科目余额表!J39
应付职工薪酬	=科目余额表!F40	=科目余额表!J40
应交税费	=科目余额表!F41	=科目余额表!J41
应付利息	=科目余额表!F42	=科目余额表!J42
应付股利	=科目余额表!F43	=科目余额表!J43
其他应付款	=科目余额表!F44	=科目余额表!J44
预计负债		
一年内到期的非流动负债		
其他流动负债		
流动负债合计	=SUM(B6:B18)	=SUM(C6:C18)
非流动负债：		
长期借款		
应付债券		
长期应付款	=科目余额表!F45	=科目余额表!J45
专项应付款		
递延所得税负债	=科目余额表!F48	=科目余额表!J48
其他非流动负债		
非流动负债合计	=SUM(B21:B26)	=SUM(C21:C26)
负债合计	=B19+B27	=C19+C27
所有者权益（或股东权益）：		
实收资本（或股本）	=科目余额表!F49	=科目余额表!J49
资本公积	=科目余额表!F50	=科目余额表!J50
盈余公积	=科目余额表!F51	=科目余额表!J51
本年利润	=科目余额表!F52	=科目余额表!J52
减：库存股		
所有者权益（或股东权益）合计	=SUM(B31:B34)-B35	=SUM(C31:C34)-C35
负债和所有者（或股东权益）合计	=B28+B36	=C28+C36

图 3-9　资产负债表内的公式（E 列、F 列）

3.2.5　转换为普通区域

为了快速优化表格，可以先将资产负债表设为表格区域，选择合适的表样式，再将表格区域转换为普通区域，具体步骤如下。

（1）选择区域 A4:F38，选择"插入"/"表格"/"表格"命令，在弹出的"创建表"对话框中选择"包含表标题"复选框，单击"确定"按钮，关闭对话框，将区域 A4:F38 转化为表格区域，如图 3-10 所示。

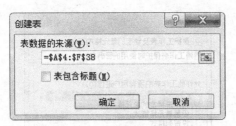

图 3-10　"创建表"对话框

（2）选择"表格工具"/"设计"/"表格样式"命令，在表样式下拉列表中选择适合的表样式。

（3）选择"表格工具"/"设计"/"工具"/"转换为区域"命令，将表格区域转换为普通区域，但是保留表格的样式，如图 3-11 所示。

图 3-11　"转换为区域"命令

3.2.6　保护工作表

由于工作表中有很多格式设置和计算公式，并且某些单元格也不需要输入数据，为了防止用户的不正确操作对这些格式设置和计算公式进行的修改，需要对工作表进行保护。具体步骤如下。

（1）单击工作表左上角的全选按钮，选中整张工作表，按 Ctrl+1 组合键，弹出"设置单元格格式"对话框，转到"保护"选项卡，选择"锁定"和"隐藏"复选框，如图 3-12 所示。单击"确定"按钮，关闭对话框，返回工作表界面。

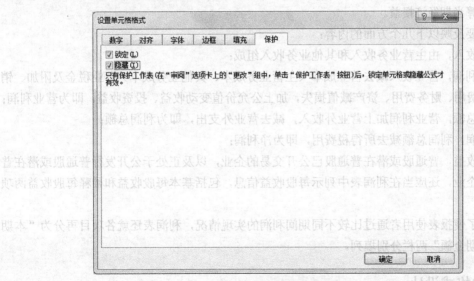

图 3-12　设置保护表对话框

（2）选择"审阅"/"更改"/"保护工作表"命令，弹出"保护工作表"对话框，勾选"选定未锁定的单元格"复选框，如图 3-13 所示。单击"确定"按钮，返回工作表界面。

图 3-13 "保护工作表"对话框

3.3 利润表的编制

利润表是反映企业在一定期间生产经营成果的会计报表，该表把一定期间内的收入与同一期间的相关费用配比，以计算出企业一定时间内的净利润（净亏损）。

3.3.1 利润表的组成及编制方法

利润表结构主要有单步式和多步式两种。在我国，企业利润表采用的基本上是多步式结构，即通过对当期的收入、费用、支出项目按性质加以归类，按利润形成的主要环节列示一些中间性利润指标，分步计算当期经济损益。

利润表主要反映以下几个方面的内容：

（1）营业收入，由主营业务收入和其他业务收入组成；

（2）营业利润，营业收入减去营业成本（主营业务成本、其他业务成本）营业税金及附加、销售费用、管理费用、财务费用、资产减值损失，加上公允价值变动收益、投资收益，即为营业利润；

（3）利润总额，营业利润加上营业外收入，减去营业外支出，即为利润总额；

（4）净利润，利润总额减去所得税费用，即为净利润；

（5）每股收益，普通股或潜在普通股已公开交易的企业，以及正处于公开发行普通股或潜在普通股过程中的企业，还应当在利润表中列示每股收益信息，包括基本每股收益和稀释每股收益两项指标。

此外，为了使报表使用者通过比较不同期间利润的实现情况，利润表还就各项目再分为"本期金额"和"上期金额"两栏分别填列。

3.3.2 相关格式设计

下面以公司利润变动情况为例，介绍编制利润表的方法。

例 3-2 编制 X 公司 3 月份利润表。

为 X 公司编制如图 3-14 所示的 3 月份资产负债表，该范例文件见网上资源"第 3 章"文件夹下

"会计报表.xlsx"工作簿中的"利润表"工作表。

图 3-14 利润表格式

利润表的格式如图 3-14 所示，制作步骤如下。

（1）在"会计报表"工作簿中单击工作表插入标签 ，插入一张工作表，双击工作表标签，重命名为"利润表"，在单元格 C2 中输入"利润表"，合并并居中区域 C2:E2，设置行高为"40"，选择"开始"/"样式"/"单元格样式"命令，在打开的下拉列表"标题"组中单击"标题"样式，应用预定义的单元格标题样式，如图 3-15 所示。

图 3-15 设置"单元格样式"

（2）选择区域 C3:E3，合并并居中，设置字体为"Arial"，字号为"16"，行高为"20"，单元格背景为"深蓝（淡色 80%）"，完成对日期的字体设置；按 Ctrl+1 组合键，打开"设置单元格格式"对话框，转到"数字"选项卡，在"分类"列表框中选择"日期"，在"类型"列表框中选择"2001

年3月14日"格式,单击"确定"按钮,关闭对话框,返回工作表界面,完成对日期格式的设置,如图3-16所示。

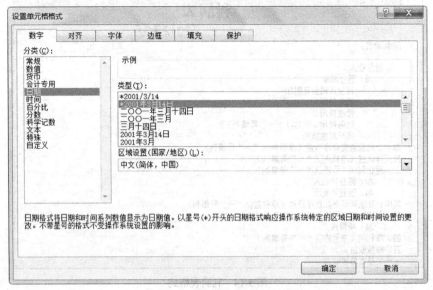

图3-16 设置"单元格样式"

(3)在单元格C4、E4中分别输入"编制单位:"和"单位:元",设置字号为"12",行高为"20";在单元格C5、D5、E5中分别输入"项目""本期发生额""上期发生额",如图3-17所示。

图3-17 编辑单元格

(4)选取区域C5:E5,设置字号为"12",行高为"20",填充背景色为"深蓝(淡色60%)";选取D列和E列,设置字体为"Arial",字号默认为"11",选择"开始"/"数字"选项卡,在"数字"功能区中单击千分位分隔符按钮,如图3-18所示,设置借方金额和贷方金额的数字格式。

图3-18 设置数字格式

(5)在区域C6:C23内输入相应的利润表项目。

(6)将单元格指针移动到A列至F列的列字母之间,变成左右拉伸形状之后,单击并拖动,将单元格区域A列至F列调整到合适的宽度。

3.3.3 相关公式设计

利润表内的公式包括日期和表内项目公式，表内的数据主要来源于"科目余额表"，在表内输入公式的方法和步骤如下。

（1）选中单元格 C3，在公式栏内输入以下公式：

=记账凭证汇总表!C2

（2）参照图 3-19，在利润表内分别输入公式。

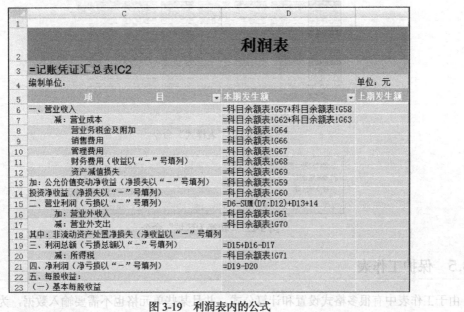

图 3-19　利润表内的公式

3.3.4 转换为普通区域

为了快速优化表格，可以先将利润表设为表格区域，选择合适的表样式，再将表格区域转换为普通区域，具体步骤如下。

（1）选择区域 C5:E23，选择"插入"/"表格"/"表格"命令，打开"创建表"对话框，选择"表包含标题"复选框，如图 3-20 所示。

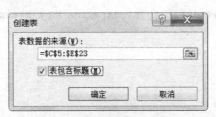

图 3-20　"创建表"对话框

（2）选择"表格工具"/"设计"/"表格样式"命令，在表样式下拉列表中选择适合的表样式，如图 3-21 所示。

（3）选择"表格工具"/"设计"/"工具"/"转换为区域"命令，将表格区域转换为普通区域，但是保留表格的样式，如图 3-22 所示。

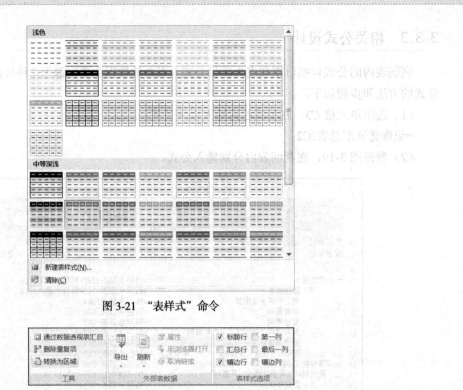

图 3-21 "表样式"命令

通过数据透视表汇总		属性	☑ 标题行	☐ 第一列
删除重复项	导出 刷新	用浏览器打开	☐ 汇总行	☐ 最后一列
转换为区域		取消链接	☑ 镶边行	☐ 镶边列
工具	外部表数据		表样式选项	

图 3-22 "转换为区域"命令

3.3.5 保护工作表

由于工作表中有很多格式设置和计算公式，并且某些单元格也不需要输入数据，为了防止用户的不正确操作对这些格式设置和计算公式进行的修改，需要对工作表进行保护。具体步骤如下。

（1）单击工作表左上角的全选按钮，选中整张工作表，按 Ctrl+1 组合键，弹出"设置单元格格式"对话框，转到"保护"选项卡，选择"锁定"和"隐藏"复选框，如图 3-23 所示。单击"确定"按钮，关闭对话框，返回工作表界面。

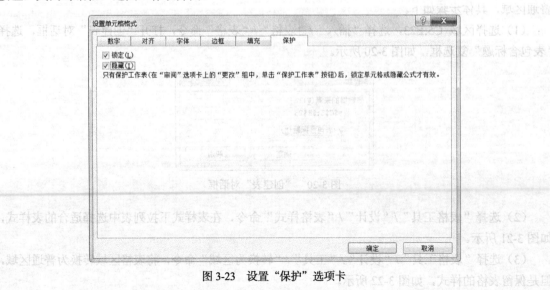

图 3-23 设置"保护"选项卡

（2）选择"审阅"/"更改"/"保护工作表"命令，弹出"保护工作表"对话框，勾选"选定未锁定的单元格"复选框，如图 3-24 所示。单击"确定"按钮，返回工作表界面。

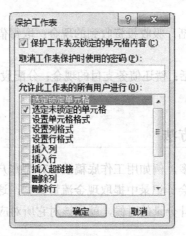

图 3-24 "保护工作表"对话框

3.4 现金流量表的编制

现金流量表是以现金为基础编制的，反映企业在某一特定时期内经营活动、投资活动和筹资活动等对现金及现金等价物影响的会计报表。现金流量表有助于使用者了解和评价企业获取现金的能力，发现企业在财务方面存在的问题，并预测企业未来的现金流量。

3.4.1 现金流量表的组成

根据《企业会计准则第 31 号、现金流量表》的要求，现金流量表由以下 3 大部分组成。

1. 经营活动产生的现金流量

经营活动是指企业投资活动和筹资活动以外的所有交易和事项。该项目包括经营活动流入和经营活动流出。

（1）经营活动流入的现金主要包括：销售产品、提供劳务收到的现金；收到的税费返还；收到其他与经营活动有关的现金；经营活动现金流入小计。

（2）经营活动流出的现金主要包括：购买产品、接受劳务支付的现金；支付给职工以及为职工支付的现金；支付的各项税费；支付其他与经营活动有关的现金；经营活动现金流出小计。

2. 投资活动产生的现金流量

投资活动是指企业长期资产的构建和不包括现金等价物范围内的投资及处置活动。

（1）投资活动产生的现金主要包括：收回投资收到的现金；取得投资收益收到的现金；处置固定资产、无形资产和其他长期资产收回的现金净额；处置子公司及其他营业单位收到的现金净额；收到其他与投资活动有关的现金。

（2）投资活动流出的现金包括：构建固定资产、无形资产和其他长期资产支付的现金；投资支付的现金；取得子公司及其他营业单位支付的现金净额；支付其他与投资活动有关的现金。

3. 筹资活动产生的现金流量

筹资活动是指导致企业资本及债务规模和构成发生变化的活动。它包含筹资活动引起的现金流入和现金流出两个项目。

（1）投资活动流入的现金包括：吸收投资收到的现金；取得借款收到的现金；收到其他与筹资活动有关的现金。

（2）投资活动流出的现金包括：偿还债务支付的现金；分配股利、利润或偿付利息支付的现金；支付其他与筹资活动有关的现金。

3.4.2 现金流量表的编制方法

现金流量表的编制方法有很多，例如用工作底稿法、T 型账户法、直接利用日记账或会计记录来编制等。本节我们采用直接从会计记录中提取现金流量数据，这就需要在记账凭证汇总表中加入一辅助列，用户在输入每一笔会计分录的时候，就应该对它所对应的现金流量项目进行分类。

添加辅助列的步骤如下。

（1）激活"记账凭证汇总表"工作表，在区域 T9:T36 内输入如图 3-25 所示的内容。

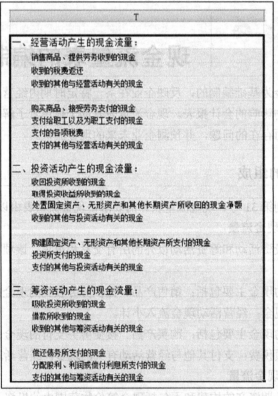

图 3-25　现金流量表项目序列

（2）选中区域 T9:T36，在名称框中输入"现金流量表项目"，为此区域命名，如图 3-26 所示。

图 3-26　重命名区域名称

（3）将表格区域向右扩展一列，选择"数据"/"数据工具"/"数据有效性"/"数据有效性"命令，打开"数据有效性"对话框，转到"设置"选项卡，在"允许"下拉列表中选择"序列"，在"来源"中输入"=现金流量表项目"，单击"确定"按钮，关闭对话框，返回工作表界面，如图 3-27 所示。

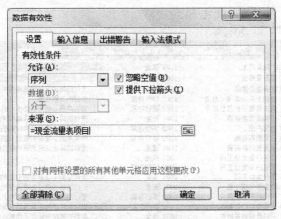

图 3-27　设置数据有效性

（4）向下复制单元格 Q4 中的数据有效性并设置到该列的其他单元格内，单击"总账科目"列右端的筛选和排序按钮，打开下拉列表，如图 3-28 所示。

（5）在筛选框中清除"全选"复选框，重新勾选"现金"和"银行存款"复选框，筛选出所有关于现金和银行存款的分录，如图 3-29 所示。

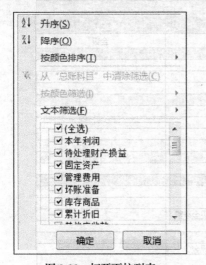
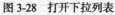
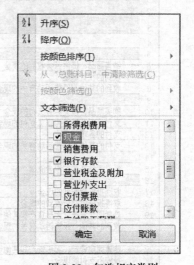

图 3-28　打开下拉列表　　　　　　　图 3-29　勾选相应类别

（6）分析每笔分录，并在 Q 列所对应的单元格内选择如图 3-30 所示的现金流量表项目。

3.4.3　相关格式设计

下面以具体现金流量为例，介绍编制现金流量表的方法。

例 3-3　编制 X 公司 3 月份现金流量表。

为 X 公司编制如图 3-31 所示的 3 月份现金流量表，该范例文件见网上资源"第 3 章"文件夹下

"会计报表.xlsx"工作簿中的"现金流量表"工作表。

现金流量表的格式如图3-31所示，操作步骤如下。

图3-30   对现金和银行存款的分类进行分类

图3-31   现金流量表格式

（1）在"会计报表"工作簿中单击工作表插入标签 ，插入一张工作表，双击工作表标签，重命名为"现金流量表"。

（2）在单元格 B1 中输入"现金流量表"，合并并居中区域 B1:C1，设置行高为"40"，选择"开始"/"样式"/"单元格样式"命令，在打开的下拉列表中的"标题"组中单击"标题"样式，应用定义好的单元格标题样式，如图 3-32 所示。

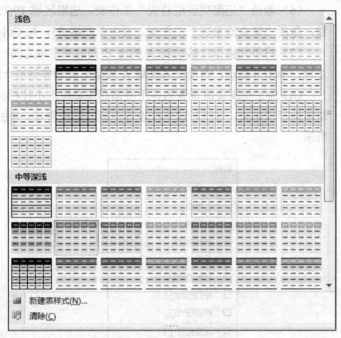

图 3-32　设置"单元格样式"

（3）选择区域 B2:C2，合并并居中，设置字体为"Arial"，字号为"16"，行高为"20"，单元格背景为"深蓝（淡色 80%）"，完成对日期的字体设置；按 Ctrl+1 组合键，打开"自定义序列"对话框，转到"数字"选项卡，在"分类"列表框中选择"日期"，在"类型"列表框中选择"2001 年 3月 14 日"格式，单击"确定"按钮，关闭对话框，返回工作表界面，完成对日期格式的设置，如图3-33 所示。

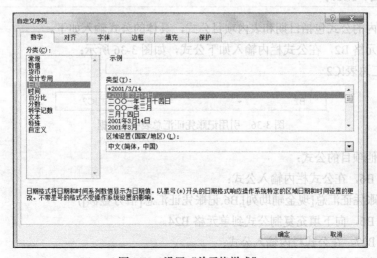

图 3-33　设置"单元格样式"

（4）在单元格 B3、C3 中分别输入"编制单位："和"单位：元"，设置字号为"12"，行高为"20"，加粗显示；在单元格 B5、C5 中分别输入"项目"和"金额"。

（5）选取 C 列，设置字体为"Arial"，字号默认为"11"，选择"开始"/"数字"选项卡，在"数字"功能区中单击千分位分隔符按钮，如图 3-34 所示，设置借方金额和贷方金额的数字格式。

（6）激活"记账凭证汇总表"工作表，选取区域 T9:T36，按 Ctrl+C 组合键；激活"现金流量表"工作表，选中单元格 B5，按 Ctrl+V 组合键。

（7）将单元格指针移动到 A 列至 F 列的列字母之间，变成左右拉伸形状之后，单击并拖动，将单元各区域 A 列至 F 列调整到适合的宽度。

（8）为了使现金流量表的各个类别和现金流入小计栏、现金流出小计栏更清晰地显示出来，可以对这些行设置不同的颜色背景，并加上边框，如图 3-35 所示。

图 3-34　设置数字格式

图 3-35　设置边框

3.4.4　相关公式设计

现金流量表内的公式包括日期和表内项目公式，具体的公式输入如下。

（1）选中单元格 B2，在公式栏内输入如下公式，如图 3-36 所示：

=记账凭证汇总表!C2

图 3-36　引用记账凭证汇总表中的数据

（2）表内其他项目的公式：

选中单元格 B6，在公式栏内输入公式：

=SUMIF(记账凭证汇总[现金辅助列],B6,记账凭证汇总[借方金额])

选中单元格 B6，向下填充复制公式到单元格 B24。

选中单元格 B27，在公式栏内输入公式：

=SUMIF(记账凭证汇总[现金辅助列],B27,记账凭证汇总[借方金额])

选中单元格 B27，向下填充复制公式到单元格 B30。

选中单元格 B32，在公式栏内输入公式：

=SUMIF(记账凭证汇总[现金辅助列],B32,记账凭证汇总[借方金额])

选中单元格 B32，向下填充复制公式到单元格 B34。

选中单元格 B37，在公式栏内输入公式：

=SUMIF(记账凭证汇总[现金辅助列],B37,记账凭证汇总[借方金额])

（3）现金流入、流出、净额行的公式：

选中单元格 B9，在公式栏内输入公式 "=SUM(C6:C8)"

选中单元格 B14，在公式栏内输入公式 "=SUM(C10:C13)"

选中单元格 B15，在公式栏内输入公式 "=C9-C14"

选中单元格 B21，在公式栏内输入公式 "=SUM(C17:C20)"

选中单元格 B25，在公式栏内输入公式 "=SUM(C22:C24)"

选中单元格 B26，在公式栏内输入公式 "=C15-C25"

选中单元格 B31，在公式栏内输入公式 "=SUM(C28:C30)"

选中单元格 B35，在公式栏内输入公式 "=SUM(C32:C34)"

选中单元格 B36，在公式栏内输入公式 "=C31-C35"

选中单元格 B38，在公式栏内输入公式 "=C15+C26+C36"

提示

单元格引用是指对工作表中的单元格或单元格区域的引用，它可以在公式中使用，以便 Microsoft Office Excel 可以找到需要公式计算的值或数据。

在一个或多个公式中，可以使用单元格引用来引用：

- 工作表中单个单元格的数据；
- 包含在工作表中不同区域的数据；
- 同一工作簿的其他工作表中单元格的数据。

此公式：	引用：	并且返回：
=C2	单元格 C2	单元格 C2 中的值
=资产-债务	名为 "资产" 和 "债务" 的单元格	名为 "资产" 的单元格减去名为 "债务" 的单元格的值
{=Week1+Week2}	名为 Week1 和 Week2 的单元格区域	作为数组公式，名为 Week1 和 Week 2 的单元格区域的值的和
=Sheet2!B2	Sheet2 上的单元格 B2	Sheet2 上单元格 B2 中的值

3.4.5　保护工作表

由于工作表中有很多格式设置和计算公式，并且某些单元格也不需要输入数据，为了防止用户的不正确操作对这些格式设置和计算公式进行的修改，需要对工作表进行保护。具体步骤如下。

（1）单击工作表左上角的全选按钮，选中整张工作表，按 Ctrl+1 组合键，弹出 "设置单元格格式" 对话框，转到 "保护" 选项卡，勾选 "锁定" 和 "隐藏" 复选框，单击 "确定" 按钮，关闭对话框，返回工作表界面，如图 3-37 所示。

（2）选择 "审阅" / "更改" / "保护工作表" 命令，弹出 "保护工作表" 对话框，只勾选 "选定未锁定的单元格" 复选框，单击 "确定" 按钮，关闭对话框，返回工作表界面，如图 3-38 所示。

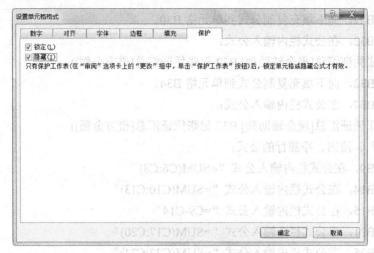

图 3-37 设置"保护"选项卡

图 3-38 "保护工作表"对话框

3.5 所有者权益变动表的编制

　　所有者权益变动表是反映公司本期（年度或中期）内至截至期末所有者权益变动情况的报表。其中，所有者权益变动表应当全面反映一定时期所有者权益变动的情况。

　　2007 年以前，公司所有者权益变动情况是以资产负债表附表形式予以体现的。新准则颁布后，要求上市公司于 2007 年正式对外呈报所有者权益变动表，所有者权益变动表成为与资产负债表、利润表和现金流量表并列披露的第 4 张财务报表。在所有者权益变动表中，企业还应当单独列示反映下列信息：

　　（1）所有者权益总量的增减变动；

　　（2）所有者权益增减变动的重要结构性信息；

　　（3）直接计入所有者权益的利得和损失。

　　通过所有者权益变动表，既可以为报表使用者提供所有者权益总量增减变动的信息，也能为其提供所有者权益增减变动的结构性信息,特别是能够让报表使用者理解所有者权益增减变动的根源。

3.5.1 所有者权益变动表的组成

所有者权益变动表各项目均需填列"本年金额"和"上年金额"两栏。

所有者权益变动表"上年金额"栏内各项数字,应根据上年度所有者权益变动表"本年金额"内所列数字填列。上年度所有者权益变动表规定的各个项目的名称和内容同本年度不一致的,应对上年度所有者权益变动表各项目的名称和数字按照本年度的规定进行调整,填入所有者权益变动表的"上年金额"栏内。

所有者权益变动表"本年金额"栏内各项数字一般应根据"实收资本(或股本)""资本公积""盈余公积""利润分配""库存股""以前年度损益调整"科目的发生额分析填列。

所有者权益变动表至少应当单独列示反映下列信息的项目:

(1)净利润;

(2)其他综合收益;

(3)会计政策变更和差错更正的累积影响金额;

(4)所有者投入资本和向所有者分配利润等;

(5)按照规定提取的盈余公积;

(6)实收资本(或股本)、资本公积、盈余公积、未分配利润的期初和期末余额及其调节情况。

3.5.2 所有者权益变动表的编制方法

所有者权益变动表的主要项目填列有以下几个方面。

1. "上年年末余额"栏

"上年年末余额"栏,反映企业上年资产负债表中实收资本(或股本)、资本公积、盈余公积、未分配利润的年末余额。

2. "会计政策变更"和"前期差错更正"栏

"会计政策变更"和"前期差错更正"栏,反映企业采用追溯调整法处理的会计政策变更的累积影响金额和采用追溯重述法处理的会计差错更正的累积影响金额。

3. "本年增减变动金额"栏下相关项目反映的内容

(1)"净利润"项目,反映企业当年实现的净利润(或净亏损)金额,并对应列在"未分配利润"栏。

(2)"其他综合收益"项目,反映企业其他综合收益(含持有的可供出售金融资产当年公允价值变动的金额、权益法下被投资单位其他所有者权益变动的影响等)的金额,并对应列在"资本公积"栏。

(3)"所有者投入和减少资本"项目,反映企业当年所有者投入和减少的资本,包括实收资本(或股本)和资本溢价(或股本溢价),并对应列在"实收资本(或股本)"和"资本公积"栏。

(4)"利润分配"下各项目,反映当年对所有者(或股东)分配的利润(或股利)金额和按照规定提取的盈余公积金额,并对应列在"未分配利润"和"盈余公积"栏。

(5)"所有者权益内部结转"下各项目,反映不影响当年所有者权益总额的所有者权益各组成部分之间当年的增减变动,包括资本公积转增资本(或股本)、盈余公积转增资本(或股本)、盈余公积弥补亏损等项金额。

3.5.3 相关格式设计

下面介绍编制 X 公司所有者权益变动表的方法。

例 3-4 编制 X 公司 3 月份所有者权益变动表

为 X 公司编制如图 3-39 所示的 3 月份所有者权益变动表，该范例文件见网上资源"第 3 章"文件夹中"会计报表.xlsx"工作簿中的"所有者权益变动表"。

所有者权益变动表的格式如图 3-39 所示，制作步骤如下。

项　　目	本 年 金 额						上 年 金 额					
	实收资本（或股本）	资本公积	减：库存股	盈余公积	未分配利润	所有者权益合计	实收资本（或股本）	资本公积	减：库存股	盈余公积	未分配利润	所有者权益合计
一、上年年末余额												
加：会计政策变更												
前期差错更正												
二、本年年初余额												
三、本年增减变动金额（减少以"-"号填列）												
（一）净利润												
（二）直接计入所有者权益的利得和损失												
1.可供出售金融资产公允价值变动净额												
2.权益法下被投资单位其他所有者权益变动的影响												
3.与计入所有者权益项目相关的所得税影响												
4.其他												
上述（一）和（二）小计												
（三）所有者投入和减少资本												
1.所有者投入资本												
2.股份支付计入所有者权益的金额												
3.其他												
（四）利润分配												
1.提取盈余公积												
2.对所有者（或股东）的分配												
3.其他												
（五）所有者权益内部结转												
1.资本公积转增资本（或股本）												
2.盈余公积转增资本（或股本）												
3.盈余公积弥补亏损												
4.其他												
四、本年年末余额												

图 3-39　所有者权益变动表格式

（1）在"会计报表"工作簿中单击工作表插入标签，插入一张工作表，双击工作表标签，重命名为"所有者权益变动表"。

（2）在单元格 A1 中输入"所有者权益变动表"，合并并居中区域"A1:M2"，设置行高为"22.5"，选择"开始"/"样式"/"单元格样式"命令，在打开的下拉列表"标题"组中选择"标题"样式，应用预定义的单元格标题样式，如图 3-40 所示。

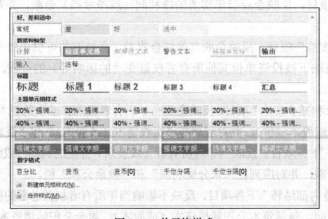

图 3-40　单元格样式

（3）在单元格 A3、M3 中分别输入"编制单位："和"单位：元"，设置字号为"12"，行高为"20"。

（4）选择区域 B3:H3，合并并居中，设置字体为"Arial"，字号为"12"，行高为"20"，单元格背景为"深蓝（淡色80%）"，如图 3-41 所示，完成对日期的字体设置。

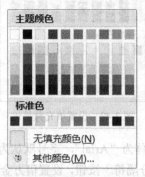

图 3-41　设置单元格背景颜色

（5）按 Ctrl+1 组合键，打开"设置单元格格式"对话框，选择"数字"选项卡，在"分类"列表框中选择"日期"，在"类型"列表框中选择"2001年3月14日"格式，单击"确定"按钮，关闭对话框，返回工作表界面，完成对日期格式的设置，如图 3-42 所示。

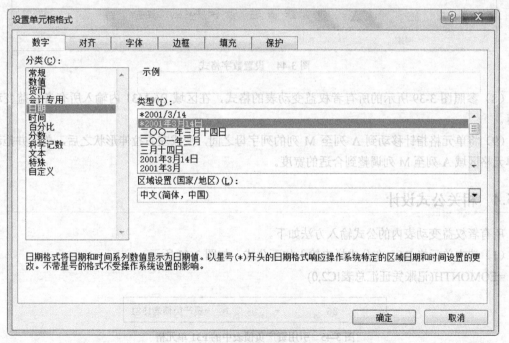

图 3-42　设置单元格格式

（6）分别选择单元格区域 A4:A5、B4:G4、H4:M4，合并并居中，在单元格 A4、B4、H4、B5、C5、D5、E5、F5、G5、H5、I5、J5、K5、L5、M5 中分别输入"项目""本年金额""上年金额""实收资本（或股本）""资本公积""减:库存股""盈余公积""未分配利润""所有者权益合计"等内容；选取区域 A4:M5，设置字号为"12"，行高为"30"，填充背景色为"深蓝（淡色60%）"，如图 3-43所示。

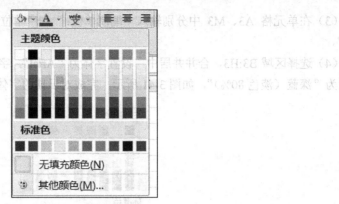

图 3-43　设置填充背景色

（7）选取 B 列至 M 列，设置字体为"Arial"，字号默认为"11"，选择"开始"/"数字"选项卡，在"数字"功能区中单击千分位分隔符 , 按钮，设置借方金额和贷方金额的数字格式，如图 3-44 所示。

图 3-44　设置数字格式

（8）参照图 3-39 所示的所有者权益变动表的格式，在区域 B6:M31 内输入所有者权益变动表项目。

（9）将单元格指针移动到 A 列至 M 列的列字母之间，变成左右拉伸形状之后，单击并拖动，将单元格区域 A 列至 M 列调整到合适的宽度。

3.5.4　相关公式设计

所有者权益变动表内的公式输入方法如下。

（1）选中单元格 B6，在公式栏内输入如下公式，如图 3-45 所示：
=EOMONTH(记账凭证汇总表!C2,0)

图 3-45　引用资产负债表中的 F31 单元格

（2）参照图 3-46，在所有者权益变动表内输入公式。

3.5.5　保护工作表

由于工作表中有很多格式设置和计算公式，并且某些单元格也不需要输入数据，为了防止用户的不正确操作对这些格式设置和计算公式进行的修改，需要对工作表进行保护，具体步骤如下。

所有者权益变动表

项 目	本 年 金 额					
编制单位： =记账凭证汇总表!B2	实收资本（或股本）	资本公积	减:库存股	盈余公积	未分配利润	所有者权益合计
一、上年年末余额	=资产负债表!F31	=资产负债表!F32	=资产负债表!F35	=资产负债表!F33	=资产负债表!F34	=SUM($B6:$F6)
加：会计政策变更						=SUM($B7:$F7)
前期差错更正						=SUM($B8:$F8)
二、本年年初余额	=SUM(B$6:B$8)	=SUM(C$6:C$8)	=SUM(D$6:D$8)	=SUM(E$6:E$8)	=SUM(F$6:F$8)	=SUM($B9:$F9)
三、本年增减变动金额（减少以"-"号填列）						=SUM($B10:$F10)
（一）净利润						=SUM($B11:$F11)
（二）直接计入所有者权益的利得和损失	=SUM(B$13:B$16)	=SUM(C$13:C$16)	=SUM(D$13:D$16)	=SUM(E$13:E$16)	=SUM(F$13:F$16)	=SUM($B12:$F12)
1.可供出售金融资产公允价值变动净额						=SUM($B13:$F13)
2.权益法下被投资单位其他所有者权益变动的影响						=SUM($B14:$F14)
3.与计入所有者权益项目有关的所得税影响						=SUM($B15:$F15)
4.其他						=SUM($B16:$F16)
上述（一）和（二）小计	=SUM(B$11:B$12)	=SUM(C$11:C$12)	=SUM(D$11:D$12)	=SUM(E$11:E$12)	=SUM(F$11:F$12)	=SUM($B17:$F17)
（三）所有者投入和减少资本						=SUM($B18:$F18)
1.所有者投入资本						=SUM($B19:$F19)
2.股份支付计入所有者权益的金额						=SUM($B20:$F20)
3.其他						=SUM($B21:$F21)
（四）利润分配	=SUM(B$23:B$25)	=SUM(C$23:C$25)	=SUM(D$23:D$25)	=SUM(E$23:E$25)	=SUM(F$23:F$25)	=SUM($B22:$F22)
1.提取盈余公积						=SUM($B23:$F23)
2.对所有者（或股东）的分配						=SUM($B24:$F24)
3.其他						=SUM($B25:$F25)
（五）所有者权益内部结转						=SUM($B26:$F26)
1.资本公积转增资本（或股本）						=SUM($B27:$F27)
2.盈余公积转增资本（或股本）						=SUM($B28:$F28)
3.盈余公积弥补亏损						=SUM($B29:$F29)
4.其他						=SUM($B30:$F30)
四、本年年末余额	=B$9+B$17-B$22	=C$9+C$17-C$22	=D$9+D$17-D$22	=E$9+E$17-E$22	=F9+F17-F22	=G9+G17-G22

图 3-46 所有者权益变动表内的公式（B 列至 G 列）

（1）单击工作表左上角的全选按钮，选中整张工作表，按 Ctrl+1 组合键，弹出"设置单元格格式"对话框，转到"保护"选项卡，选择"锁定"和"隐藏"复选框，如图 3-47 所示。单击"确定"按钮，关闭对话框，返回工作表界面。

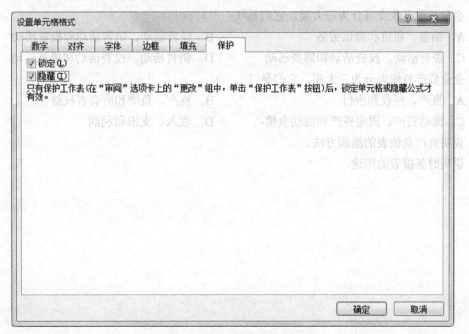

图 3-47 设置"保护表"对话框

（2）选择"审阅"/"更改"/"保护工作表"命令，弹出"保护工作表"对话框，勾选"选定未锁定的单元格"复选框，如图 3-48 所示。单击"确定"按钮，返回工作表界面。

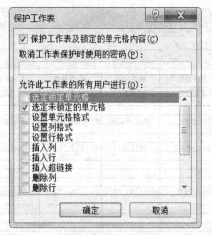

图 3-48 "保护工作表"对话框

课后习题

1. 现金流量表中的现金指的是（　　）。

　A. 人民币
　B. 人民币和外币

　C. 货币资金
　D. 指现金和现金等价物

2. 企业的现金收支可分为三大类，它们是（　　）。

　A. 销售、租赁和提供劳务
　B. 经营活动、销售活动和投资活动

　C. 经营活动、投资活动和筹资活动
　D. 销售活动、投资活动和筹资活动

3. 企业资产负债表分为三大项，它们是（　　）。

　A. 资产、应收和应付
　B. 资产、负债和所有者权益

　C. 流动资产、固定资产和流动负债
　D. 收入、支出和利润

4. 说明资产负债表的编制方法。

5. 说明财务报表的用途。

Excel 在固定资产管理中的应用 | 第4章

固定资产是企业日常经营活动不可缺少的条件，其数量多，分布在企业的各个部门，管理难度比较大，如何能够合理有效地组织固定资产的管理和核算，对于保证其完整性并充分发挥其效能具有重要的意义。

Excel 提供了计算固定资产折旧的函数公式和相关功能，学习并掌握了这些公式和功能，固定资产的核算将会变得简单易行。本章介绍如何利用 Excel 制作固定资产卡片，计算固定资产折旧、分配折旧费用及生成相关凭证、编制固定资产的分析图表等内容。

【学习目标】

通过本章的学习，读者应了解和掌握以下知识点：

- 了解固定资产的确认、分类和折旧方法的选择和计算。
- 掌握折旧函数 SLN()、DDB()、SYD()的应用。
- 掌握按年和按工作量计算折旧时的卡片处理。
- 掌握设置数据有效性的方法。
- 掌握固定资产卡片的制作。
- 掌握使用数据透视表制作固定资产折旧费用分配表的方法。

4.1
固定资产概述

固定资产是指为生产商品、提供劳务、出租或经营管理而持有的，使用寿命超过一个会计年度的有形资产。如房屋建筑、机器设备、办公设备、运输设备等。下面简单介绍固定资产的特征、确认、分类、核算中需要建立的工作表及各表的功能。

4.1.1 固定资产的特征

固定资产是指同时具有下列特征的有形资产。

1. 为生产商品、提供劳务、出租或经营管理而持有的

企业持有固定资产的目的是用于生产商品、提供劳务、出租或经营管理，而不是直接用于出售。其中，出租是指以经营租赁方式出租的机器设备等。

2. 使用寿命超过一个会计年度

固定资产的使用寿命超过一个会计年度，意味着固定资产属于长期资产。固定资产的使用寿命，是指企业使用固定资产的预计期间，或者该固定资产所能生产产品或提供劳务的数量。通常情况下，固定资产的使用寿命是指使用固定资产的预计使用期间，某些机器设备或运输设备等固定资产的使用寿命，也可以以该固定资产能生产产品或提供劳务的数量来表示，例如，发电设备可按其预计发电量估计使用寿命。

3. 使用寿命是有限的

固定资产随着在生产经营过程中的不断使用以及科技的迅速发展，其服务能力与价值逐渐地在使用过程中减小，因此，企业必须在固定资产的有效期内，通过固定资产折旧费用的方式，逐渐、部分地转化为生产成本或费用，实现对企业固定资产损失价值的补偿。

4. 固定资产必须是有形资产

该特征将固定资产与无形资产区别开来。有些无形资产可能同时符合固定资产的其他特征，如无形资产是为生产商品、提供劳务而持有，使用寿命超过一个会计年度，但是由于其没有实物形态，所以不属于固定资产。

4.1.2 固定资产的确认

一项固定资产如要作为固定资产加以确认，首先需要符合固定资产的定义，其次还要符合固定资产的确认条件，即与该固定资产有关的经济利益很可能流入企业，同时，该固定资产的成本能够可靠地计量。

1. 与该固定资产有关的经济利益很有可能流入企业

企业在确认固定资产时，需要判断与该项固定资产有关的经济利益是否很可能流入企业。实务中，主要是通过判断与该固定资产所有权相关的风险和报酬是否转移到了企业来确定。

通常情况下，取得固定资产所有权是判断与固定资产所有权有关的风险和报酬是否转移到企业的一个重要标志。凡是所有权已属于企业，无论企业是否收到或拥有该固定资产，均可作为企业的固定资产；反之，如果没有取得所有权，即使存放在企业，也不能作为企业的固定资产。但是所有权是否转移不是判断的唯一标准。在有些情况下，某项固定资产的所有权虽然不属于企业，但是，企业能够控制与该项固定资产有关的经济利益流入企业，在这种情况下，企业应该将固定资产予以确认。例如，融资租赁方式下租入的固定资产，企业（承租人）虽然不拥有该项固定资产的所有权，但企业能够控制与该固定资产有关的经济利益流入企业，与该固定资产所有权相关的风险和报酬实质上已转移到了企业，因此，符合固定资产确认的第一个条件。

2. 该固定资产的成本能够可靠地计量

成本能够可靠地计量是资产确认的一项基本条件。要确认固定资产，企业取得该固定资产所发生的支出必须能够可靠地计量。企业在确定固定资产成本时，有时需要根据所获得的最新资料，对固定资产的成本进行合理的估计。如果企业能够合理地估计出固定资产的成本，则视同固定资产的成本能够可靠地计量。

4.1.3 固定资产的分类

固定资产类别繁多，规格和用途也各不相同，为了加强固定资产的管理，必须对固定资产进行科学的分类。

企业的固定资产根据不同的管理需要和核算要求以及不同的分类标准，可以进行不同的分类。

1. 按固定资产的经济用途和使用情况综合分类

（1）生产经营用固定资产。

（2）非生产经营用固定资产。

（3）租用固定资产。

（4）不需用的固定资产。

（5）未使用的固定资产。

（6）土地。

（7）融资租入固定资产。

2. 按固定资产的所有权划分，可分为自有固定资产和租入固定资产

（1）自有固定资产是指企业具有所有权的固定资产，包括自用固定资产和租出固定资产。租出固定资产是指企业在经营租赁方式下出租给其他单位使用的固定资产。

（2）租入固定资产是指企业不具有所有权，而是根据租赁合同向其他单位租入的固定资产。

3. 按固定资产的经济用途划分，可分为生产经营用固定资产和非生产经营用固定资产

（1）生产经营用固定资产是指参与生产经营过程或直接为生产经营服务的资产，如生产经营使用的房屋、建筑物、机器设备、动力设备、传导设备、工具、仪器、生产工具、运输设备、管理工具等。

（2）非生产经营用固定资产是指不直接参加或服务于生产经营过程的各种固定资产，如职工宿舍、招待所、食堂、俱乐部、浴室和其他固定资产。

4.1.4 固定资产核算

企业中对固定资产的核算包括确定、增加、折旧的计算及分配、减少等内容。在此基础上生成各种统计分析图表，以进一步管理和分析企业的固定资产使用情况。

基于以上核算内容，我们需要首先创建一个工作簿，命名为"固定资产管理"，在该工作簿中包含以下几个工作表。

（1）基础信息：为方便内容的输入及公式的引用，设置基础信息表，表中包含相关会计科目、固定资产类别、使用部门、使用状况、折旧方法、增加方式、减少原因等项目。

（2）固定资产卡片：登记固定资产的各个项目，并计算固定资产的折旧。

（3）固定资产清单：汇总企业内固定资产的所有信息。

（4）折旧费用分配表：将每月的折旧费用分配到相应的科目中。

（5）记账凭证清单：根据折旧费用分配表创建的有关折旧费用分配的记账凭证。

4.2 | 固定资产卡片的编制

固定资产卡片是按照固定资产项目开设，用以对固定资产明细核算的账簿。固定资产卡片通常为正反两面，固定资产的正面如图 4-1 所示，表明固定资产编号、名称、规格、原值、预计残值、折旧年限、月折旧率、折旧记录、月折旧额、使用、保管部门和内部转移记录等信息；固定资产卡片的反面如图 4-2 所示，列明了原值变动、大修理记录，停用记录，主体、附属设备及其变动记录，出售记录，报废清理记录等。

"固定资产卡片"通常一式三份，分别由会计部门、使用部门和财产管理部门登记保管，并按固定资产类别顺序排列。在每类下，再按使用单位分组排列。如有内部调动，应随时登记有关卡片，并相应转移它的存放位置，以便及时了解固定资产的存在和变动情况。会计部门保管的卡片，还应

定期与财产保管部门和使用部门保管的卡片进行核对。

固定资产卡片

卡片编号	1002			日期	2012年3月

固定资产编号	DZ-01	固定资产名称	服务器	类别	办公设备
使用部门	行政部	使用状况	正常使用	计量单位	台
增加方式	购入	规格型号		数量	1
开始使用日期	2005年1月	原值	800,000.00	月折旧额	7,111.11
使用年限	8	残值率	4%	已累计折旧	647,111.11
已计提月数	85	预计净残值	32,000.00	尚可计提折旧	120,888.89
尚可计提月数	11	折旧方法	年数总和法	折旧费用科目	管理费用

折旧额计算					
年份	年折旧额	年折旧率	累计折旧	年末折余价值	月折旧额
0				800,000.00	
1	170,666.67	22.00%	170,666.67	629,333.33	14,222.22
2	149,333.33	19.00%	320,000.00	480,000.00	12,444.44
3	128,000.00	17.00%	448,000.00	352,000.00	10,666.67
4	106,666.67	14.00%	554,666.67	245,333.33	8,888.89
5	85,333.33	11.00%	640,000.00	160,000.00	7,111.11

图 4-1　固定资产卡片正面

下面以具体固定资产为例，介绍编制固定资产卡片的方法。

停用或恢复使用				主体及附属设备及其变更登记						
停用		恢复使用		主体及附属设备		主体及附属配备变更登记				
日期	凭证	原因	日期	凭证	名称及摘要	单位	数量	日期	凭证	名称及摘要	单位	增加数量	减少数量
大修理记录										
完工日期	凭证	摘要	大修理费用							

图 4-2　固定资产卡片反面

例 4-1　编制固定资产卡片。

X 公司是以加工金属制品为主的中小型制造企业，公司拥有多台用于生产制造的机器设备、交通工具、作为办公用品核算的固定资产等，需要一一为之编制如图 4-1 所示的固定资产卡片，方便管理人员了解固定资产的使用和修理情况。

4.2.1　相关格式设计

企业根据自身的特点，固定资产卡片正反面的格式会有所不同。反面通常为备注型信息，不含公式，这里仅以正面为例，介绍固定资产卡片的制作方法。

假设某企业的固定资产卡片的格式如图 4-3 所示，该卡片包含固定资产的基本信息和折旧额计算两大部分。

格式的具体设计步骤如下。

（1）打开工作簿"固定资产管理"，双击工作表标签"Sheet1"，重命名为"卡片"，如图 4-4 所示。

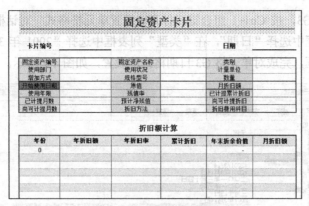

图 4-3　固定资产卡片格式

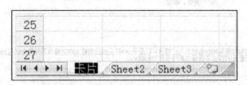

图 4-4　新建"卡片"工作表

（2）在单元格 B1 中输入"固定资产卡片"，合并并居中区域 B1:G1；转到"开始"选项卡，在"字体"功能区中，设置字体为"华文中宋"，字号为"20"，字体颜色为"深蓝色"，添加双底框线，设置行高为"40"，如图 4-5 所示。

图 4-5　设置标题格式

（3）在单元格 B3、F3 中分别输入"卡片编号"和"日期"，加粗显示文本；选择单元格 C3、G3，设置字体为"Arial"，字号为"10"，并添加加粗底框线，如图 4-6 所示。

图 4-6　设置加粗底框线

（4）选择单元格 G3，按 Ctrl+1 组合键，打开"设置单元格格式"对话框，转到"数字"选项卡，在"分类"列表框中选择"日期"，在"类型"列表框中选择"2001 年 3 月"格式，单击"确定"按钮，关闭对话框，完成对单元格 G3 日期格式的设置，如图 4-7 所示。

图 4-7 设置日期格式

（5）在单元格 B5 至 B11 中分别输入"固定资产编号""使用部门""增加方式""开始使用日期""使用年限""已计提月数""尚可计提月数"。

（6）在单元格 D5 至 D11 中分别输入"固定资产名称""使用状况""规则型号""原值""残值率""预计净残值""折旧方法"；在单元格 F5 至 F11 中分别输入"类别""计量单位""数量""月折旧额""已计提累计折旧""尚可计提折旧""折旧费用科目"，如图 4-8 所示。

（7）选择单元格 E9，单击"开始"选项卡，在"数字"功能区中单击百分比按钮 ％，完成对单元格 E9 数据格式的设置，如图 4-9 所示。

图 4-8 输入有关固定资产项目

图 4-9 设置数字的百分比形式

（8）选择区域 B13:G14，合并并居中，在合并单元格内输入"折旧额计算"，设置字号为"14"，加粗显示文本；在单元格 B15 至 G15 中分别输入"年份""年折旧额""年折旧率""累计折旧""年末折余价值""月折旧额"，如图 4-10 所示。

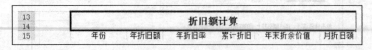

图 4-10 输入折旧额的内容

（9）分别选择区域 C8:C11、E8:E11、G8:G11、B16:G136，设置字体为"Arial"，字号为"10"，如图 4-11 所示。

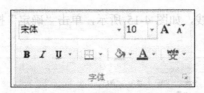

图 4-11　设置字号字体

（10）选择区域 D17:D136，按 Ctrl+1 组合键，打开"设置单元格格式"对话框，转到"数字"选项卡，在"分类"列表框中选择"百分比"，将"小数位数"设置为"2"，单击"确定"按钮，关闭对话框，完成该区域数字格式的设置，如图 4-12 所示。

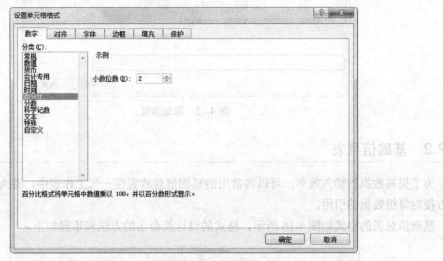

图 4-12　设置百分比的小数位数

（11）单击全选按钮，选择整张工作表，如图 4-13 所示，转到"开始"选项卡，在"对齐方式"功能组中单击水平居中按钮 ，使工作表中所有数据居中显示，如图 4-14 所示。

图 4-13　单击全选按钮

（12）将单元格指针移动到 B 列至 G 列的列字母之间，变成左右拉伸形状之后，单击并拖动，将单元格区域 B 列至 G 列调整到适合的宽度。

图 4-14　居中所有表格内容

（13）选择区域 B5:G11、B15:G136，按 Ctrl+1 组合键，打开"设置单元格格式"对话框，转到

"边框"选项卡,添加区域边框线,如图 4-15 所示,单击"确定"按钮,关闭对话框,完成对边框的设置。

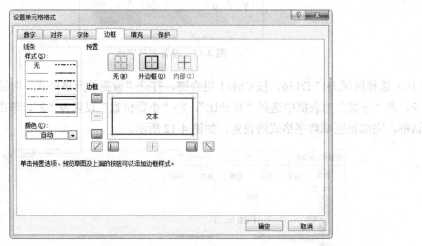

图 4-15　添加边框

4.2.2　基础信息表

为了提高数据的输入效率,可以将常用的基础信息放置在一张工作表中,并为每组数据命名,以方便对每组数据的引用。

基础信息表的格式如图 4-16 所示,格式的设计及命名的方法和步骤如下。

图 4-16　基础信息表

1. 格式设计

(1)打开工作簿"固定资产管理",双击工作表标签"Sheet2",重命名为"基础信息表",在单元格 A1 中输入"基础信息表",合并并居中区域 A1:G1,设置字体为"华文中宋",字号为"20",字体颜色"深蓝色",添加双底框线,行高为"40",如图 4-17 所示。

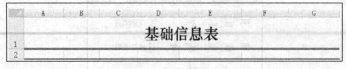

图 4-17　设置标题格式

(2)在单元格 A3 至 G3 中分别输入"增加方式""类别名称""使用部门""使用状况""折旧方法""相关科目""折旧费用科目";在单元格区域 A4:A10、B4:B10、C4:C10、D4:D10、E4:E10、F4:F10、

G4:G10 中分别输入如图 4-18 所示的内容。

	增加方式	类别名称	使用部门	使用状况	折旧方法	相关科目	折旧费用科目
4	购入	房屋建筑	行政部	正常使用	年限平均法	固定资产	制造费用
5	在建工程转	机器设备	财务部	未使用	双倍余额递减法	累计折旧	管理费用
6	接受投入	办公设备	制造部	融资租入	年数总和法	固定资产清理	销售费用
7	盘盈	运输设备	销售部	经营性租出	工作量法	在建工程	其他业务成本
8	自建			不需用		工程物资	
9				已提足折旧			
10				报废			

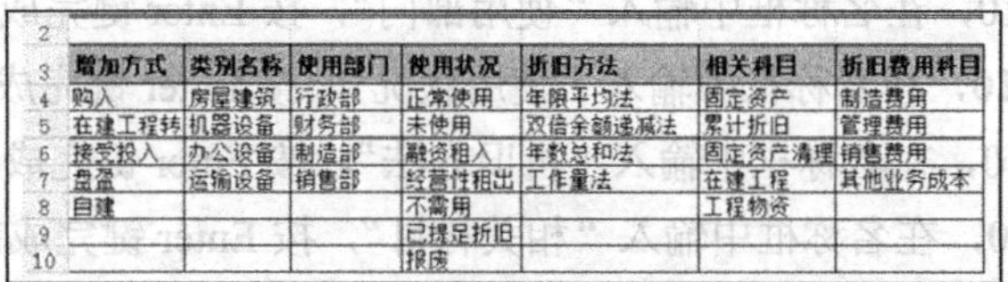

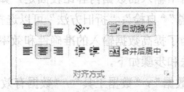

图 4-18　输入相关卡片内容

（3）单击全选按钮，选中整张工作表，转到“开始”选项卡，在“对齐方式”功能组中单击水平居中按钮，使工作表中所有数据居中显示，如图 4-19 所示。

图 4-19　设置居中显示

（4）将单元格指针移动到 A 列至 G 列的列字母之间，变成左右拉伸形状之后，单击并拖动，将单元格区域 A 列至 G 列调整到合适的宽度。

（5）选择区域 A3:G10，按 Ctrl+1 组合键，打开“设置单元格格式”对话框，转到“边框”选项卡，添加区域边框线，单击“确定”按钮，关闭对话框，完成对边框的设置，如图 4-20 所示。

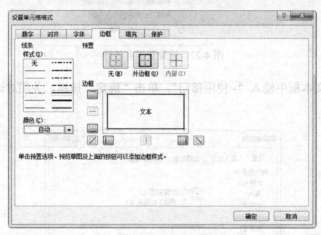

图 4-20　添加边框

2. 命名

（1）选择区域 A4:A10，在名称框中输入“增加方式”，按 Enter 键完成命名，如图 4-21 所示。

增加方式	类别名称	使用部门	使用状况	折旧方法	相关科目	折旧费用科目
购入	房屋建筑	行政部	正常使用	年限平均法	固定资产	制造费用
在建工程转入	机器设备	财务部	未使用	双倍余额递减法	累计折旧	管理费用
接受投入	办公设备	制造部	融资租入	年数总和法	固定资产清理	销售费用
盘盈	运输设备	销售部	经营性租出	工作量法	在建工程	其他业务成本
自建			不需用		工程物资	
			已提足折旧			

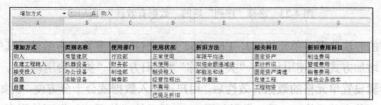

图 4-21　设置每类项目的名称

（2）选择区域 B4:B10，在名称框中输入"类别名称"，按 Enter 键完成命名。

（3）选择区域 C4:C10，在名称框中输入"使用部门"，按 Enter 键完成命名。

（4）选择区域 D4:D10，在名称框中输入"使用状况"，按 Enter 键完成命名。

（5）选择区域 E4:E10，在名称框中输入"折旧方法"，按 Enter 键完成命名。

（6）选择区域 F4:F10，在名称框中输入"相关科目"，按 Enter 键完成命名。

（7）选择区域 G4:G10，在名称框中输入"折旧费用科目"，按 Enter 键完成命名。

4.2.3 设置数据有效性序列

在固定资产卡片的部分单元格中输入的数据内容比较固定，如"增加方式"可以选择"购入""在建工程转入""接受投入""盘盈""自检"；"折旧方法"可以选择"年限平均法""工作量法""年数总和法""双倍余额递减法"。为了提高数据输入的准确性和效率，可以通过对这些单元格设置数据有效性序列来实现。具体的方法和步骤如下。

（1）选择单元格 C6，选择"数据"/"数据工具"/"数据有效性"命令，如图 4-22 所示，打开"数据有效性"对话框，在"有效性条件"下的"允许"下拉列表中选择"序列"，界面显示效果如图 4-23 所示。

图 4-22　设置数据有效性

（2）在"来源"文本框中输入"=使用部门"，单击"确定"按钮，关闭对话框，完成单元格 C6 的数据有效性设置。

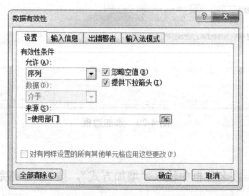

图 4-23　选择"序列"后的"数据有效性"对话框

（3）用同样的方法分别对单元格 C7、E6、G5、E11、G11 设置数据有效性，其中"来源"文本框中分别输入"增加方式""使用状况""类别名称""折旧方法""折旧费用科目"。

通过以上步骤设置单元格的数据有效性后，用户再输入数据就会十分方便，例如要在单元格 C6 中输入部门名称，单击单元格 C6 后，显示如图 4-24 所示的"使用部门"下拉列表，用户只需在列表中选择相应的部门名称并单击即可输入。

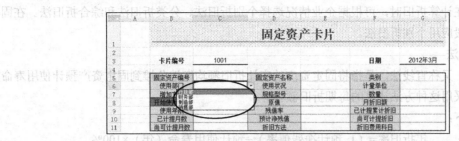

图 4-24 "使用部门"下拉列表

 提 示

数据有效性何时有用?

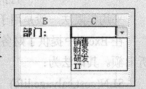

当我们要与单位中的其他人员共享工作簿,并希望工作簿中所输入的数据准确无误且保持一致时,数据有效性十分有用。

除此之外,我们还可以使用数据有效性执行下列操作:

将数据限制为列表中的预定义项 例如,您可以将部门类型限制为销售、财务、研发和 IT。同样,也可以从工作表中其他位置的单元格区域创建值列表。

将数字限制在指定范围之外 例如,可以将扣除额的最小限制指定为特定单元格中数值的两倍。

将日期限制在某一时间范围之外 例如,可以指定一个介于当前日期和当前日期之后 3 天之间的时间范围。

将时间限制在某一时间范围之外 例如,可以指定一个供应早餐的时间范围,它介于餐馆开始营业和开始营业后的 5 小时之内。

限制文本字符数 例如,可以将单元格中允许的文本限制为 10 个或更少的字符。同样,也可以将全名字段 (C1) 的特定长度设置为名字字段 (A1) 与姓氏字段 (B1) 的当前长度之和再加 10 个字符。

根据其他单元格中的公式或值验证数据有效性 例如,可以使用数据有效性,根据计划的工资总额将佣金和提成的上限设置为￥3,600。如果用户在单元格中输入的金额超过￥3,600,就会看到一条有效性消息。

4.2.4 固定资产折旧方法

固定资产的价值会随着资产的使用而逐渐消耗,逐步转移到产品成本和期间费用中去,并以折旧费的形式在收入中得到补偿。固定资产的损耗包括有形损耗和无形损耗。

固定资产折旧应该在使用寿命内按照确定的方法对应折旧额进行系统分摊。应计折旧额是指应当计提折旧的固定资产的原价扣除其预计净残值后的金额。影响折旧额计算的因素有:固定资产的原值、净残值、使用年限和折旧计算方法。

企业应当根据与固定资产有关的经济利益的预期实现方式,合理选择折旧方法。固定资产折旧方法包括年限平均法、工作量法、双倍余额递减法和年数总和法等。企业选用不同的固定资产折旧方法,将影响固定资产使用寿命期间内不同时期的折旧费用,因此,固定资产的折旧方法一经确定,不得随意变更。在计算折旧时,可根据企业情况选择个别折旧法、分类折旧法和综合折旧法。在固定资产卡片上一般应用个别折旧法。

1. 年限平均法

年限平均法,又称直线法,是指将固定资产的应计折旧额均衡地分摊到固定资产预计使用寿命内的一种方法。采用这种方法计算的每期折旧额相等。

计算公式如下:

$$年折旧率=(1-预计净残值率)÷预计使用寿命(年)×100\%$$

$$月折旧率=年折旧率÷12$$

$$月折旧额=固定资产原价×月折旧率$$

平均年限法一般是用于固定资产在预计使用年限内各期负荷比较均衡的情况。

在 Excel 中提供了财务函数 SLN(),用于按直线折旧法计算固定资产折旧。它返回的是每期直线折旧额。其语法为:

SLN(cost,salvage,life)

其中,cost 为资产原值;salvage 为净残值;life 为折旧年限,具体示例如图 4-25 所示。

	A	B
1	数据	说明
2	30,000	资产原值
3	7,500	资产残值
4	10	使用寿命
	公式	说明(结果)
	=SLN(A2, A3, A4)	每年的折旧值 (2,250)

图 4-25 SLN 函数示例

2. 工作量法

工作量法是根据实际工作量计算每期应提折旧额的一种方法。计算公式如下:

$$单位工作量折旧额=固定资产原价×(1-预计净残值率)÷预计总工作量$$

$$某项固定资产月折旧额=该项固定资产当月工作量×单位工作量折旧额$$

工作量法一般是用于固定资产在预计使用年限内各期负荷不均衡的情况,如车辆、飞机、船舶等固定资产的折旧。

在 Excel 中,同样可以用函数 SLN()来计算按工作量法计算的固定资产折旧,它返回的是每单位的工作量折旧额。其中,life 参数为预计总工作量。

3. 双倍余额递减法

双倍余额递减法是指在不考虑固定资产预计净残值的情况下,根据每期期初固定资产原价减去累计折旧后的金额和双倍的直线法折旧率计算固定资产折旧的一种方法。应用这种方法计算折旧额时,由于每年年初固定资产净值没有扣除预计净残值,所以在计算固定资产折旧额时,应在其折旧年限到期前两年内,将固定资产净值扣除预计净残值后的余额平均摊销。计算公式如下:

$$年折旧率=2÷预计使用寿命(年)×100\%$$

$$月折旧率=年折旧率÷12$$

$$月折旧额=(固定资产原价-累计折旧)×月折旧率$$

该方法是用于受技术影响较大的固定资产的折旧。

在 Excel 中提供了财务函数 DDB()，用于按双倍余额递减法计算的固定资产折旧。它返回的是固定资产在给定期间内的折旧额。其语法为：

DDB(cost,salvage,life,period,factor)

其中，cost 为资产原值；salvage 为净残值；life 为折旧年限；period 为需要计算折旧值的期间，period 必须使用与 life 相同的单位；factor 为余额递减速率，如果 factor 被省略，则假设为 2（双倍余额递减法），具体示例如图 4-26 所示。

	A	B
1	数据	说明
2	2400	资产原值
3	300	资产残值
4	10	使用寿命
	公式	说明（结果）
	=DDB(A2,A3,A4*365,1)	第一天的折旧值。Microsoft Excel 自动将 factor 设置为 2。(1.32)
	=DDB(A2,A3,A4*12,1,2)	第一个月的折旧值 (40.00)
	=DDB(A2,A3,A4,1,2)	第一年的折旧值 (480.00)
	=DDB(A2,A3,A4,2,1.5)	第二年的折旧值，使用了 1.5 的余额递减速率，而不用双倍余额递减法 (306.00)
	=DDB(A2,A3,A4,10)	第十年的折旧值，Microsoft Excel 自动将 factor 设置为 2 (22.12)

图 4-26　DDB 函数示例

4．年数总和法

年数总和法，又称年限合计法，是指将固定资产的原价减去预计净残值后的余额，乘以一个以固定资产尚可使用寿命为分子、以预计使用寿命逐年数字之和为分母的逐年递减的分数计算每年的折旧额。计算公式如下。

年折旧率=尚可使用寿命÷预计使用寿命的年数总和×100%

月折旧率=年折旧率÷12

月折旧额=（固定资产原价−预计净残值）×月折旧率

该方法适用于受技术影响较大的固定资产的折旧。

在 Excel 中提供了财务函数 SYD()，用于按年数综合法计算的固定资产折旧。它返回的是固定资产在给定期间内的折旧额。其语法为：

SYD(cost,salvage,life,per)

其中，cost 为资产原值；salvage 为净残值；life 为折旧年限；per 为需要计算折旧值的期间，单位与 life 相同，其计算公式如图 4-27 所示。

$$SYD = \frac{(cost - salvage)*(life - per + 1)*2}{(life)(life + 1)}$$

图 4-27　SYD 函数公式

企业应当按月计提固定资产折旧，当月增加的固定资产，当月不计提折旧，从下月起计提折旧；当月减少的固定资产，当月仍计提折旧，从下月起不计提折旧。计提的固定资产折旧应当根据用途计入相关资产的成本或者当期损益。例如，基本生产车间使用的固定资产，其计提的折旧应计入制造费用；管理部门使用的固定资产，计提的折旧应计入管理费用；销售部门使用的固定资产，计提的折旧应计入销售费用；未使用固定资产，其计提的折旧应计入管理费用等，其具体示例如图 4-28 所示。

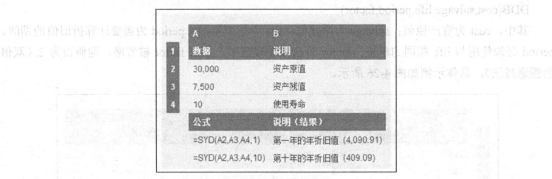

图 4-28　SYD 函数示例

4.2.5　按年和按工作量计算折旧时的设置

由于固定资产在使用年限平均法、年数总和法、双倍余额递减法计算折旧时使用的是年，而在计算直线法时使用的是工作量，两种方法下固定资产卡片的部分单元格显示有所差异，为了使固定资产卡片能使用这两种情况，需要对这些单元格的显示及条件格式进行适当的处理。

1. 单元格显示

在单元格 E11 中选择"工作量法"时，固定资产卡片在基本资料的下方会多出一行，即第 12 行，并且在折旧额计算区域的标题行与选择其他折旧方法时也会有所差异，具体变化如图 4-29 所示。

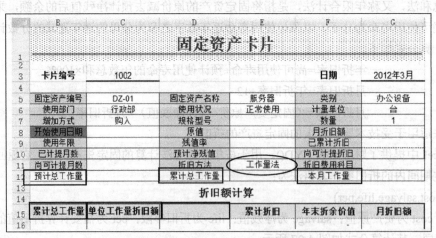

图 4-29　选择"工作量法"后单元格的显示

使固定资产卡片在选择"工作量法"时显示不同界面的操作步骤如下。

（1）选择单元格 B12，在公式栏内输入：

=IF(E11="工作量法","预计总工作量","")

（2）选择单元格 C12，在公式栏内输入：

=IF(E11="工作量法","","")

（3）选择单元格 D12，在公式栏内输入：

=IF(E11="工作量法","累计总工作量","")

（4）选择单元格 E12，在公式栏内输入：

=IF(E11="工作量法","","")

（5）选择单元格 F12，在公式栏内输入：

=IF(E11="工作量法","本月工作量","")

（6）选择单元格 G12，在公式栏内输入：

=IF(E11="工作量法","","")

（7）选择单元格 B15，在公式栏内输入：

=IF(E11="工作量法","累计总工作量","年份")

（8）选择单元格 C15，在公式栏内输入：

=IF(E11="工作量法","单位工作量折旧额","年折旧额")

（9）选择单元格 D15，在公式栏内输入：

=IF(E11="工作量法","","年折旧率")

2．条件格式设置

选择"工作量法"时，单元格 B12、D12、F12 是在基本信息表格下增加的一行，为了给这些单元格增加边框，可以对其进行条件格式设置，具体方法和步骤如下。

（1）选择区域 B12:G12，选择"开始"/"样式"/"条件格式"/"新建规则"命令，打开如图 4-30 所示的"新建格式规则"对话框。

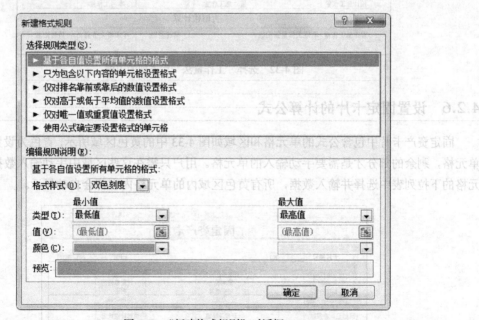

图 4-30 "新建格式规则"对话框

（2）在"选择规则类型"列表中选择"使用公式确定要设置格式的单元格"，显示如图 4-31 所示的对话框，在"编辑规则说明"的公式栏内输入公式：

=IF($E$11="工作量法",TRUE,FALSE)

（3）单击"格式"按钮，关闭"设置单元格格式"对话框，转到"边框"选项卡，在"预置"组中选择"外边框"；单击"确定"按钮，关闭"设置单元格格式"对话框，返回"新建格式规则"

对话框；单击"确定"按钮，关闭"新建格式规则"对话框，返回工作表界面。

图 4-31　"编辑格式规则"对话框

通过以上操作，当在单元格 E11 中选择"工作量法"时，固定资产卡片的第 12 行就会添加如图 4-32 所示的边框，选择其他折旧方法时，该行则不显示边框。

	B	C	D	E	F	G
9	使用年限		残值率		已计提累计折旧	
10	已计提月数		预计净残值		尚可计提折旧	
11	尚可计提月数		折旧方法	工作量法	折旧费用科目	
12	预计总工作量		累计总工作量		本月工作量	
13			折旧额计算			
14						
15	累计总工作量	单位工作量折旧额		累计折旧	年末折余价值	月折旧额
16	0					

图 4-32　选择"工作量法"后添加的边框

4.2.6　设置固定卡片的计算公式

固定资产卡片中包含公式的单元格和区域如图 4-33 中的黄色区域所示，青色为设置下拉列表的单元格，剩余的部分才是需要手动输入的单元格。用户只需在这些区域中手动输入数据，在青色单元格的下拉列表中选择并输入数据，所有黄色区域内的单元格内容都会自动显示。

	B	C	D	E	F	G
1			固定资产卡片			
2						
3	卡片编号	1001			日期	2012年3月
4						
5	固定资产编号		固定资产名称		类别	
6	使用部门		使用状况		计量单位	
7	增加方式		规格型号		数量	
8	开始使用日期		原值		月折旧额	
9	使用年限		残值率		已计提累计折旧	
10	已计提月数		预计净残值		尚可计提折旧	
11	尚可计提月数		折旧方法		折旧费用科目	
13			折旧额计算			
14						
15	年份	年折旧额	年折旧率	累计折旧	年末折余价值	月折旧额
16						
17						
18						
19						
20						
21						
22						

图 4-33　包含公式的单元格区域

1. 基本信息区域的公式设置

基本信息区域位于固定资产卡片的上半部分，需要输入公式的主要有：计算已计提月数、尚可计提月数、预计净残值、已计提累计折旧和尚可计提折旧。

（1）已计提月数。

选择单元格 C10，在公式栏内输入如下公式：

=IF(C9="","",IF((YEAR(G3)-YEAR(C8))*12+MONTH(G3)-MONTH(C8)-1<=C9*12,(YEAR(G3)-YEAR(C8))*12+MONTH(G3)-MONTH(C8)-1,C9*12))

公式说明：

公式的含义是当计提折旧的月数小于使用年限的总月数时，显示已计提的总月数；否则显示使用年限的总月数。

其中"(YEAR(G3)-YEAR(C8))*12+MONTH(G3)-MONTH(C8)"计算在使用年限的使用月数，由于当月增加的固定资产不计提折旧，因此需要使用月数后减去 1；"C9*12"计算使用年限的总月数。

（2）尚可计提月数。

选择单元格 C11，在公式栏内输入公式：

=IF(C9="","",IF(C9*12-C10>=0,C9*12-C10,"已计提折旧"))

（3）预计净残值。

选择单元格 E10，在公式栏内输入公式：

=E8*E9

（4）月折旧额。

选择单元格 G8，在公式栏内输入公式：

=IF(E8="","",IF(E11="",$G$17,IF(MOD(C10,12)=0,VLOOKUP(C10/12,B17:G108,7),VLOOKUP(ROUNDUP(C10/12,0),B17:G108,6))))

（5）已计提累计折旧。

选择单元格 G9，在公式栏内输入公式：

=IF(G8="","",IF(E11="",E12*C17,IF(MOD(C10,12)=0,INDEX(E17:E136,MATCH(C10/12,B17:B136)),INDEX(E17:E136,MATCH(INT(C10/12),B17:B136))+G8*MOD(C10,12))))

（6）尚可计提折旧。

选择单元格 G10，在公式栏内输入公式：

=IF(G8="","",E8-E10-G9)

（7）选择"工作量法"之外的方法时不显示"预计总工作量"。

选择单元格 C12，在公式栏内输入公式：

=IF(E11="工作量法","","")

（8）选择"工作量法"之外的方法时不显示"累计总工作量"。

=IF(E11="工作量法","","")

（9）选择"工作量法"之外的方法时不显示"本月工作量"。

=IF(E11="工作量法","","")

2. 计算折旧区域的公式设置

计算折旧的区域位于卡片的下半部分，需要输入公式的有显示年份、计算年折旧额、计算年折旧率、计算累计折旧、计算年末折余价值、计算月折旧额。

具体公式及操作步骤如下。

（1）显示年份。

选择单元格 B17，在公式栏内输入公式：

=IF($E$11="工作量法",IF(ROW()=17,$E$12,""),IF(ROW()-ROW($B$16)<=$C$9,ROW($B$16),""))

（2）计算年折旧额。

选择单元格 C17，在公式栏内输入公式：

=IF(B17="","",ROUND(IF($E$11="",SLN($E$8,$E$10,$C$9),IF($E$11="",SLN($E$8,$E$10,$C$9)
,IF(B17<=$C$9-2，DDB($E$8,$E$10,$C$9,B17)))),0))

（3）计算年折旧率。

选择单元格 D17，在公式栏内输入公式：

=IF(OR(B17="",$D$15=""),"",ROUND(IF($E$11="年限平均法",(1-$E$9,IF($E$11="双倍余额递
减法",2/$C$9,IF($E$11="年数总和法",($C$9-B16)/($C$9*($C$9+1)/2)))),2))

（4）计算累计折旧。

选择单元格 E17，在公式栏内输入公式：

=IF(B17="","",IF($E$11="工作量法",B17*C17,E16+C17))

（5）计算年末折余价值。

选择单元格 F16，在公式栏内输入公式：

=E8

选择单元格 F17，在公式栏内输入公式：

=IF(B17="","",$F$16-E17)

（6）计算月折旧额。

选择单元格 G17，在公式栏内输入公式：

=IF(B17="","",IF($E$11="工作量法",$G$12*C17,ROUND(C17/12,2)))

（7）复制公式。

选择区域 B17:G17，向下填充到任意行。

提示

常用的查找与引用函数：

函数	说明
ADDRESS	以文本形式将引用值返回到工作表的单个单元格
AREAS	返回引用中涉及的区域个数
CHOOSE	从值的列表中选择值
COLUMN	返回引用的列号
COLUMNS	返回引用中包含的列数
HLOOKUP	查找数组的首行，并返回指定单元格的值
HYPERLINK	创建快捷方式或跳转，以打开存储在网络服务器、intranet 或 Internet 上的文档
INDEX	使用索引从引用或数组中选择值
INDIRECT	返回由文本值指定的引用
LOOKUP	在向量或数组中查找值
MATCH	在引用或数组中查找值
OFFSET	从给定引用中返回引用偏移量
ROW	返回引用的行号
ROWS	返回引用中的行数
RTD	从支持 COM 自动化的程序中检索实时数据
TRANSPOSE	返回数组的转置
VLOOKUP	在数组第一列中查找，然后在行之间移动以返回单元格的值

4.2.7　设置镶边行

固定资产折旧年限如果比较长时，折旧额计算区域可以设置如图 4-34 所示的镶边行，使计算表的可视性更强，不仅优化表格，而且方便数据的查找与浏览。

	折旧额计算				
B	C	D	E	F	G
年份	年折旧额	年折旧率	累计折旧	年末折余价值	月折旧额
0				800,000.00	
1	170,666.67	22.00%	170,666.67	629,333.33	14,222.22
2	149,333.33	19.00%	320,000.00	480,000.00	12,444.44
3	128,000.00	17.00%	448,000.00	352,000.00	10,666.67
4	106,666.67	14.00%	554,666.67	245,333.33	8,888.89
5	85,333.33	11.00%	640,000.00	160,000.00	7,111.11
6	64,000.00	8.00%	704,000.00	96,000.00	5,333.33
7	42,666.67	6.00%	746,666.67	53,333.33	3,555.56
8	21,333.33	3.00%	768,000.00	32,000.00	1,777.78

图 4-34　设置镶边行后的效果

设置镶边行的操作如下。

（1）选择区域 B17:G17，选择"开始"/"样式"/"条件格式"/"新建规则"命令，打开"编辑格式规则"对话框，如图 4-35 所示。

（2）在"选择规则类型"列表中选择"使用公式确定要设置格式的单元格"，显示如图 4-36 所示的对话框，在"编辑规则说明"的公式栏内输入公式：

=IF(MOD(ROW(),2)=1,TRUE,FALSE)

图 4-35　"新建规则"指令

图 4-36　"编辑格式规则"对话框

（3）单击"格式"按钮，打开"设置单元格格式"对话框，转到"填充"选项卡，选择背景色为"淡蓝色"；如图 4-37 所示，单击"确定"按钮，关闭"设置单元格格式"对话框，返回"编辑格式规则"对话框；单击"确定"按钮，关闭"编辑格式规则"对话框，返回工作表界面。

4.2.8　保护工作表

固定资产卡片中包含格式设置和计算公式，为了防止用户的不正确操作对这些格式设置和计算公式进行的修改，需要对工作表进行保护。

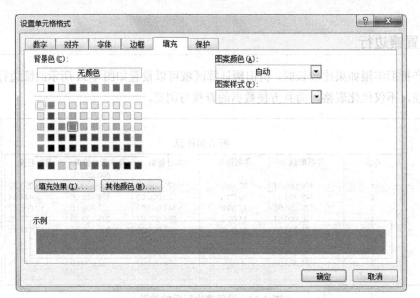

图 4-37 设置填充颜色

保护工作表的方法和步骤如下。

（1）单击工作表左上角的全选按钮，选中整张工作表，按 Ctrl+1 组合键，打开如图 4-38 所示的"设置单元格格式"对话框，转到"保护"选项卡，选择"锁定"和"隐藏"复选框，单击"确定"按钮，关闭对话框，返回工作表界面。

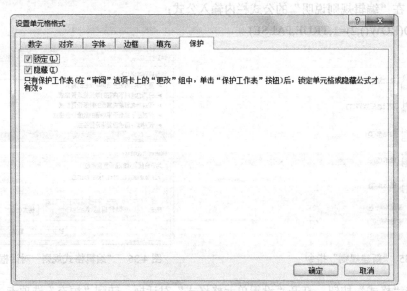

图 4-38 锁定和隐藏整张工作表

（2）选择单元格 C3、G3、E11、G11、C12、E12、G12，区域 C5:C9、E5:E9、G5:G7，按 Ctrl+1 组合键，弹出"设置单元格格式"对话框，转到"保护"选项卡，只选择"隐藏"复选框，如图 4-39 所示，单击"确定"按钮，关闭对话框，返回工作表界面。

（3）选择"审阅"/"更改"/"保护工作表"命令，弹出"保护工作表"对话框，只选择"选定未锁定的单元格"复选框，界面如图 4-40 所示，单击"确定"按钮，关闭对话框，返回工作表界面。

图 4-39 对需要输入数据的单元格解锁

图 4-40 "保护工作表"对话框

4.2.9 卡片的使用

用户可以将创建的"卡片"工作表视为母版，编制新的固定资产卡片时，首先为"卡片"工作表建立副本，复制该表的格式和公式，然后在其中输入相应数据。

1. 创建副本的具体步骤

（1）右键单击"卡片"工作表标签，在打开的快捷菜单中选择"移动或复制工作表"命令，打开如图 4-41 所示的对话框，选择对话框下方的"建立副本"复选框。

图 4-41 "移动或复制工作表"对话框

（2）单击"确定"按钮，关闭"移动或复制工作表"对话框，添加名为"卡片（2）"的工作表。

（3）双击"卡片（2）"工作表标签，重命名为"卡片 1001"，完成副本的建立，如图 4-42 所示。

图 4-42 建立副本并重命名

2. 输入数据

以编制财务部 6 台电脑的固定资产卡片为例，介绍卡片的使用方法。

（1）激活“卡片 1001”工作表，在单元格 C3、G3 中分别输入“1001”“2009-8”，在单元格 C5、E5、G7 中分别输入“CF-01”“电脑”“6”。

（2）在单元格 C6、C7、E6、G5、E11、G11 中分别选择“财务部”“购入”“正常使用”“办公设备”，在单元格 C8、C9、E8、E9 中输入“2008-5”“5”“40000”“5”。

（3）输入以上数据后，显示整张卡片的所有数据，效果如图 4-43 所示。

固定资产卡片

卡片编号	1001			日期	2012年3月
固定资产编号	CF-01	固定资产名称	电脑	类别	办公设备
使用部门	财务部	使用状况	正常使用	计量单位	台
增加方式	购入	规格型号		数量	6
开始使用日期	2008年5月	原值	40,000.00	月折旧额	633.33
使用年限	5	残值率	5%	已计提累计折旧	28,499.97
已计提月数	45	预计净残值	2,000.00	尚可计提折旧	9,500.03
尚可计提月数	15	折旧方法	年限平均法	折旧费用科目	管理费用

折旧额计算

年份	年折旧额	年折旧率	累计折旧	年末折余价值	月折旧额
0				40,000.00	
1	7,600.00	19.00%	7,600.00	32,400.00	633.33
2	7,600.00	19.00%	15,200.00	24,800.00	633.33
3	7,600.00	19.00%	22,800.00	17,200.00	633.33
4	7,600.00	19.00%	30,400.00	9,600.00	633.33
5	7,600.00	19.00%	38,000.00	2,000.00	633.33

卡片　卡片1001　卡片1004　卡片1002　卡片1003

图 4-43　卡片 1001

4.3 固定资产清单的编制

固定资产清单汇总了每项固定资产的所有信息。如图 4-44 所示，它是固定资产管理系统的核心数据资料。

下面以具体固定资产为例，介绍编制固定资产清单的方法。

例 4-2　编制固定资产清单。

为 X 公司编制如图 4-44 所示的固定资产清单，以汇总公司内固定资产的所有明细信息。

该范例文件见网上资源“第 4 章”文件夹下“固定资产管理.xlsx”工作簿中的“固定资产清单”工作表。

固定资产清单

2012年3月

卡片编号	资产编号	资产名称	类别	增加方式	使用部门	费用科目	使用状况	资产原值	净残值率	预计净残值	使用年限	开始使用日期	已计提月	折旧方法	至上月累计折旧	本月折旧	本月末净值
1001	CF-01	电脑	办公设备	购入	财务部	管理费用	正常使用	40,000.00	5%	2,000.00	5	2008年5月	45	年限平均法	28,499.97	633.33	10,866.70
1002	DZ-01	服务器	办公设备	购入	行政部	管理费用	正常使用	800,000.00	4%	32,000.00	8	2005年1月	54	年数总和法	597,333.33	7,111.11	195,555.56
1003	OC-01	汽车	运输设备	购入	销售部	销售费用	正常使用	800,000.00	4%	32,000.00	5	2008年1月	18	工作量法	238,000.00	1,440.00	510,560.00
1004	CF-01	生产线	机器设备	购入	制造部	制造费用	正常使用	1,000,000.00	4%	40,000.00	10	2006年1月	42	双倍余额递减法	539,199.98	8,533.33	452,266.69

图 4-44　固定资产清单

4.3.1　相关格式设计

固定资产清单的格式如图 4-45 所示，其设计步骤如下。

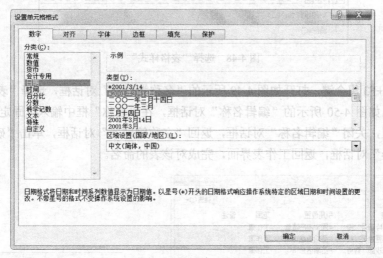

图 4-45　固定资产清单的格式

（1）打开"固定资产管理"工作簿，双击工作表标签"Sheet2"，重命名为"固定资产清单"。

（2）选择区域 I2:M2，转到"开始"选项卡，在"字体"功能区中设置字体为"Arial"，字号为"16"，完成字体的设置；按 Ctrl+1 组合键，打开"设置单元格格式"对话框，转到"数字"选项卡，在"分类"列表框中选择"日期"，在"类型"列表框中选择"2001 年 3 月 14 日"格式，单击"确定"按钮，关闭对话框，完成对区域日期的格式设置，如图 4-46 所示。

图 4-46　设置单元格格式

（3）在单元格 B1 中输入"固定资产清单"，选择区域 B1:Q1，转到"开始"选项卡，在"对齐方式"功能组中选择"合并后居中"命令；在"字体"功能组中设置字体为"华文中宋"，字号为"20"，字体颜色"深蓝色"，添加双底框线；在"单元格"功能组中设置行高为"40"。

（4）在单元格 A3 至 R3 中分别输入"卡片编号""资产编号""资产名称""类别""增加方式""使用部门""费用科目""使用状况""资产原值""净残值率""预计净残值""使用年限""开始使用日期""已计提月份""折旧方法""至上月累计折旧""本月折旧""本月末净值"。

图 4-47　"创建表"对话框

（5）选择区域 A3:R200，选择"插入"/"表格"/"表格"命令，打开如图 4-47 所示的"创建表"对话框，选择"表包含标题"复选框，将所选区域转化为表格。

（6）选择"表格工具"/"设计"/"表格样式"命令，如图 4-48 所示，在"表格样式"下拉列表中选择合适的样式。

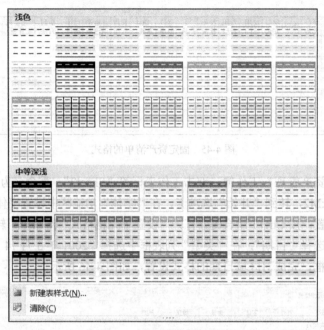

图 4-48　选择"表格样式"

（7）按 Ctrl+F3 组合键，打开如图 4-49 所示的"名称管理器"对话框，选择"表 2"，单击"编辑"按钮，弹出如图 4-50 所示的"编辑名称"对话框，在"名称"框中输入"固定资产清单"，单击"确定"按钮，关闭"编辑名称"对话框，返回"名称管理器"对话框，单击"确定"按钮，关闭"名称管理器"对话框，返回工作表界面，完成对该表的命名。

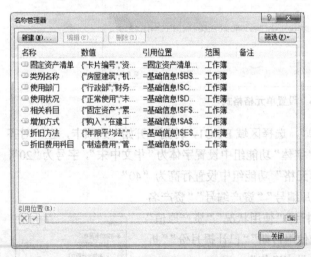

图 4-49　"名称管理器"对话框

图 4-50　"编辑名称"对话框

（8）单击全选按钮，选择整张工作表，转到"开始"选项卡，在"对齐方式"功能组中单击水平居中按钮，使工作表中所有数据居中显示。

（9）单击全选按钮，选中整张工作表，设置字体为"Arial"，字号为"9"；选中 J 列，单击"开始"/"数字"功能区中的按钮%，完成该列的数据格式设置。

（10）将单元格指针移动到 B 列至 R 列的列字母之间，变成左右拉伸形状之后，单击并拖动，将单元各区域 B 列至 R 列调整到合适的宽度；选择区域 A3:G136，按 Ctrl+1 组合键，打开"设置单元格格式"对话框，转到"边框"选项卡，添加区域边框线，如图 4-51 所示。

图 4-51　添加区域边框线

4.3.2　相关公式设置

固定资产清单的格式设置好后，用户可参照图 4-52 中的内容，在工作表的第 4 行对应的单元格中输入相应的公式，其他行的公式可以通过复制本行得到。

单元格名称	单元格地址	公式
卡片编号	A4	1001
资产编号	B4	=IF(C10="", "", INDIRECT("卡片"&C$10&"!C5"))
资产名称	C4	=IF(C10="", "", INDIRECT("卡片"&C$10&"!E5"))
类别	D4	=IF(C10="", "", INDIRECT("卡片"&C$10&"!G5"))
增加方式	E4	=IF(C10="", "", INDIRECT("卡片"&C$10&"!C7"))
使用部门	F4	=IF(C10="", "", INDIRECT("卡片"&C$10&"!C6"))
费用科目	G4	=IF(C10="", "", INDIRECT("卡片"&C$10&"!G11"))
使用状况	H4	=IF(C10="", "", INDIRECT("卡片"&C$10&"!E6"))
资产原值	I4	=IF(C10="", "", INDIRECT("卡片"&C$10&"!E8"))
净残值率	J4	=IF(C10="", "", INDIRECT("卡片"&C$10&"!E9"))
预计净残值	K4	=IF(C10="", "", INDIRECT("卡片"&C$10&"!E10"))
使用年限	L4	=IF(C10="", "", INDIRECT("卡片"&C$10&"!C9"))
开始使用日期	M4	=IF(C10="", "", INDIRECT("卡片"&C$10&"!C10"))
已计提月份	N4	=IF(C10="", "", INDIRECT("卡片"&C$10&"!C10"))
折旧方法	O4	=IF(C10="", "", INDIRECT("卡片"&C$10&"!E11"))
至上月累计折旧	P4	=IF(C10="", "", INDIRECT("卡片"&C$10&"!E9"))
本月折旧	Q4	=IF(C10="", "", INDIRECT("卡片"&C$10&"!G8"))
本月末净值	R4	=IF(C10="", "", C18-C25-C26)

图 4-52　固定资产清单中的公式

选择区域 B4:R4，将第 4 行中的公式向下复制到所需要的行。

4.3.3　保护工作表

工作表中有很多格式设置和计算公式，并且部分单元格也不需要输入数据，对工作表进行保护，可防止用户不小心对单元格格式和计算公式的修改。其主要步骤如下。

（1）单击工作表左上角的全选按钮，选中整张工作表，按 Ctrl+1 组合键，弹出"设置单元格格式"对话框，转到"保护"选项卡，勾选"锁定"和"隐藏"复选框，单击"确定"按钮，关闭对话框，返回工作表界面，如图4-53所示。

图4-53 对需要输入数据的单元格解锁

（2）选择"卡片编号"列，按Ctrl+1组合键，弹出"设置单元格格式"对话框，转到"保护"选项卡，只选择"隐藏"复选框，单击"确定"按钮，关闭对话框，返回工作表界面。

（3）选择"审阅"/"更改"/"保护工作表"命令，弹出"保护工作表"对话框，只勾选"选定未锁定的单元格"复选框，单击"确定"按钮，关闭对话框，返回工作表界面，如图4-54所示。

图4-54 "保护工作表"对话框

4.3.4 固定资产清单的使用

固定资产清单的使用非常简单，只需要输入卡片编号，其他信息即可从相应的卡片中提取信息，自动进行显示。

4.4
固定资产折旧费用分配表的编制

月末，企业根据固定资产的受益对象计提折旧，借记有关成本费用科目，贷记"累计折旧"科目。不同的固定资产折旧的借记科目也不同，因此需要根据固定资产清单的"费用科目"分类汇总，编制如图 4-55 所示的固定资产折旧费用分配表。

折旧费用分配表	
2012年3月	
费用科目	本月折旧费用
管理费用	5,590.11
销售费用	12,800.00
制造费用	8,000.00
(空白)	
总计	26,390.11

图 4-55 折旧费用分配表

例 4-3 编制固定资产折旧费用分配表。

使用 Excel 数据透视表功能，为 X 公司编制如图 4-55 所示的固定资产折旧费用分配表，作为制作记账凭证清单的依据。

该范例文件见网上资源"第 4 章"文件夹下"固定资产管理.xlsx"工作簿中的"折旧费用分配表"工作表。

4.4.1 创建数据透视表

固定资产折旧费用分配表可以使用固定资产清单作为源数据建立数据透视表，具体操作步骤如下。

（1）打开工作簿"固定资产管理"，双击工作表标签"Sheet3"，重命名为"折旧费用分配表"，如图 4-56 所示，在单元格 B1 中输入"折旧费用分配表"，合并并居中区域 B1:C1，设置字体为"华文中宋"，字号为"20"，字体颜色为"深蓝色"，设置行高为"40"，添加双底框线。

固定资产清单 **折旧费用分配表** 记账凭证清单

图 4-56 重命名工作表

（2）选择单元格 B3，选择"插入"/"表格"/"数据透视表"/"数据透视表"命令，打开如图 4-57 所示的"创建数据透视表"对话框。

图 4-57 "创建数据透视表"对话框

（3）在"请选择要分析的数据"中勾选"选择一个表或区域"单选按钮，在其后的公式栏内输入"=固定资产清单"，单击"确定"按钮，弹出如图 4-58 所示的"数据透视表字段列表"对话框。

（4）在"选择要添加到报表的字段"列表将"费用科目"字段拖到"行标签"区域，将"本月折旧"字段拖动到"数值"区域，如图 4-59 所示。

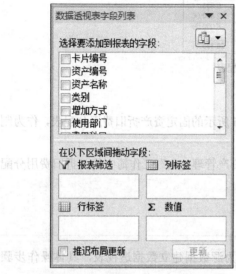

图 4-58 "数据透视表字段列表"对话框

图 4-59 拖动字段

（5）单击"数值"区域的"计数项：本月折旧"字段，在打开的下拉列表中选择"值字段设置"命令，弹出如图 4-60 所示的"值字段设置"对话框。

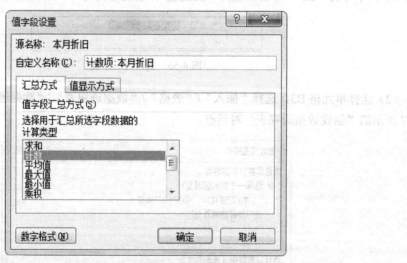

图 4-60 "值字段设置"对话框

（6）转到"汇总方式"选项卡，在"计算类型"列表中选择"求和"选项，单击"确定"按钮，返回"数据透视表字段列表"对话框，关闭"数据透视表字段列表"对话框，返回工作表界面，完成固定资产折旧费用分配表的创建。

4.4.2 相关格式设计

创建上述数据透视表后，可以对其进行进一步的数据格式设置，具体步骤如下。

（1）选择"数据透视表工具"/"设计"/"数据透视表样式"命令，如图 4-61 所示，在样式功能组中选择合适的表样式，如图 4-62 所示，在单元格 B3 和 C3 中分别输入"费用科目"和"本月折旧费用"命令；选择区域 B3:C3，设置字号为"12"，行高为"20"，居中显示文本。

图 4-61　"数据透视表样式"命令

（2）选择 B 列，单击"字体"功能区中的"居中显示"按钮 ≡；选中 C 列，设置字体为"Arial"，字号默认为"11"，选择"开始"/"数字"命令，在"数字"功能区中单击千位分隔符按钮 ，设置折旧金额的数字格式。

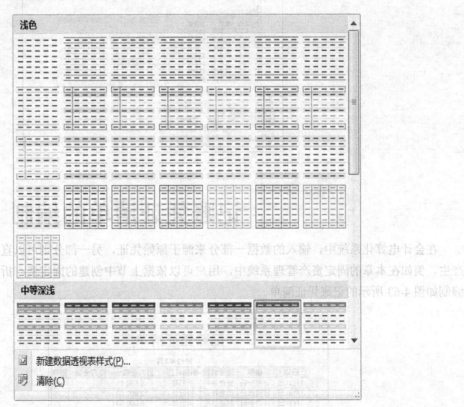

图 4-62　数据透视表样式

（3）将单元格指针移动到 B 列至 E 列的列字母之间，变成左右拉伸形状之后，单击并拖动，将单元格区域 B 列至 E 列调整到合适的宽度。

关于数据透视表

数据透视表是一种可以快速汇总大量数据的交互式方法。使用数据透视表可以深入分析数值数据，并且可以回答一些预料不到的数据问题。数据透视表是专门针对以下用途设计的：

- 以多种用户友好方式查询大量数据；
- 对数值数据进行分类汇总和聚合，按分类和子分类对数据进行汇总，创建自定义计算和公式；
- 展开或折叠要关注结果的数据级别，查看感兴趣区域汇总数据的明细；
- 将行移动到列或将列移动到行（或"透视"），以查看源数据的不同汇总；
- 对最有用和最关注的数据子集进行筛选、排序、分组和有条件地设置格式，使您能够关注所需的信息；
- 提供简明、有吸引力并且带有批注的联机报表或打印报表。

如果要分析相关的汇总值，尤其是在要合计较大的数字列表并对每个数字进行多种比较时，通常使用数据透视表。在下面所述的数据透视表中，您可以方便地看到单元格**F3**中第3季度高尔夫销售额是如何与其他运动或季度的销售额或总销售额进行比较的。

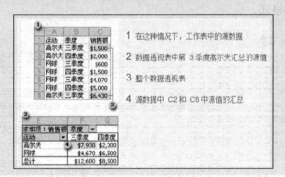

4.5 记账凭证清单的编制

在会计电算化系统中，输入的数据一部分来源于原始凭证，另一部分则可以直接从业务系统中产生。例如在本章的固定资产管理系统中，用户可以依据上节中创建的固定资产折旧费用分配表，编制如图4-63所示的记账凭证清单。

日期	摘要	总账科目	明细科目	借方金额	贷方金额	附件
3月31日	计提折旧	管理费用	折旧费	5,590.11		1
3月31日	计提折旧	销售费用	折旧费	12,800.00		1
3月31日	计提折旧	制造费用	折旧费	8,000.00		1
3月31日	计提折旧	累计折旧			26,390.11	1

图4-63 记账凭证清单

例4-4 编制固定资产清单。

为X公司编制如图4-63所示的记账凭证清单，方便会计工作人员在记账凭证汇总表中登记凭证的详细信息。

该范例文件见网上资源"第4章"文件夹下"固定资产管理.xlsx"工作簿中的"记账凭证清单"工作表。

4.5.1 相关结构设计

记账凭证清单的结构如图 4-64 所示，具体的设计步骤如下。

（1）打开工作簿"固定资产管理"，单击工作表插入标签 ，插入一张工作表，双击该工作表标签，重命名为"记账凭证清单"。

（2）在单元格 B1 中输入"记账凭证清单"，合并并居中区域 B1:H1，设置字体为"华文中宋"，字号为"20"，字体颜色为"深蓝色"，设置行高为"40"，添加双底框线。

图 4-64　记账凭证清单的格式

（3）选择区域 D2:F2，设置字体为"Arial"，字号为"16"，完成对日期的字体设置；按 Ctrl+1 组合键，打开"设置单元格格式"对话框，转到"数字"选项卡，在"分类"列表框中选择"日期"，在"类型"列表框中选择"2001 年 3 月 14 日"格式，完成对日期的格式设置，如图 4-65 所示。

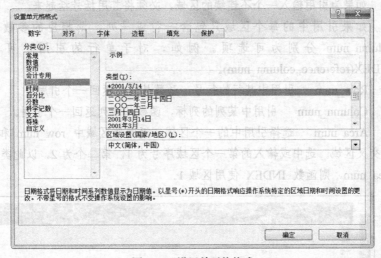

图 4-65　设置单元格格式

（4）在单元格 A1 至 H1 中分别输入"日期""摘要""总账科目""明细科目""借方金额""贷方金额""附件"。

（5）在单元格 D3 至 D7 中分别输入"计提折旧"，向下填充到第 7 行；在单元格 D3 至 D7 中分别输入"管理费用""销售费用""制造费用"和"累计折旧"；在单元格 E3 中输入"折旧费"，向下填充到第 6 行；选择区域 B3:H7，设置字体为"Arial"，居中显示文本。

4.5.2　相关公式设计

记账凭证清单中的公式包含日期的显示、借方金额和贷方金额的引用,具体步骤如下。

1. 显示日期

(1)选择单元格 D2,在公式栏内输入"=固定资产清单!I2"。

(2)选择单元格 B4,在公式栏内输入公式:

=MONTH($D$2)&"月"&DAY(EOMONTH($D$2,0))&"日"

(3)选择单元格 B4,向下填充到第 7 行。

2. 显示借/贷方金额

(1)选择单元格 F4,在公式栏内输入公式:

=INDEX(折旧费用分配表!C4:C200,MATCH(D4,折旧费用分配表!B4:B200,0))

(2)选择单元格 F4,向下填充到第 6 行。

(3)选择单元格 G7,在公式栏内输入公式:

=INDEX(折旧费用分配表!C4:C200,MATCH("总计",折旧费用分配表!B4:B200,0))

INDEX 函数

返回表格或区域中的值或值的引用。函数 INDEX 有两种形式:数组形式和引用形式,这里我们只说明引用形式。

函数语法:

INDEX(reference,row_num,column_num,area_num)

Reference　对一个或多个单元格区域的引用。

如果为引用输入一个不连续的区域,必须将其用括号括起来。

如果引用中的每个区域只包含一行或一列,则相应的参数 row_num 或 column_num 分别为可选项。例如,对于单行的引用,可以使用函数 INDEX(reference,,column_num)。

Row_num　引用中某行的行号,函数从该行返回一个引用。

Column_num　引用中某列的列标,函数从该列返回一个引用。

Area_num　选择引用中的一个区域,返回该区域中 row_num 和 column_num 的交叉区域。选中或输入的第一个区域序号为 1,第二个为 2,以此类推。如果省略 area_num,则函数 INDEX 使用区域 1。

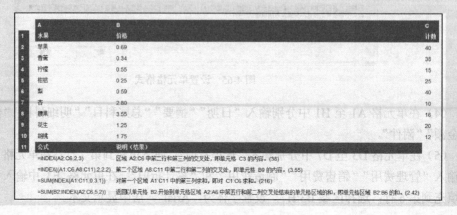

课后习题

1. 在下列函数中，可以实现竖直查找的函数是（　　）。

    A．YEAR()　　　　　　　　　　　　B．MONTH()

    C．SLN()　　　　　　　　　　　　　D．VLOOKUP()

2. 平均年限法对应的折旧函数是（　　）。

    A．SLN()　　　　　　　　　　　　　B．VLOOKUP()

    C．DDB()　　　　　　　　　　　　　D．DB()

3. 下列方法中，计算在折旧年限的最后一年提出的折旧额最大的方法是（　　）。

    A．平均年限法　　　　　　　　　　B．双倍余额递减法

    C．年数总和法　　　　　　　　　　D．工作量法

4. 制作如题图 4-1 所示的"固定资产折旧清单 A"工作簿，制作要求：

    A．选中 B2 单元格，计算当前日期（TODAY()函数）。

    B．定义名称，选中 A3:N11 单元格区域，在名称框中输入名称为 data1。

1	固定资产折旧清单							
2	当前日期：							
3	资产编号	资产名称	资产原值	启用日期	可使用年限	停用日期	资产来源	资产状态
4	1	厂房	1,523,000.00	2010-5-2	50			正常使用
5	2	仓库	500,000.00	2010-5-3	50			正常使用
6	3	运输机	150,000.00	2010-5-2	50			正常使用
7	4	包装机	1,566,000.00	2010-5-2	10	2011-2-10		报废
8	5	机床	45,560,000.00	2010-5-2	50			正常使用
9	6	台式电脑	4,800.00	2010-6-3	5			正常使用
10	7	笔记本	4,500.00	2010-8-5	5			正常使用
11	8	打印机	5,600.00	2010-8-6	5			正常使用

题图 4-1　固定资产折旧清单 A

第5章

Excel 在工资管理中的应用

工资核算是单位财务工作的重要组成部分。由于工资数据计算量比较大，而工资的核算既要准确无误，又要严格按规定时间完成，所以面对大量的表格，学习如何运用 Excel 及时、准确地对工资进行核算和管理，提高工作效率和工作的准确性，将具有十分重要的意义。

【学习目标】

通过本章的学习，读者应掌握和了解以下知识点：

- 掌握工龄工资的计算。
- 掌握考勤表中星期的显示方法。
- 掌握考勤表中统计职工出勤情况的公式。
- 掌握个人所得税的计算公式。
- 掌握社保金的计算公式。
- 掌握工资条的制作方法。
- 掌握工资汇总表、记账凭证清单的制作方法。

5.1

工资核算概述

工资数据具有业务重复性强、工资核算方法固定等特点，针对每个人每个月的工资数据来分析，其数据变动量并不大。所以基于数据变动相对稳定但工资核算数据量大的特点，用 Excel 来处理此类数据，能提高工资核算、工资管理的速度和精确性。

在工资核算中，职工基本信息、工资调整情况、出勤、加班、迟到等信息是工资核算的基础信息，在这些信息基础上，结合个人所得税的计算、社保金的计提，就能进行工资的核算、工资条的制作和工资的汇总、分配。

在工资核算中，数据处理的基本流程如图 5-1 所示。

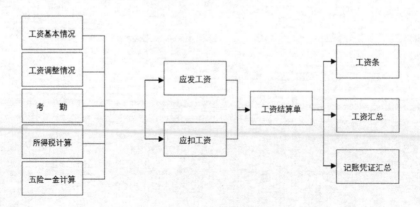

图 5-1 工资核算数据处理流程

根据上述流程，我们需要创建一个名为“工资管理”的工作簿，在该工作簿中新建并重命名以下几个工作表。

（1）职工基本情况表：核算职工的姓名、编号、部门、基本工资、岗位工资、工龄工资等基本信息。

（2）工资调整表：核算绩效工资、奖金、补贴等项目。

（3）考勤表：记录职员的出勤、加班、请假等信息，并基于此计算职工的加班费、请假、迟到等扣款。

（4）社保金计算表：核算每位职工、企业在社保金每个项目中的计提数、合计数。

（5）个人所得税计算表：核算每位职工的应纳税所得额和应缴纳的个人所得税。

（6）工资结算单：核算每个职工的工资明细项目，并计算应发工资、应扣工资、实发工资。

（7）工资条：单独显示每位职工的工资项目，便于打印。

（8）工资汇总表：核算每个部门的工资总额。

（9）记账凭证清单：核算工资的分配、社保金的计提、输出记账凭证分录。

5.2 职工基本情况表的编制

为了便于人事管理，每个企业都会创建职工基本情况表，通过对人员资料进行记录、统计，为后续的薪资管理做准备。

职工基本情况表是对企业职工基本信息的汇总表，包含职工的姓名、编号、部门、性别、职务、参加工作时间、身份证号、银行账号、联系电话、E-mail 等基本信息和基本工资、岗位工资、工龄工资等调整前的工资信息。

下面以员工基本信息为例，介绍编制公司职工基本情况表的方法。

例 5-1 编制 A 公司职工基本情况表。

A 公司的职工基本情况如图 5-2 所示，该表主要记录职工的基本信息及基本工资。

该范例文件见网上资源“第 5 章”文件夹下“工资管理”工作簿中的“职工基本情况表”工作表。

职工基本情况表

员工编号	姓名	部门	性别	职务	就职时间	身份证号	银行账号	基本工资	岗位工资	工龄工资	调整前合计	联系电话	E-mail
1001	郑大	行政部	男	经理	2007/1/10	123456'94207084451	6222023100012345678	2000	1500	500	4000		
1002	罗二	人事部	男	经理	2008/3/1	123456'94207086451	6222023100022345678	1500	1500	400	3400		
1003	张三	销售部	男	经理	2009/1/3	123456'94212031234	6222023100033345678	2000	1500	300	3800		
1004	李四	制造部	男	经理	2005/2/3	123456'94207123343	6222023100044345678	2000	1500	700	4200		
1005	王五	人事部	男	职员	2009/3/9	123456'94206085651	6222023100055345678	1500	1000	300	2800		
1006	赵六	行政部	男	职员	2006/9/7	123456'94207087859	6222023100066645678	1000	1000	600	2600		
1007	孙七	财务部	男	职员	2008/4/1	123456'94207134435	6222023100077745678	1200	1000	400	2600		
1008	庄八	销售部	男	职员	2007/4/1	123456'94203246457	6222023100088845678	1500	1000	500	3000		
1009	鲁九	制造部	男	职员	2006/3/1	123456'94211235563	6222023100099945678	1500	800	600	2900		
1010	黄十	人事部	男	职员	2008/3/1	123456'94202113452	6222023100012311178	1000	800	400	2200		
1011	公孙十一	行政部	男	职员	2006/9/1	123456'94212266451	6222023100012322278	1000	800	600	2400		
1012	皇甫十二	财务部	男	职员	2006/9/1	123456'94209084442	6222023100012333378	1000	800	600	2400		
1013	东方十三	行政部	男	职员	2008/8/30	123456'94206053398	6222023100012344478	1000	800	400	2200		

图 5-2 职工基本情况表

5.2.1 相关格式设计

职工基本情况表格式如图 5-3 所示，详细制作步骤如下。

图 5-3　职工基本情况表

（1）新建名为"工资管理"的工作簿，双击工作表标签"Sheet1"，重命名为"职工基本情况表"，在单元格 C1 中输入"职工基本情况表"，合并并居中区域 C1:L1；转到"开始"选项卡，在"字体"功能组中设置字体为"华文中宋"，字号为"20"，字体颜色"深蓝色"，添加双底框线；在"单元格"功能组中设置行高为"40"，如图 5-4 所示。

图 5-4　设置字体格式

（2）在单元格 A3 至 N3 中分别输入"员工编号""姓名""部门""性别""职务""就职时间""身份证号""银行账号""基本工资""岗位工资""工龄工资""调整前合计""联系电话""E-mail"。

（3）选择 F 列，设置"就职时间"列的日期格式，选择"开始"/"数字"命令，在"数字"功能区的下拉列表中选择"短日期"格式，如图 5-5 所示。

图 5-5　设置日期格式

图 5-6　设置文本格式

（4）选择 G 列和 H 列，这两列输入的是身份证号和银行账号，数字均超过 15 位，所以需要将其设置为文本格式，转到"开始"选项卡，在"数字"功能区的下拉列表中选择"文本"格式，如图 5-6 所示；选择区域 G4:N16，设置字体为"Arial"，字号为"10"，居中显示文本，如图 5-7 所示。

图 5-7　设置字体格式

（5）将单元格指针移动到 A 列至 N 列的列字母之间，变成左右拉伸形状之后，单击并拖动，将单元格区域 A 列至 N 列调整到合适的宽度。

（6）按 Ctrl+1 组合键，打开"设置单元格格式"对话框，转到"边框"选项卡，添加区域边框线，单击"确定"按钮，关闭对话框，完成边框的设置，如图 5-8 所示。

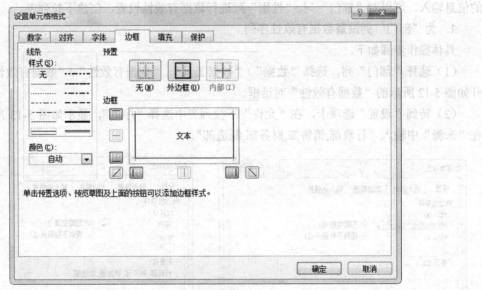

图 5-8　添加区域边框

（7）选择区域 A3:N16，选择"插入"/"表格"/"表格"命令，打开如图 5-9 所示的"创建表"对话框，选择"表包含标题"复选框，单击"确定"按钮，返回工作表界面，将所选区域转化为表格；选择"表格工具"/"设计"/"表格样式"命令，在表样式的下拉列表中选择合适的样式。

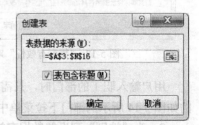

图 5-9　"创建表"对话框

（8）按 Ctrl+F3 组合键，打开"名称管理器"，选择"表 1"，单击"编辑"按钮，打开如图 5-10 所示的"编辑名称"对话框，在"名称"文本框中输入"职工基本情况表"，单击"确定"按钮，返回"名称管理器"，显示更改后的表名称，如图 5-11 所示。

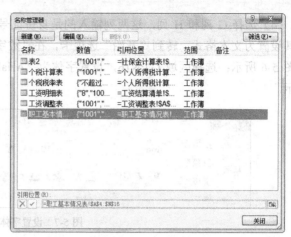

图 5-10 "编辑名称"对话框   图 5-11 更改后的"职工基本情况表"名称

5.2.2 相关公式设计

职工基本情况表内需要输入公式的列有"工龄工资"列和"调整前合计"列,其次为方便职工的信息输入,可以对"部门"列、"性别"列进行数据有效性设置,创建下拉列表。

1. 为"部门"列设置数据有效性序列

具体操作步骤如下。

(1)选择"部门"列,选择"数据"/"数据工具"/"数据有效性"/"数据有效性"命令,打开如图 5-12 所示的"数据有效性"对话框。

(2)转到"设置"选项卡,在"允许"下拉列表中选择"序列",显示如图 5-13 所示的界面,在"来源"中输入"行政部,销售部,财务部,制造部"。

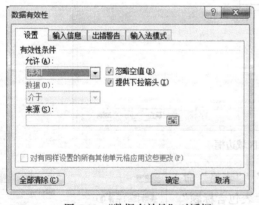

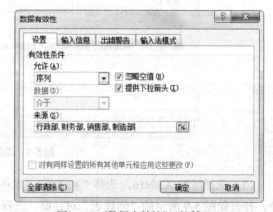

图 5-12 "数据有效性"对话框   图 5-13 "数据有效性"对话框

用户输入职工的部门时,只需单击单元格右端的下拉箭头,在打开的如图 5-14 所示的部门下拉菜单中选择并输入即可。

2. 为"性别"列设置数据有效性序列

具体操作步骤如下。

(1)选择"性别"列,选择"数据"/"数据工具"/"数据有效性"/"数据有效性"命令,打开"数据有效性"对话框。

图 5-14 "部门"下拉列表

（2）转到"设置"选项卡，在"允许"下拉列表中选择"序列"，在"来源"中输入"男,女"，如图 5-15 所示。

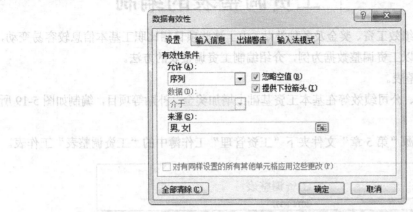

图 5-15 "数据有效性"对话框

3. 计算工龄工资

假设每工作一年，工龄工资增加 100 元，以每年的 1 月份为准计算年份，利用有关的时间函数，实现工龄工资的自动计算。

选择单元格 K4，在公式栏内输入如图 5-16 所示公式：

=IF(ISBLANK(F4),"",(YEAR(TODAY())-YEAR(F4))*100)

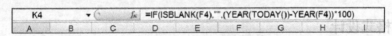

图 5-16 输入工龄工资公式

其中，"YEAR(TODAY())-YEAR(F4)"计算的是实际工龄，"YEAR(TODAY())-YEAR(F4))*100"计算根据实际工龄的工资。

按 Enter 键，在单元格 K5 旁显示图标，如图 5-17 所示，单击图标的下拉箭头，弹出提示框"使用此公式覆盖当前列中的所有单元格"，单击该提示框，公式自动复制到该列的所有单元格中。

图 5-17 使用公式复制所有单元格

4. 计算调整前合计工资

调整前的合计工资包含基本工资、岗位工资、工龄工资，选择单元格 L4，在公式栏内输入"=SUM(I4:K4)"。

按 Enter 键，在单元格 L5 旁显示图标，单击图标的下拉箭头，弹出提示框"使用此公式覆盖当前列中的所有单元格"，单击该提示框，公式自动复制到该列的所有单元格中，如图 5-18 所示。

图 5-18 使用公式覆盖所有单元格

5.3 工资调整表的编制

工资调整表主要核算绩效工资、奖金及各种补贴，由于这些项目相比职工基本信息较容易变动，所以需要单独核算。下面以工资调整数据为例，介绍编制工资调整表的方法。

例 5-2 编制工资调整表。

A 公司根据职工业绩、公司绩效等在基本工资基础上增加奖金、补贴等项目，编制如图 5-19 所示的工资调整表。

该范例文件见网上资源“第 5 章”文件夹下“工资管理”工作簿中的“工资调整表”工作表。

	A	B	C	D	E	F	G	H	I	J	K
1		工资调整表									
2		2012年3月									
3	员工编号	姓名	部门	调整前合计	绩效工资	奖金	交通补贴	午餐补贴	住房补贴	其它补贴	调整后合计
4	1001	刘备	行政部	4000	2000	1000	100	20	500	100	7720
5	1002	诸葛亮	人事部	3400	1800	1000	100	20	500	100	6920
6	1003	曹操	销售部	3800	2500	1000	100	20	500	100	8020
7	1004	孙权	制造部	4200	2000	1000	100	20	500	100	7920
8	1005	关羽	人事部	2800	1500	1000	80	20	300	100	5800
9	1006	张飞	行政部	2600	1500	500	80	20	300	50	5050
10	1007	夏侯渊	财务部	2600	1500	500	80	20	300	50	5050
11	1008	刘烨	销售部	3000	1500	500	80	20	200	50	5350
12	1009	孙策	制造部	2900	1200	300	80	20	200	50	4750
13	1010	黄盖	人事部	2200	1200	300	80	20	200	50	4050
14	1011	李通	行政部	2400	1200	300	80	20	200	50	4250
15	1012	鲁肃	财务部	2400	1200	300	80	20	200	50	4250
16	1013	司马懿	行政部	2200	1200	300	80	20	200	50	4050

图 5-19 工资调整表

5.3.1 相关格式设计

工资调整表的格式如图 5-20 所示，具体制作步骤如下。

	A	B	C	D	E	F	G	H	I	J	K
1		工资调整表									
2		2012年3月									
3	员工编号	姓名	部门	调整前合计	绩效工资	奖金	交通补贴	午餐补贴	住房补贴	其它补贴	调整后合计
4				0							0
5				0							0
6				0							0
7				0							0
8				0							0
9				0							0
10				0							0
11				0							0
12				0							0
13				0							0
14				0							0
15				0							0
16				0							0

图 5-20 工资调整表格式

（1）打开“工资管理”工作簿，双击工作表标签“Sheet2”，重命名为“工资调整表”，在单元格 B1 中输入“工资调整表”，合并并居中区域 B1:J1，单击“开始”选项卡，在“字体”功能组中设置字体为“华文中宋”，字号为“20”，字体颜色“深蓝色”，添加双底框线；在“单元格”功能组中设置行高为“40”，如图 5-21 所示。

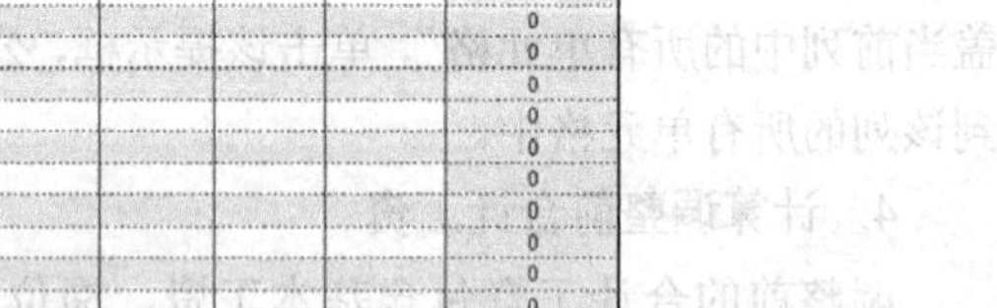

图 5-21 设置相应字体

（2）选择区域 D2:G2，设置字体为“Arial”，字

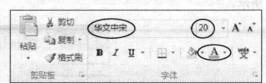

号为"16",行高为"20",单元格背景为"深蓝(淡色 80%)",完成对日期的字体设置;按 Ctrl+1 组合键,打开"设置单元格格式"对话框,转到"数字"选项卡,在"分类"列表框中选择"日期",在"类型"列表框中选择"2001 年 3 月"格式,单击"确定"按钮,关闭对话框,完成对日期格式的设置,如图 5-22 所示。

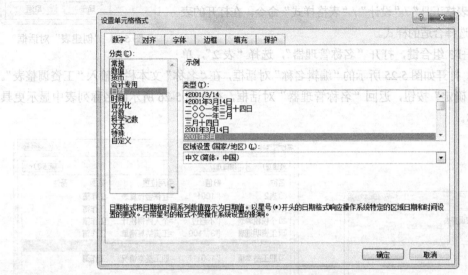

图 5-22　对日期格式的设置

(3)在单元格 A3 至 K3 中分别输入"员工编号""姓名""部门""调整前工资""绩效工资""奖金""交通补贴""午餐补贴""住房补贴""其他补贴""调整后合计"。

(4)选择区域 A3:K16,设置字体为"Arial",字号为"9",居中显示文本;将单元格指针移动到 A 列至 K 列的列字母之间,变成左右拉伸形状之后,单击并拖动,将单元格区域 B 列至 I 列调整到合适的宽度。

(5)按 Ctrl+1 组合键,打开"设置单元格格式"对话框,转到"边框"选项卡,添加区域边框线,如图 5-23 所示。

图 5-23　添加区域边框

（6）选择区域 A3:K16，选择"插入"/"表格"/"表格"命令，
打开如图 5-24 所示的"创建表"对话框，选择"表包含标题"复选
框，单击"确定"按钮，关闭对话框，返回工作表界面，将所选区
域转换为表格。

（7）选择"表格工具"/"设计"/"表格样式"命令，在打开的表
样式下拉列表中选择合适的样式。

图 5-24 "创建表"对话框

（8）按 Ctrl+F3 组合键，打开"名称管理器"，选择"表 2"，单
击"编辑"按钮，打开如图 5-25 所示的"编辑名称"对话框，在"名称"文本栏中输入"工资调整表"。

（9）单击"确定"按钮，返回"名称管理器"对话框，在如图 5-26 所示的名称列表中显示更具
描述性的表名称。

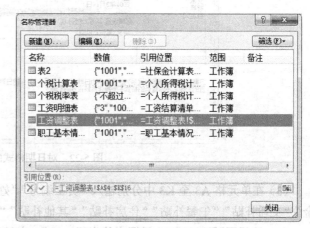

图 5-25 "编辑名称"对话框　　　　　图 5-26 更改后的"工资调整表"名称

5.3.2 相关公式设计

工资调整表中需要输入公式的区域如图 5-27 所示，用户在第一列输入职工代码，通过公式自动
显示职工姓名、部门、调整前工资。在 E 列至 J 列输入绩效工资、奖金及各种补贴，利用汇总函数
SUM()计算调整后的工资合计数。

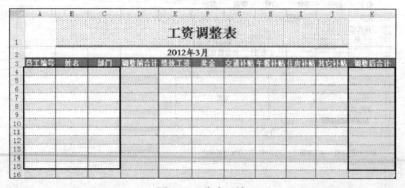

图 5-27 公式区域

1. 自动显示姓名

选择单元格 B4，输入如图 5-28 所示公式：

=IF(ISERROR(VLOOKUP(A4,职工基本情况表,2,FALSE)),"",VLOOKUP(A4,职工基本情况表,2,FALSE))

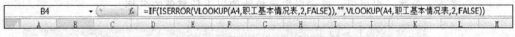

图 5-28　设置自动显示姓名公式

按 Enter 键，在单元格 B5 旁显示图标，单击图标的下拉箭头，弹出提示框"使用此公式覆盖当前列中的所有单元格"，单击该提示框，公式自动复制到该列的所有单元格中，如图 5-29 所示。

姓名	部门	调整前合计	绩效工资	奖金
郑大				
	▼			

使用此公式覆盖当前列中的所有单元格(Q)

图 5-29　使用公式复制所有表格

2. 自动显示部门

选择单元格 C4，在公式栏内输入：

=IF(ISERROR(VLOOKUP(A4,职工基本情况表,3,FALSE)),"",VLOOKUP(A4,职工基本情况表,3,FALSE))

按 Enter 键，在单元格 C5 旁显示图标，单击图标的下拉箭头，弹出提示框"使用此公式覆盖当前列中的所有单元格"，单击该提示框，公式自动复制到该列的所有单元格中（图例如步骤一）。

3. 显示调整前的合计工资

选择单元格 D4，在公式栏内输入公式"=职工基本情况表!L4"。

按 Enter 键，在单元格 D5 旁显示图标，单击图标的下拉箭头，弹出提示框"使用此公式覆盖当前列中的所有单元格"，单击该提示框，公式自动复制到该列的所有单元格中（图例如步骤一）。

4. 计算调整后的合计工资。

选择单元格 K4，在公式栏内输入公式"=SUM(工资调整表!$D$4:$J$4)"。

按 Enter 键，在单元格 K5 旁显示图标，单击图标的下拉箭头，弹出提示框"使用此公式覆盖当前列中的所有单元格"，单击该提示框，公式自动复制到该列的所有单元格中（图例如步骤一）。

　提示

IS 函数

这些函数统称为 IS 函数，此类函数可检验指定值并根据参数取值返回 TRUE 或 FALSE。例如，如果参数 value 引用的是空单元格，则 ISBLANK 函数返回逻辑值 TRUE；否则，返回 FALSE。

在对某一值执行计算或执行其他操作之前，可以使用 IS 函数获取该值的相关信息。例如，通过将 ISERROR 函数与 IF 函数结合使用，可以在出现错误时执行其他操作：

=IF(ISERROR(A1),"出现错误．",A1 * 2)

此公式检验单元格 A1 中是否存在错误情形。如果存在，则 IF 函数返回消息"出现错误"。如果不存在，则 IF 函数执行计算 A1*2。

IS 函数具有下列参数：

value 必需。要检验的值。参数 value 可以是空白（空单元格）、错误值、逻辑值、文本、数字、引用值，或者引用要检验的以上任意值的名称。

函数	如果为下面的内容，则返回 TRUE
ISBLANK	值为空白单元格。
ISERR	值为任意错误值（除去 #N/A）。
ISERROR	值为任意错误值（#N/A、#VALUE!、#REF!、#DIV/0!、#NUM!、#NAME? 或 #NULL!）。
ISLOGICAL	值为逻辑值。
ISNA	值为错误值 #N/A（值不存在）。
ISNONTEXT	值为不是文本的任意项（请注意，此函数在值为空单元格时返回 TRUE）。
ISNUMBER	值为数字。
ISREF	值为引用。
ISTEXT	值为文本。

5.4 考勤表的编制

考勤表是企业每天都要用到的表格之一。考勤表不仅记录了每个员工的出勤情况，而且为加班费、请假、迟到的扣款计算都提供了基础信息。下面以员工考评情况为例，介绍编制考勤表的方法。

例 5-3 编制考勤表。

A 公司根据 3 月份员工出勤情况，编制如图 5-30 所示的考勤表，并根据考勤记录计算加班费、请假迟到扣款。

该范例文件见网上资源"第 5 章"文件夹下"工资管理"工作簿中的"考勤表"工作表。

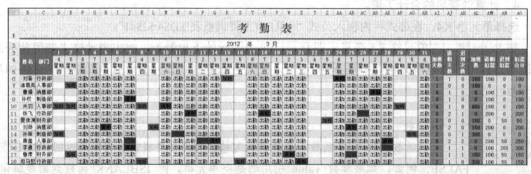

图 5-30 考勤表

5.4.1 相关格式设计

考勤表的格式如图 5-31 所示，具体制作步骤如下。

（1）打开"工资管理"工作簿，双击工作表标签"Sheet3"，重命名为"考勤表"，在单元格 B1 中输入"考勤表"，合并并居中区域 B1:AN1，设置字体为"华文中宋"，字号为"20"，字体颜色为"深蓝色"，添加双底框线，设置行高为"40"。

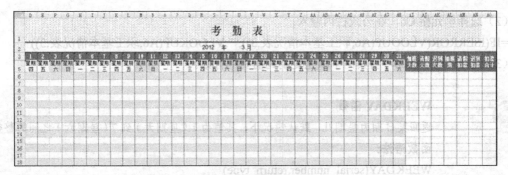

图 5-31　考勤表格式

（2）合并并居中区域 R2:S2，输入"2012"，在单元格 T2 中输入"年"，在 U2 中输入"3"，在 V2 中输入"月"，设置行高为"20"。

（3）在单元格 A3 至 C3 中分别输入"员工编号""姓名""部门"，合并并居中区域 A3:A5、B3:B5、C3:C5；在 D3 至 AH3 中分别输入数字 1-31。

（4）分别合并并居中区域 AI3:AI5、AJ3:AJ5、AK3:AK5、AL3:AL5、AM3:AM5、AN3:AN5、AO3:AO5，分别输入"加班天数""请假天数""迟到天数""加班费""请假扣款""迟到扣款"和"扣款合计"，如图 5-32 所示。

（5）选择区域 A3:AO3，选择"开始"/"对齐方式"/"自动换行"命令，如图 5-33 所示；选择区域 A3:AO18，设置字号为"9"，列宽为"4"，居中显示文本。

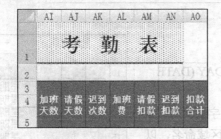

图 5-32　输入相应内容

图 5-33　"自动换行"命令

5.4.2　相关公式设计

考勤表内输入的公式应具有以下功能：

- 在用户输入职员编号后，自动显示职员的姓名和部门；
- 根据月份的不同，自动显示日期相对应的星期数；
- 以深红色背景突出显示星期六、星期日；
- 核算并统计每天每位职工的出勤、加班、请假等情况；
- 计算出加班费、迟到扣款、请假扣款等金额。

需设置的公式和操作步骤如下。

1. 自动显示姓名、部门

（1）选择单元格 B6，在公式栏内输入：

=IF(ISERROR(VLOOUP(A6,职工基本情况表,2)),"",VLOOKUP(A6,职工基本情况表,2))

（2）选择单元格 C6，在公式栏内输入：

=IF(ISERROR(VLOOUP(A6,职工基本情况表,3)),"",VLOOKUP(A6,职工基本情况表,3))

（3）选择区域 B6:C6，将其向下填充复制到需要的行数。

提示

WEEKDAY 函数

返回某日期为星期几。默认情况下，其值为 1（星期天）到 7（星期六）之间的整数。

函数语法：

WEEKDAY(serial_number,return_type)

Serial_number   表示一个顺序的序列号，代表要查找的那一天的日期。应使用 DATE 函数输入日期，或者将函数作为其他公式或函数的结果输入。例如，使用函数 DATE(2008,5,23)输入 2008 年 5 月 23 日。如果日期以文本形式输入，则会出现问题。

Return_type   为确定返回值类型的数字。

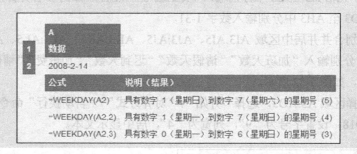

2. 自动显示星期

自动显示星期数的操作步骤如下。

（1）选择单元格 D4，在公式栏中输入 "=WEEKDAY (DATE ($R$2,$U$2,D3),2)"。

（2）在区域 AR11:AS17 内输入星期数字和星期数字的大写，如图 5-34 所示，并在名称框中输入 "星期对照"，为此区域命名，以便在公式中引用。

（3）选择单元格 D5，在公式栏中输入以下公式，如图 5-35 所示：

=VLOOKUP(D4,考勤表!AR11:AS17,2)

查询单元格 D4 中的星期数字，返回 "星期对照" 表中对应的星期大写。

	星期对照	
	AR	AS
10		
11	1	星期一
12	2	星期二
13	3	星期三
14	4	星期四
15	5	星期五
16	6	星期六
17	7	星期日

图 5-34　星期对照表

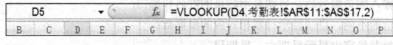

图 5-35　查询日期

（4）复制公式。

选择区域 D4:D5，向右填充复制公式到 AH 列。

（5）隐藏星期数字行。

选择第 4 行，选择 "开始" / "单元格" / "格式" / "隐藏和取消隐藏" / "隐藏行" 命令，如图 5-36 所示。

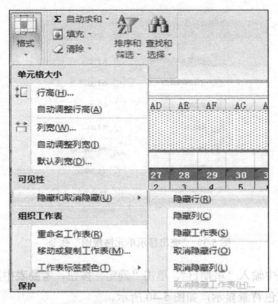

图 5-36 自动隐藏行

3. 突出显示"星期六""星期日"

由于星期六、星期日的位置随月数的变化而变化，要突出显示包含这些内容的单元格，就需使用条件格式来满足这一需求。具体操作步骤如下。

（1）选择 D5:AH5，选择"开始"/"样式"/"条件格式"/"突出显示单元格规则"/"文本包含"命令，打开如图 5-37 所示的"文本中包含"对话框。

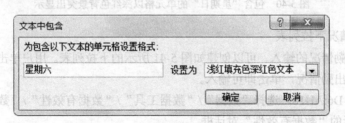

图 5-37 "文本中包含"对话框

（2）在左边的文本框中输入"星期六"，单击"确定"按钮，关闭对话框，考勤表第 5 行中所有包含"星期六"的单元格就会以深红色背景显示，如图 5-38 所示。

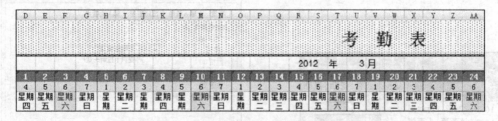

图 5-38 包含"星期六"的单元格以深红色背景突出显示

（3）选择 D5:AH5，选择"开始"/"样式"/"条件格式"/"突出显示单元格规则"/"文本包含"命令，打开"文本中包含"对话框，如图 5-39 所示。

图 5-39 "突出显示单元格规则"命令

（4）在左边的文本框中输入"星期日"，单击"确定"按钮，考勤表中第 5 行中所有包含"星期日"的单元格就会以深红色背景显示，如图 5-40 所示。

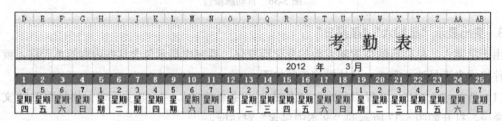

图 5-40 包含"星期日"的单元格以深红色背景突出显示

4. 创建出勤情况下拉列表

为方便职工出勤情况的输入，可以创建如图 5-41 所示的下拉列表。用户单击单元格后，只需在列表中选择相应的出勤情况，单击即可输入。

（1）选择区域 D6:AH18，选择"数据"/"数据工具"/"数据有效性"/"数据有效性"命令，打开如图 5-42 所示的"数据有效性"对话框。

（2）转到"设置"选项卡，在"允许"下拉列表中选择"序列"，在"来源"中输入"出勤,请假,加班,迟到"，如图 5-42 所示，单击"确定"按钮，关闭对话框，完成下拉列表的创建。

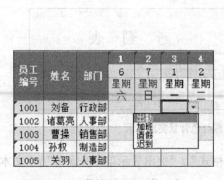

图 5-41 出勤情况下的下拉列表

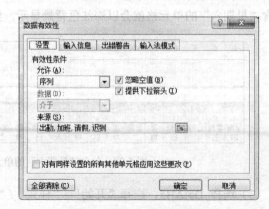

图 5-42 "数据有效性"对话框

5. 突出显示"加班""迟到""请假"

为了突出显示职工的"加班""迟到""请假"等出勤情况，可以对考勤记录区域设置条件格式。操作步骤如下。

（1）选择 D6:AH18，选择"开始"/"样式"/"条件格式"/"突出显示单元格规则"/"文本包含"命令，打开"文本中包含"对话框，在左边的文本框中输入"加班"，如图 5-43 所示。

图 5-43 "文本中包含"对话框

（2）单击条件设置框右端的下拉箭头，显示如图 5-44 所示的下拉列表，选择"自定义格式"选项，打开如图 5-45 所示的"设置单元格格式"对话框，转到"填充"选项卡，添加背景色"绿色"。

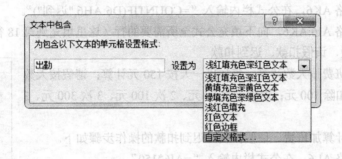

图 5-44 选择"自定义格式"选项

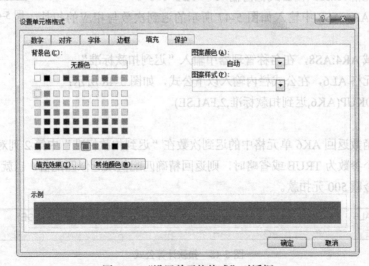

图 5-45 "设置单元格格式"对话框

（3）用同样的方法为"请假""迟到"单元格添加"紫色""红色"背景。

用户在工作表中记录当月的出勤情况后，Excel 将自动判断单元格的内容，并以相应的颜色突出显示"加班""迟到""请假"，效果如图 5-46 所示。

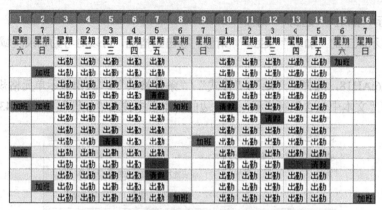

图 5-46 以不同的颜色突出显示出勤记录信息

6. 统计加班天数、请假天数、迟到天数

（1）选择单元格 AI6，在公式栏内输入"=COUNTIF(D6:AH6,"加班")"。

（2）选择单元格 AJ6，在公式栏内输入"=COUNTIF(D6:AH6,"请假")"。

（3）选择单元格 AK6，在公式栏内输入"=COUNTIF(D6:AH6,"迟到")"。

（4）选择单元格 AI6:AK6，向下填充公式至所需要的行（这里填充到第 18 行）。

7. 计算加班费、请假扣款、迟到扣款

A 公司规定加班费按天数计算，每加班一天按 150 元计算；请假按天数
计算，每请假一天扣除 100 元；迟到 1 次 50 元、2 次 100 元、3 次 300 元、3
次以上 500 元。

按以上规则，计算加班费、请假扣款、迟到扣款的操作步骤如下。

（1）选择单元格 AL6，在公式栏内输入"=AI6*150"。

（2）选择单元格 AM6，在公式栏内输入"=AJ6*100"。

（3）在区域 AR4:AS8 中输入如图 5-47 所示的迟到次数与相应的扣款
金额。

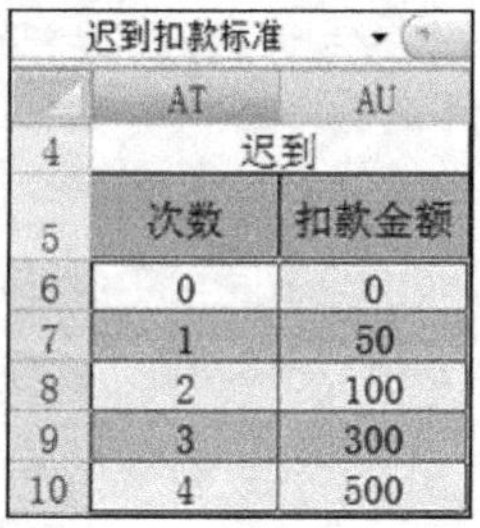

（4）选择区域 AR4:AS8，在名称管理器中输入"迟到扣款标准"。

（5）选择单元格 AL6，在公式栏内输入以下公式，如图 5-48 所示：

=AK6*VLOOKUP(AK6,迟到扣款标准,2,FALSE)

公式说明：

VLOOKUP 函数返回 AK6 单元格中的迟到次数在"迟到扣款标准"中第 2 列对应的扣款金额，
如果函数的第 4 个参数为 TRUE 或省略时，则返回精确匹配值或近似匹配值，也就是说如果迟到超
过 4 次，按最高金额 500 元扣款。

AL6	▼	fx	=AK6*VLOOKUP(AK6,迟到扣款标准,2,FALSE)			
AE	AF	AG	AH	AI	AJ	AK	AL

图 5-48 扣款计算公式

8. 计算扣款合计数

（1）选择单元格 AO100，在公式栏内输入"=AM6+AN6"。

（2）选择单元格 AO100，向下填充公式至所需要的行（这里填充到第 18 行）。

提示

VLOOKUP 函数

在表格数组的首列查找指定的值，并由此返回表格数组当前行中其他列的值。

VLOOKUP 中的 V 参数表示垂直方向。当比较值位于需要查找的数据左边的一列时，可以使用 VLOOKUP 而不是 HLOOKUP。

函数语法：

VLOOKUP(lookup_value,table_array,col_index_num,range_lookup)

Lookup_value　为需要在表格数组（数组：用于建立可生成多个结果或可对在行和列中排列的一组参数进行运算的单个公式。数组区域共用一个公式；数组常量是用作参数的一组常量）第一列中查找的数值。Lookup_value 可以为数值或引用。若 lookup_value 小于 table_array 第一列中的最小值，VLOOKUP 返回错误值#N/A。

Table_array　为两列或多列数据。使用对区域或区域名称的引用。table_array 第一列中的值是由 lookup_value 搜索的值。这些值可以是文本、数字或逻辑值。文本不区分大小写。

Col_index_num　为 table_array 中待返回的匹配值的列序号。col_index_num 为 1 时，返回 table_array 第一列中的数值；col_index_num 为 2 时，返回 table_array 第二列中的数值，以此类推。如果 col_index_num：

小于 1，VLOOKUP 返回错误值#VALUE!；

大于 table_array 的列数，VLOOKUP 返回错误值#REF!。

Range_lookup　为逻辑值，指定希望 VLOOKUP 查找精确的匹配值还是近似匹配值：

如果为 TRUE 或省略，则返回精确匹配值或近似匹配值。也就是说，如果找不到精确匹配值，则返回小于 lookup_value 的最大数值。

table_array 第一列中的值必须以升序排序；否则 VLOOKUP 可能无法返回正确的值。

如果为 FALSE，VLOOKUP 将只寻找精确匹配值。在此情况下，table_array 第一列的值不需要排序。如果 table_array 第一列中有两个或多个值与 lookup_value 匹配，则使用第一个找到的值。如果找不到精确匹配值，则返回错误值#N/A。

	A 密度	B 粘度	C 温度
1	密度	粘度	温度
2	0.457	3.55	500
3	0.525	3.25	400
4	0.616	2.93	300
5	0.675	2.75	250
6	0.746	2.57	200
7	0.835	2.38	150
8	0.946	2.17	100
9	1.09	1.95	50
10	1.29	1.71	0

公式	说明（结果）
=VLOOKUP(1,A2:C10,2)	使用近似匹配搜索 A 列中的值 1，在 A 列中找到小于等于 1 的最大值 0.946，然后返回同一行中 B 列的值。(2.17)
=VLOOKUP(1,A2:C10,3,TRUE)	使用近似匹配搜索 A 列中的值 1，在 A 列中找到小于等于 1 的最大值 0.946，然后返回同一行中 C 列的值。(100)
=VLOOKUP(.7,A2:C10,3,FALSE)	使用精确匹配在 A 列中搜索值 0.7。因为 A 列中没有精确匹配的值，所以返回一个错误值。(#N/A)
=VLOOKUP(0.1,A2:C10,2,TRUE)	使用近似匹配在 A 列中搜索值 0.1。因为 0.1 小于 A 列中最小的值，所以返回一个错误值。(#N/A)
=VLOOKUP(2,A2:C10,2,TRUE)	使用近似匹配搜索 A 列中的值 2，在 A 列中找到小于等于 2 的最大值 1.29，然后返回同一行中 B 列的值。(1.71)

5.5 个人所得税计算表的编制

按照我国税法规定,工资薪酬超过个人所得税起征点的,应缴纳个人所得税。工资、薪金所得按月征收,目前我国规定的工薪个人所得税的起征点是 3500 元,即对每月收入超过 3500 元以上的部分征税。下面以公司员工工资为例,介绍编制个人所得税计算表的方法。

例 5-4 编制个人所得税计算表。

根据以上资料和工资调整表,编制如图 5-49 所示的 A 公司 8 月份个人所得税计算表。

该范例文件见网上资源"第 5 章"文件夹下"工资管理"工作簿中的"个人所得税计算表"工作表。

员工编号	姓名	部门	应发工资	应税所得税额	适用税率	速算扣除数	应缴个人所得税
1001	郑大	行政部	7720	5720	20%	555	539
1002	罗二	人事部	6920	4920	20%	555	429
1003	张三	销售部	8020	6020	20%	555	649
1004	李四	制造部	7920	5920	20%	555	629
1005	王五	人事部	5800	3800	10%	105	275
1006	赵七	行政部	5050	3050	10%	105	200
1007	孙七	财务部	5050	3050	10%	105	200
1008	庄八	销售部	5350	3350	10%	105	230
1009	鲁九	制造部	4750	2750	10%	105	170
1010	黄十	人事部	4050	2050	10%	105	100
1011	公孙十一	行政部	4250	2250	10%	105	120
1012	黄浦十二	财务部	4250	2250	10%	105	120
1013	东方十三	行政部	4050	2050	10%	105	100

(表标题:个人所得税计算表 2012年3月)

图 5-49 个人所得税计算表

5.5.1 格式设计

个人所得税计算表格式如图 5-49 所示,具体设计步骤如下。

(1)打开工作簿"工资管理",单击工作表插入标签，插入一张工作表,双击工作表标签,重命名为"个人所得税计算表",如图 5-50 所示。

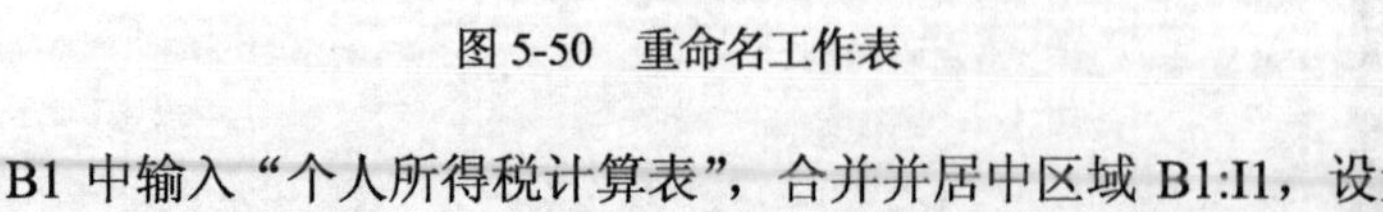

| 考勤表 | 个人所得税计算表 | 工资条 | 工资结算清单 |

图 5-50 重命名工作表

(2)在单元格 B1 中输入"个人所得税计算表",合并并居中区域 B1:I1,设置字体为"华文中宋",字号为"20",字体颜色"深蓝色",添加双底框线,设置行高为"40";选择区域 B2:I2,设置字体为"Arial",字号为"12",行高为"20",输入"=工资调整表!D2"。

(3)在单元格 B3 至 I3 中分别输入"员工编号""姓名""部门""应发工资""应税所得税额""适用税率""速算扣除数""应缴个人所得税",如图 5-51 所示。

图 5-51　个人所得税计算表格式

（4）选择区域 B4:I16，设置字体为"Arial"，字号为"9"，居中显示文本；选择区域 G4:G16，转到"开始"选项卡，在"数字"功能区中单击百分比按钮 %，设置"适用税率"列的数据格式。

（5）将单元格指针移动到 A 列至 I 列的列字母之间，变成左右拉伸形状之后，单击并拖动，将单元格区域 A 列至 I 列调整到合适的宽度。

（6）按 Ctrl+1 组合键，打开"设置单元格格式"对话框，转到"边框"选项卡，添加区域边框线，如图 5-52 所示。

图 5-52　"设置单元格格式"对话框

（7）选择区域 B4:I16，选择"插入"/"表格"/"表格"命令，打开如图 5-53 所示的"创建表"对话框，选择"表包含标题"复选框，单击"确定"按钮，关闭对话框，返回工作表界面，将所选区域转化为表格。

（8）选择"表格工具"/"设计"/"表格样式"命令，在打开的表样式下拉列表中选择合适的样式。

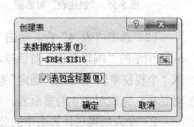

图 5-53　"创建表"对话框

（9）按 Ctrl+F3 组合键，打开"名称管理器"，选择"表 3"行，单击"编辑"按钮，打开"编辑名称"对话框，在"名称"文本框中输入"个税计算表"，单击"确定"按钮，如图 5-54 所示，返回"名称管理器"，显示更改后更具描述性的表名称，单击"确定"按钮，关闭对话框，完成对表 3 的重命名。

图 5-54　"编辑名称"对话框

5.5.2　相关公式设计

计算个人所得税通常使用速算扣除法。在个人所得税计算表中输入公式前，需首先创建"个税税率表"，然后使用 LOOKUP() 函数查找每位员工的纳税所得额各自使用的税率。

1．创建"个税税率表"

操作步骤如下。

（1）选择区域 K6:O14，选择"插入"/"表格"/"表格"命令，弹出如图 5-55 所示的"创建表"对话框，选择"表包含标题"复选框，单击"确定"按钮，返回工作表界面，将所选区域转换为表格；按 Ctrl+F3 组合键，打开如图 5-56 所示的"名称管理器"对话框。

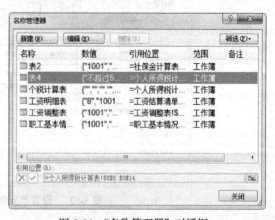

图 5-55　"创建表"对话框　　　　　　　　图 5-56　"名称管理器"对话框

（2）选中"表 4"行，单击"编辑"按钮，打开如图 5-57 所示的"编辑名称"对话框，在"名称"文本框中输入"个税税率表"，单击"确定"按钮，关闭"名称管理器"对话框，完成对表4的重命名。

2．个人所得税计算表中的公式设计

输入的公式和具体的操作步骤如下。

（1）显示姓名。

用户输入员工编号后，通过以下公式可自动显示职工姓名和部门。

图 5-57　"编辑名称"对话框

选择单元格 C4，在公式栏内输入：

=IF(ISERROR(VLOOKUP(B4,职工基本情况表,2)),"",VLOOKUP(B4,职工基本情况表,2))

按 Enter 键，在单元格 C5 旁显示如图 5-58 所示的图标，单击图标的下拉箭头，弹出提示框"使用此公式覆盖当前列中的所有单元格"，单击该提示框，公式自动复制到该列的所有单元格中。

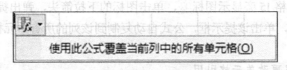

图 5-58　自动覆盖公式列的图标

（2）显示部门。

选择单元格 D4，在公式栏内输入如下公式，如图 5-59 所示：

=IF(ISERROR(VLOOKUP(B4,职工基本情况表,3)),"",VLOOKUP(B4,职工基本情况表,3))

按 Enter 键，在单元格 D5 旁显示图标，单击图标的下拉箭头，弹出提示框"使用此公式覆盖当前列中的所有单元格"，单击该提示框，公式自动复制到该列的所有单元格中。

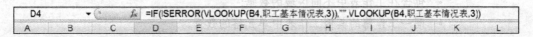

图 5-59　显示对应部门公式

（3）计算应税所得税额。

选择单元格 F4，在公式栏内输入如下公式，如图 5-60 所示：

=IF(ISBLANK(B4),"",个人所得税计算表!$E$4-2000)

按 Enter 键，在单元格 F5 旁显示图标，单击图标的下拉箭头，弹出提示框"使用此公式覆盖当前列中的所有单元格"，单击该提示框，公式自动复制到该列的所有单元格中。

图 5-60　计算计算应税所得税额公式

（4）提取应纳税所得额使用的税率。

选择单元格 G4，在公式栏内输入如下公式：

=IF(ISERROR(LOOKUP(个人所得税计算表!$F$4,个税税率表[下限],个税税率表[税率])),"",LOOKUP(个人所得税计算表!$F$4,个税税率表[下限],个税税率表[税率]))

按 Enter 键，在单元格 G5 旁显示图标，单击图标的下拉箭头，弹出提示框"使用此公式覆盖当前列中的所有单元格"，单击该提示框，公式自动复制到该列的所有单元格中。

（5）提取应纳税所得额使用的速算扣除数。

选择单元格 H4，在公式栏内输入：

=IF(ISERROR(LOOKUP(个人所得税计算表!$F$4,个税税率表[下限],个税税率表[速算扣除数])),"",LOOKUP(个人所得税计算表!$F$4,个税税率表[下限],个税税率表[税率]))

按 Enter 键，在单元格 H5 旁显示图标，单击图标的下拉箭头，弹出提示框"使用此公式覆盖当前列中的所有单元格"，单击该提示框，公式自动复制到该列的所有单元格中。

（6）计算应缴纳的个人所得税。

选择单元格I4，在公式栏内输入：

=IF(ISERROR(个人所得税计算表!\$F4*个人所得税计算表!\$G4-个人所得税计算表!\$H4),"",个人
所得税计算表!\$F4*个人所得税计算表!\$G4-个人所得税计算表!\$H4)

按Enter键，在单元格I5旁显示图标📋，单击图标的下拉箭头，弹出提示框"使用此公式覆盖
当前列中的所有单元格"，单击该提示框，公式自动复制到该列的所有单元格中。

 提示

创建或更改单元格引用

单元格引用是指对工作表中的单元格或单元格区域的引用，它可以在公式（公式：
单元格中的一系列值、单元格引用、名称或运算符的组合，可生成新的值。公式总是
以等号 (=) 开始）中使用，以便 Microsoft Office Excel 可以找到需要公式计算的值或
数据。

在一个或多个公式中，可以使用单元格引用来引用：

• 工作表中单个单元格的数据；

• 包含在工作表中不同区域的数据；

• 同一工作簿的其他工作表中单元格的数据。

此公式：	引用：	并且返回：
=C2	单元格 C2	单元格 C2 中的值。
=资产-债务	名为"资产"和"债务"的单元格	名为"资产"的单元格减去名为"债务"的单元格的值。
{=Week1+Week2}	名为 Week1 和 Week2 的单元格区域	作为数组公式，名为 Week1 和 Week 2 的单元格区域的值的和。
=Sheet2!B2	Sheet2 上的单元格 B2	Sheet2 上单元格 B2 中的值。

5.6 社保金计算表与计提表的编制

为维护劳动者的合法权益，我国新颁布的劳动法中规定，用户单位应与员工签订用工合同，并
按规定缴纳社保金，其中单位和个人共同承担的缴纳项目有养老保险、医疗保险、失业保险、住房
公积金；单位全额缴纳的有工伤保险、生育保险。

社保金在缴纳时按工资总额或上年的平均工资为基数计提，且不能低于社会最低缴纳费计数缴
纳。"社保金"工作表中除了核算企业为每位职工集体缴纳的各种险种的金额，还应该计算企业自身
承担部分各种计提金额，为后续工资和费用的分配做准备。下面以各项社保金信息为例，介绍编制
社保金计算表的方法。

例 5-5 编制社保金计算表。

给予调整后的工资总额计算各项社保金，编制如图 5-61 所示的社保金计算表。

该范例文件见网上资源"第 5 章"文件夹下"工资管理"工作簿中的"社保金计算表"工
作表。

员工编号	姓名	部门	基数	养老保险	医疗保险	失业保险	住房公积金	合计
			社保金计算表					
			2012年3月					
1001	郑大	行政部	7850	628	165.3	41.6	873	1707.9
1002	罗二	人事部	6920	553.6	138.4	34.6	692	1418.6
1003	张三	销售部	8020	641.6	160.4	40.1	802	1644.1
1004	李四	制造部	7820	625.6	156.4	39.1	782	1603.1
1005	王五	人事部	5800	464	116	29	580	1189
1006	赵六	行政部	5050	404	101	25.25	505	1035.25
1007	孙七	财务部	5050	404	103	25.25	487	1019.25
1008	庄八	销售部	5350	428	107	26.75	535	1096.75
1009	鲁九	制造部	4750	380	95	23.75	475	973.75
1010	黄十	人事部	4050	356	81	20.25	405	862.25
1011	公孙十一	行政部	4250	340	85	21.25	425	871.25
1012	黄浦十二	财务部	4250	340	85	21.25	425	871.25
1013	东方十三	行政部	4050	324	81	20.25	405	830.25
汇总			73210.00	5888.80	1474.50	368.40	7391.00	15122.70

图 5-61　社保金计算表格式

5.6.1　计算表格式设计

社保金计算表格式如图 5-62 所示，具体设计步骤如下。

（1）打开工作簿 "工资管理"，单击工作表插入标签 ，插入一张工作表，双击该工作表标签，重命名为 "社保金计算表"，在单元格 B1 中输入 "社保金计算表"，合并并居中区域 B1:I1，设置字体为 "华文中宋"，字号为 "20"，字体颜色 "深蓝色"，添加双底框线，设置行高为 "40"。

（2）选择区域 B2:I2，设置字体为 "Arial"，字号为 "12"，行高为 "20"，输入 "=工资调整表!D2"。

图 5-62　社保金计算表格式

（3）在单元格 B3 至 I3 中分别输入 "员工编号""姓名""部门""基数""养老保险""医疗保险""失业保险""住房公积金""合计"；选择区域 D4:I16，设置字体为 "Arial"，字号为 "9"，居中显示文本。

（4）将单元格指针移动到 A 列至 I 列的列字母之间，变成左右拉伸形状之后，单击并拖动，将单元格区域 A 列至 I 列调整到合适的宽度。

（5）按 Ctrl+1 组合键，打开 "设置单元格格式" 对话框，转到 "边框" 选项卡，添加区域边框线，如图 5-63 所示。

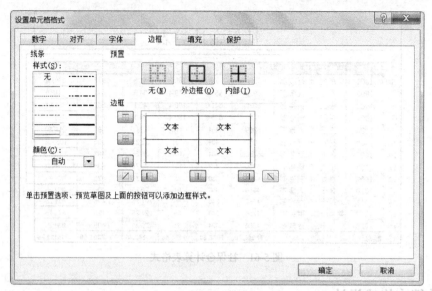

图 5-63 "设置单元格格式"对话框

（6）选择区域 A4:I16，选择"插入"/"表格"/"表格"命令，弹出如图 5-64 所示的"创建表"对话框，选择"表包含标题"复选框，单击"确定"按钮，关闭对话框，返回工作表界面，将所选区域转化为表格区域；选择"表格工具"/"设计"/"表格样式"命令，在打开的表样式下拉列表中选择合适的样式。

（7）按 Ctrl+F3 组合键，打开"名称管理器"，选择"表 5"，单击"编辑"按钮，打开如图 5-65 所示的"新建名称"对话框，在"名称"文本栏中输入"保险金计算表"，单击"确定"按钮，关闭"新建名称"对话框，返回"名称管理器"对话框，对话框中显示更改后更具描述性的表名称。单击"确定"按钮，关闭"名称管理器"对话框，返回工作表界面。

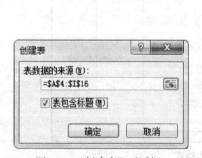

图 5-64 "创建表"对话框

图 5-65 "新建名称"对话框

5.6.2 保险金的计算

保险金的计算需要使用社保金缴纳比例表，且只核算企业和个人共同承担的 4 项险种，即养老保险、医疗保险、失业保险和住房公积金。

1. 创建社保金缴纳比例表

操作步骤如下。

（1）在区域 K2:N10 中创建如图 5-66 所示的社保金缴纳比例表。

	K	L	M	N
2	社保金缴纳比例			
3	项目	单位	个人	合计
4	养老保险	20.00%	8.00%	28.00%
5	医疗保险	10.00%	2.00%	12.00%
6	失业保险	1.50%	0.50%	2.00%
7	工伤	1.00%	0.00%	1.00%
8	生育	0.80%	0.00%	0.80%
9	住房公积金	10.00%	10.00%	20.00%
10	合计	43.30%	20.50%	63.80%

图 5-66　社保金缴纳比例表

（2）选择区域 K2:N10，选择"插入"/"表格"/"表格"命令，如图 5-67 所示，弹出"创建表"对话框，勾选"表包含标题"复选框，单击"确定"按钮，关闭对话框。

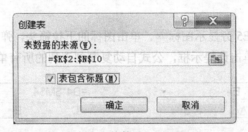

图 5-67　"创建表"对话框

2. 社保金计算表中的公式设计

操作步骤及输入的公式如下。

（1）显示姓名。

用户输入员工编号后，通过以下公式可自动显示职工姓名和部门。

选择单元格 B4，在公式栏内输入以下公式，如图 5-68 所示：

=VLOOKUP(A4,职工基本情况表,2,FALSE)

按 Enter 键，在单元格 B5 旁显示图标，单击图标的下拉箭头，弹出提示框"使用此公式覆盖当前列中的所有单元格"，单击该提示框，公式自动复制到该列的所有单元格中。

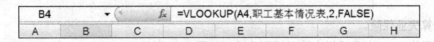

图 5-68　显示姓名公式

（2）显示部门。

选择单元格 C4，在公式栏内输入以下公式，如图 5-69 所示：

=VLOOKUP(A4,职工基本情况表,3,FALSE)

按 Enter 键，在单元格 C5 旁显示图标，单击图标的下拉箭头，弹出提示框"使用此公式覆盖当前列中的所有单元格"，单击该提示框，公式自动复制到该列的所有单元格中。

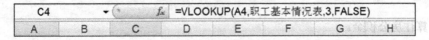

图 5-69　显示部门公式

（3）提取基数。

选择单元格 D4，在公式栏内输入如下公式，如图 5-70 所示：

=工资调整表!K4

按 Enter 键，在单元格 D5 旁显示图标▣，单击图标的下拉箭头，弹出提示框"使用此公式覆盖当前列中的所有单元格"，单击该提示框，公式自动复制到该列的所有单元格中。

图 5-70　提取基数公式

（4）计算养老保险。

选择单元格 E4，在公式栏内输入以下公式，如图 5-71 所示：

=D4*$M$4

按 Enter 键，在单元格 E5 旁显示图标▣，单击图标的下拉箭头，弹出提示框"使用此公式覆盖当前列中的所有单元格"，单击该提示框，公式自动复制到该列的所有单元格中。

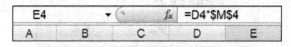

图 5-71　计算养老金公式

（5）计算医疗保险。

选择单元格 F4，在公式栏内输入以下公式，如图 5-72 所示：

=D4*$M$5

按 Enter 键，在单元格 F5 旁显示图标▣，单击图标的下拉箭头，弹出提示框"使用此公式覆盖当前列中的所有单元格"，单击该提示框，公式自动复制到该列的所有单元格中。

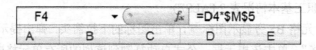

图 5-72　计算医疗保险公式

（6）计算失业保险。

选择单元格 G4，在公式栏内输入以下公式，如图 5-73 所示：

=D4*$M$6

按 Enter 键，在单元格 G5 旁显示图标▣，单击图标的下拉箭头，弹出提示框"使用此公式覆盖当前列中的所有单元格"，单击该提示框，公式自动复制到该列的所有单元格中。

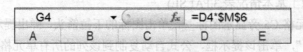

图 5-73　计算失业保险公式

（7）计算住房公积金。

选择单元格 H4，在公式栏内输入以下公式，如图 5-74 所示：

=D4*$M$9

按 Enter 键，在单元格 H5 旁显示图标![图标]，单击图标的下拉箭头，弹出提示框"使用此公式覆盖当前列中的所有单元格"，单击该提示框，公式自动复制到该列的所有单元格中。

H4	▼	fx	=D4*$M$9	
A	B	C	D	E

图 5-74　计算住房公积金公式

（8）计算合计数。

选择单元格 J4，在公式栏内输入以下公式，如图 5-75 所示：

=SUM(E4:H4)

按 Enter 键，在单元格 J5 旁显示图标![图标]，单击图标的下拉箭头，弹出提示框"使用此公式覆盖当前列中的所有单元格"，单击该提示框，公式自动复制到该列的所有单元格中。

J4	▼	fx	=SUM(E4:H4)	
A	B	C	D	E

图 5-75　计算合计数公式

5.6.3　计提表格式设计

社保金计提表核算企业和个人分别按每种险种计提的金额，它为后续的费用分配提供基础，社保金计提表的格式如图 5-76 所示，具体制作步骤如下。

	K	L	M	N
13	社保金计提表			
14				
15	项目	企业	个人	合计
16	养老保险	265.6	106.24	371.84
17	医疗保险	132.8	26.56	159.36
18	失业保险	19.92	6.64	26.56
19	工伤	13.28	0	13.28
20	生育	10.624	0	10.624
21	住房公积金	132.8	132.8	265.6
22	合计	575.024	272.24	847.264

图 5-76　社保金计提表的格式

（1）激活工作表"社保金计算表"，在单元格 K13 中输入"社保金计算表"，合并并居中区域 K13:N13，设置字体为"华文中宋"，字号为"20"，字体颜色"深蓝色"，设置行高为"40"，添加双底框线。

（2）选择区域 K14:N14，设置字体为"Arial"，字号为"12"，行高为"20"，输入"=工资调整表!D2"。

（3）在单元格 K14 至 N14 中分别输入"项目""企业""个人""合计"；选择区域 L16:N22，设置字体为"Arial"，字号为"9"，居中显示文本。

（4）将单元格指针移动到 K 列至 N 列的列字母之间，变成左右拉伸形状之后，单击并拖动，将单元格区域 A 列至 I 列调整到合适的宽度。

5.6.4　计提表公式设计

社保金计提表内需输入的公式具体如下：

（1）选择单元格 L16，在公式栏内输入"=$E$17*$L4"。

（2）选择单元格 M16，在公式栏内输入"=$E$17*$M4"。

（3）选择单元格 N16，在公式栏内输入"=L16+M16"。

（4）选择区域 L16:N16，向下填充到第 22 行。

5.7
工资结算清单的编制

工资结算单是所有职工的工资项目及金额的汇总表，它是制作工资条、进行各种分析的核心数据。工资结算单通过对以上表格中数据的提取，核算应发工资、应扣工资、实发工资项目。

下面介绍编制工资结算清单的方法。

例 5-6　编制工资结算清单。

基于工资调整表、考勤表、个人所得税计算表、社保金计算表，编制如图 5-77 所示的工资结算清单。

该范例文件见网上资源"第 5 章"文件夹下"工资管理"工作簿中的"工资结算清单"工作表。

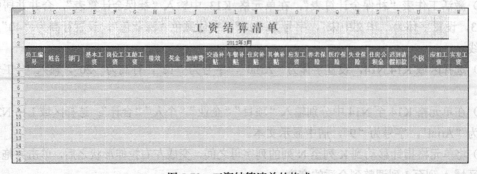

图 5-77　工资结算清单

5.7.1　相关格式设计

工资结算清单的格式如图 5-78 所示，具体制作步骤如下。

图 5-78　工资结算清单的格式

（1）打开工作簿"工资管理"，单击工作表插入标签 ，插入一张工作表，双击该工作表标签，重命名为"工资结算清单"。

（2）在单元格 B1 中输入"工资结算清单"，合并并居中区域 B1:V1，设置字体为"华文中宋"，字号为"20"，字体颜色"深蓝色"，设置行高为"40"，添加双底框线；选择区域 A2:W2，设置字体为"Arial"，字号为"12"，行高为"20"，输入"=工资调整表!D2"。

（3）在单元格 A3 至 W3 中分别输入"月份""员工编号""姓名""部门""基本工资""岗位工资""工龄工资""绩效""奖金""加班费""交通补贴""午餐补贴""住房补贴""其他补贴""应发工资""养老保险""医疗保险""失业保险""住房公积金""迟到请假扣款""个税""应扣工资""实发工资"，如图 5-79 所示。

图 5-79　输入相应标题

（4）选择区域 A4:W16，设置字体为"Arial"，字号为"9"，居中显示文本；选择区域 E4:W16，选择"开始"/"数字"命令，在数字功能区中单击百分比按钮 %，设置"适用税率"列的数据格式，如图 5-80 所示。

图 5-80　单击百分比按钮 %

（5）将单元格指针移动到 A 列至 WI 列的列字母之间，变成左右拉伸形状之后，单击并拖动，将单元格区域 A 列至 W 列调整到合适的宽度。

（6）按 Ctrl+1 组合键，打开"设置单元格格式"对话框，转到"边框"选项卡，添加区域边框线；选择区域 A3:W16，选择"插入"/"表格"/"表格"命令，打开如图 5-81 所示的"创建表"对话框，选择"表包含标题"复选框，单击"确定"按钮，关闭对话框，返回工作表。

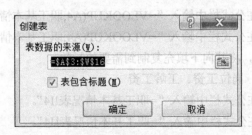

图 5-81　"创建表"对话框

（7）选择"表格工具"/"设计"/"表格样式"命令，在表样式的下拉列表中选择合适的样式，如图 5-82 所示。

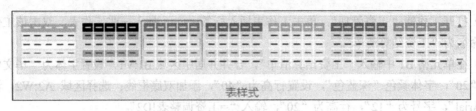

图 5-82 "表格样式"命令

（8）按 Ctrl+F3 组合键，打开"名称管理器"对话框，选择"表 6"，单击"编辑"按钮，打开如图 5-83 所示的"新建名称"对话框，在"名称"文本框中输入"工资结算清单"。

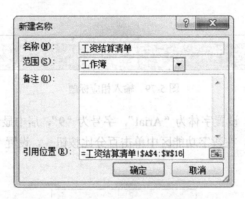

图 5-83 "新建名称"对话框

（9）单击"确定"按钮，关闭"编辑名称"对话框，返回"名称管理器"对话框，单击"确定"按钮，关闭"名称管理器"对话框。

5.7.2 相关公式设计

工资结算清单输入的公式主要是从"职工基本情况表""工资调整表""考勤表""个人所得税计算表""社保金计算表"中提取数据，具体公式如下。

1. 自动显示月份

（1）选择单元格 A4，在公式栏中输入"=MONTH($A$2)"。

（2）选择单元格 A4，将其向下填充复制到需要的行数。

2. 自动显示姓名、部门

（1）选择单元格 B4，在公式栏中输入"=VLOOKUP(A4,职工基本情况表,2,FALSE)"。

（2）选择单元格 C4，在公式栏中输入"=VLOOKUP(A4,职工基本情况表,3,FALSE)"。

（3）选择单元格 B4:C4，将其向下填充复制到需要的行数。

3. 自动显示基本工资、岗位工资、工龄工资

（1）选择单元格 E4，在公式栏中输入"=职工基本情况表!I4"。

（2）选择单元格 F4，在公式栏中输入"=职工基本情况表!J4"。

（3）选择单元格 G4，在公式栏中输入"=职工基本情况表!K4"。

（4）选择单元格 E4:G4，将其向下填充复制到需要的行数。

4. 显示绩效工资、奖金

（1）选择单元格 H4，在公式栏中输入"=工资调整表!$E4"。

（2）选择单元格 I4，在公式栏中输入"=工资调整表!$F4"。

（3）选择单元格 H4:I4，将其向下填充复制到需要的行数。

5. 显示加班费

（1）选择单元格 J4，在公式栏中输入"=考勤表!AL6"。

（2）选择单元格 J4，将其向下填充复制到需要的行数。

6. 显示各种补贴项目

（1）选择单元格 K4，在公式栏中输入"=工资调整表!$G4"。

（2）选择单元格 L4，在公式栏中输入"=工资调整表!$H4"。

（3）选择单元格 M4，在公式栏中输入"=工资调整表!$I4"。

（4）选择单元格 N4，在公式栏中输入"=工资调整表!$J4"。

（5）选择单元格 K4:N4，将其向下填充复制到需要的行数。

7. 合计应发工资

（1）选择单元格 O4，在公式栏中输入"=SUM(E4:N4)"。

（2）选择单元格 O4，将其向下填充复制到需要的行数。

8. 显示三险一金项目

（1）选择单元格 P4，在公式栏中输入"=社保金计算表!E4"。

（2）选择单元格 Q4，在公式栏中输入"=社保金计算表!F4"。

（3）选择单元格 R4，在公式栏中输入"=社保金计算表!G4"。

（4）选择单元格 S4，在公式栏中输入"=社保金计算表!H4"。

（5）选择单元格 P4:S4，将其向下填充复制到需要的行数。

9. 显示迟到请假扣款

（1）选择单元格 T4，在公式栏中输入"=考勤表!AO6"。

（2）选择单元格 T4，将其向下填充复制到需要的行数。

10. 显示个税

（1）选择单元格 U4，在公式栏中输入"=个人所得税计算表!I4"。

（2）选择单元格 U4，将其向下填充复制到需要的行数。

11. 计算应扣合计

（1）选择单元格 V4，在公式栏中输入"=SUM(P4:U4)"。

（2）选择单元格 V4，将其向下填充复制到需要的行数。

12. 计算实发工资

（1）选择单元格 W4，在公式栏中输入"=O4-V4"。

（2）选择单元格 W4，将其向下填充复制到需要的行数。

5.8 | 工资条的编制

工资条是发放给职工的工资项目清单，其数据来源于工资结算单。工资条包含各个组成部分的项目名称和金额。

下面以 A 公司 3 月份工资信息为例，介绍编制工资条的方法。

例 5-7　编制工资条。

基于工资计算清单制作如图 5-84 所示的工资条。

该范例文件见网上资源“第 5 章”文件夹下“工资管理”工作簿中的“工资条”工作表。

	A	B	C	D	E	F	G	H	I	J	K	L	M	N	O	P	Q	R	S	T	U	V	W
1			工资条																				
2	月份	员工编号	姓名	部门	基本工资	岗位工资	工龄工资	绩效	奖金	加班费	交通补贴	午餐补贴	住房补贴	其他补贴	应发工资	养老保险	医疗保险	失业保险	住房公积金	迟到请假扣款	个税	应扣工资	实发工资
3	3	1001	郑大	行政部	2000	1500	500	2000	1000	150	100	20	500	100	7870	617.60	154.40	38.60	772.00	100.00	589.00	2271.60	5598.40
4																							
5	月份	员工编号	姓名	部门	基本工资	岗位工资	工龄工资	绩效	奖金	加班费	交通补贴	午餐补贴	住房补贴	其他补贴	应发工资	养老保险	医疗保险	失业保险	住房公积金	迟到请假扣款	个税	应扣工资	实发工资
6	3	1002	罗二	人事部	1500	1500	400	1800	1000	150	100	20	500	100	7070	553.60	138.40	34.60	692.00	0.00	429.00	1847.60	5222.40
7																							
8	月份	员工编号	姓名	部门	基本工资	岗位工资	工龄工资	绩效	奖金	加班费	交通补贴	午餐补贴	住房补贴	其他补贴	应发工资	养老保险	医疗保险	失业保险	住房公积金	迟到请假扣款	个税	应扣工资	实发工资
9	3	1003	张三	销售部	2000	1500	300	2500	1000	0	100	20	500	100	8020	641.60	160.40	40.10	802.00	100.00	649.00	2393.10	5626.90
10																							
11	月份	员工编号	姓名	部门	基本工资	岗位工资	工龄工资	绩效	奖金	加班费	交通补贴	午餐补贴	住房补贴	其他补贴	应发工资	养老保险	医疗保险	失业保险	住房公积金	迟到请假扣款	个税	应扣工资	实发工资
12	3	1004	李四	制造部	2000	1500	700	2000	1000	0	100	20	500	100	7920	633.60	158.40	39.60	792.00	100.00	629.00	2352.60	5567.40

图 5-84　工资条格式

5.8.1　相关格式设计

工资条的格式如图 5-84 所示，用户只需输入标题，设计数字格式，其他内容可通过公式自动生成，格式内容如下。

（1）打开工作簿“工资管理”，单击工作表插入标签，插入一张工作表，双击该工作表标签，重命名为“工资条”。

（2）在单元格 B1 中输入“工资结算清单”，合并并居中区域 B1:V1，设置字体为“华文中宋”，字号为“20”，字体颜色“深蓝色”，设置行高为“40”，添加双底框线。

（3）选择 P 列到 W 列，设置数字格式为数字，小数点 2 位；选择区域 A2:W200，设置字体为“Arial”，字号为“10”，行高为“20”，文本居中。

5.8.2　相关公式设计

工资条中的数据来源于工资结算清单，数据项目结构、金额都相同，唯一不同的是工资条用一行空格将每个人的工资项目隔开并分别列示。

（1）选择单元格 A2，在公式栏内输入：

=IF(MOD(ROW(),3)=1,"",IF(MOD(ROW(),3)=2,INDEX(工资明细,1,COLUMN()),IF(MOD(ROW(),3)=0,INDEX(工资明细,ROW()/3+1,COLUMN()),"")))

公式说明：ROW()函数返回当前单元格所在的行数，COLUMN()函数返回当前单元格所在的列数，MOD()函数返回行数与除数 3 的余数。如果余数为 1，显示工资条的空格；如果余数为 2，显示工资条各个项目的名称，即工资结算清单表格中的标题行；如果余数为 0，显示工资条的数据行。

（2）选择单元格 A2，向右填充公式到单元格 W2；选择区域 A2:W2，向下填充公式到需要的行，显示如图 5-85 所示的界面。

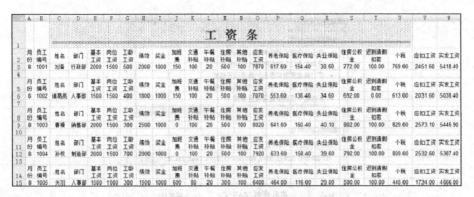

图 5-85　输入公式后的工资条界面

 提示

MOD 函数

返回两数相除的余数。结果的正负号与除数相同。

函数语法:

MOD(number,divisor)

Number 为被除数。

Divisor 为除数。

以下是一个示例。

	A	B
1	公式	说明（结果）
2	=MOD(3, 2)	3/2 的余数 (1)
3	=MOD(-3, 2)	-3/2 的余数，符号与除数相同 (1)
4	=MOD(3, -2)	3/2 的余数，符号与除数相同 (-1)
5	=MOD(-3, -2)	-3/2 的余数，符号与除数相同 (-1)

5.8.3　添加边框

在 Excel 中通过设置条件格式，可以为每个职工的工资条添加边框，具体的操作步骤如下。

（1）选定区域 A2:W100，选择"开始"/"样式"/"条件格式"/"新建规则"命令，打开如图 5-86 所示的"新建格式规则"对话框。

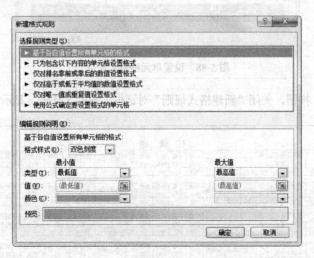

图 5-86　"新建格式规则"对话框

（2）在"选择规则类型"列表中选择"使用公式确定要设置格式的单元格"，显示如图 5-87 所示的对话框，在"编辑规则说明"公式栏内输入以下公式：

图 5-87 "编辑格式规则"对话框

=IF(OR(MOD(ROW(),3)=2,MOD(ROW(),3)=0),TRUE,FALSE)

（3）单击"格式"按钮，打开"设置单元格格式"对话框，如图 5-88 所示，转到"填充"选项卡，在背景色中选择"蓝色"；单击"确定"按钮，关闭"设置单元格格式"对话框，返回"新建格式规则"对话框。

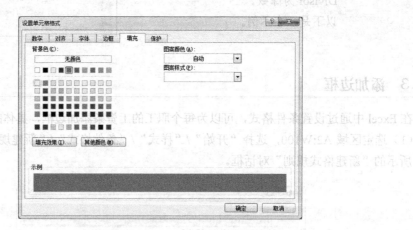

图 5-88　设置单元格格式命令

（4）单击"确定"按钮，关闭"新建格式规则"对话框，返回工作表，显示如图 5-89 所示的界面。

	月份	员工编号	姓名	部门	基本工资	岗位工资	工龄工资	绩效	奖金	加班费	交通补贴	午餐补贴	住房补贴	其他补贴	应发工资	养老保险	医疗保险	失业保险	住房公积金	迟到请假扣款	个税	应扣工资	实发工资
											工 资 条												
2	月份	员工编号	姓名	部门	基本工资	岗位工资	工龄工资	绩效	奖金	加班费	交通补贴	午餐补贴	住房补贴	其他补贴	应发工资	养老保险	医疗保险	失业保险	住房公积金	迟到请假扣款	个税	应扣工资	实发工资
3	3	1001	郑大	行政部	2000	1500	500	2000	1000	150	100	20	500	100	7870	617.60	154.40	38.60	772.00		589.00	2271.60	5598.40
4																							
5	月份	员工编号	姓名	部门	基本工资	岗位工资	工龄工资	绩效	奖金	加班费	交通补贴	午餐补贴	住房补贴	其他补贴	应发工资	养老保险	医疗保险	失业保险	住房公积金	迟到请假扣款	个税	应扣工资	实发工资
6	3	1002	罗二	人事部	1500	1500	400	1800	500	150	100	20	500	100	7070	553.60	138.40	34.60	692.00	0.00	429.00	1847.60	5222.40
7																							
8	月份	员工编号	姓名	部门	基本工资	岗位工资	工龄工资	绩效	奖金	加班费	交通补贴	午餐补贴	住房补贴	其他补贴	应发工资	养老保险	医疗保险	失业保险	住房公积金	迟到请假扣款	个税	应扣工资	实发工资
9	3	1003	张三	销售部	2000	1500	300	2500	0		100	20	500	100	8020	641.60	160.40	40.10	802.00	100.00	649.00	2393.10	5626.90
10																							
11	月份	员工编号	姓名	部门	基本工资	岗位工资	工龄工资	绩效	奖金	加班费	交通补贴	午餐补贴	住房补贴	其他补贴	应发工资	养老保险	医疗保险	失业保险	住房公积金	迟到请假扣款	个税	应扣工资	实发工资
12	3	1004	李四	制造部	2000	1500	700	2000	1000	0	100	20	500	100	7920	633.60	158.40	39.60	792.00	100.00	629.00	2352.60	5567.40
13																							
14	月份	员工编号	姓名	部门	基本工资	岗位工资	工龄工资	绩效	奖金	加班费	交通补贴	午餐补贴	住房补贴	其他补贴	应发工资	养老保险	医疗保险	失业保险	住房公积金	迟到请假扣款	个税	应扣工资	实发工资
15	3	1005	王五	人事部	1500	1000	300	1500	1000	600	80	20	300	100	6400	464.00	116.00	29.00	580.00	100.00	275.00	1564.00	4836.00

图 5-89　添加边框后的工资条

5.8.4 突出显示工资条的标题行

在 Excel 中通过设置条件格式，可以将工资条的标题行以显著的颜色显示，具体的操作步骤如下。

（1）选定区域 A2:W100，选择"开始"/"样式"/"条件规则"/"新建规则"命令，如图 5-90 所示，打开"新建格式规则"对话框。

（2）在"选择规则类型"列表中选择"使用公式确定要设置格式的单元格"，显示如图 5-91 所示的对话框，在"编辑规则说明"的公式栏内输入公式：

=IF(MOD(ROW(),3)=2,TRUE,FALSE)

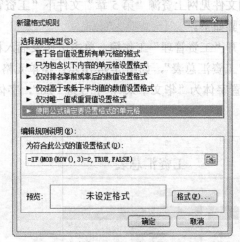

图 5-90　选择"新建规则"命令　　　　图 5-91　"新建格式规则"对话框

（3）单击"格式"按钮，打开"设置单元格格式"对话框，转到"填充"选项卡，在"背景色"中选择"蓝色"，如图 5-92 所示。

图 5-92　"填充"选项卡

（4）单击"确定"按钮，关闭"设置单元格格式"对话框，返回"新建格式规则"对话框；单击"确定"按钮，关闭"新建格式规则"对话框，返回工作表。

5.9 工资汇总表的编制

工资汇总表是将职工工资按部门汇总，计算得到的每个部门的所有职工在当月的应发工资额。工资总额汇总表是职工薪酬分配核算的基础，可以用数据透视表功能从"工资结算单"中创建。

下面介绍编制工资汇总表的方法。

例5-8 编制工资汇总表。

基于工资结算清单，制作如图5-93所示的工资汇总表。

该范例文件见网上资源"第5章"文件下"工资管理"工作簿中的"工资汇总表"工作表，制作的具体步骤如下。

（1）打开"工资管理"工作簿，单击工作表插入标签 ，插入一张工作表，双击该工作表，重命名为"工资汇总表"，如图5-94所示；在单元格A2中输入"工资汇总表"，合并并居中区域A2:C2，设置字体为"华文中宋"，字号为"20"，字体颜色"深蓝色"，设置行高为"40"，添加双底框线。

图5-93 工资汇总表格式

图5-94 重命名工作表

（2）选择单元格A7，选择"插入"/"表格"/"数据透视表"/"数据透视表"命令，打开如图5-95所示的"创建数据透视表"对话框；在"请选择要分析的数据"中勾选"选择一个表或区域"，在其后的公式栏内输入"=工资结算单"，单击"确定"按钮，在工作表中显示如图5-96所示的"数据透视表字段列表"对话框。

图5-95 "创建数据透视表"对话框

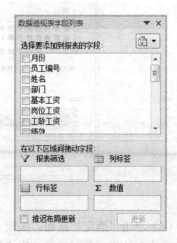

图5-96 "数据透视表字段列表"对话框

（3）在"选择要添加到报表的字段"列表中查找"部门"字段，添加到"行标签"区域，将"应发工资""实发工资"拖动到"数值"区域，"月份"字段添加到"报表筛选"区域，数据透视表的布局如图 5-97 所示。

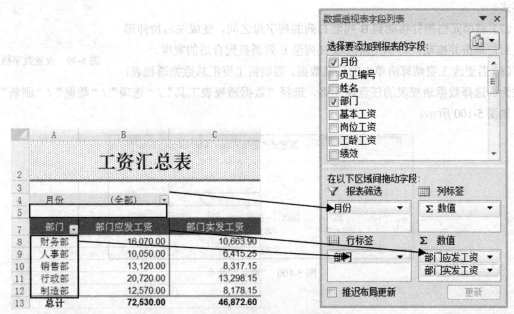

图 5-97　数据透视表的布局

（4）关闭"数据透视表字段列表"对话框，选择"数据透视表工具"/"设计"/"数据透视表样式"命令，在样式功能组中选择合适的表样式，如图 5-98 所示。

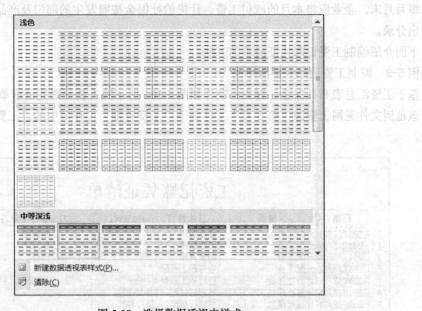

图 5-98　选择数据透视表样式

（5）分别选择单元格 B7 和 C7，输入"部门应发工资"和"部门实发工资"；选择区域 B7:C7，设置字号为"12"，行高为"20"，居中显示文本。

（6）选择区域 B8:C12，单击"字体"功能区中的"居中显示"按钮≡；选择 D 列和 E 列，设置字体为"Arial"，字号默认为"10"，选择"开始"/"数字"命令，如图 5-99 所示，在"数字"功能区中单击千分位分隔符按钮，设置金额的数字格式。

（7）将单元格指针移动到 B 列至 E 列的列字母之间，变成左右拉伸形状之后，单击并拖动，将单元格区域 B 列至 E 列调整到合适的宽度。

图 5-99　设置数字格式

（8）若更改工资结算清单中的任意数据，需刷新工资汇总数据透视表，方法为：选择数据透视表的任意单元格，选择"数据透视表工具"/"选项"/"数据"/"刷新"命令，如图 5-100 所示。

图 5-100　"刷新"命令

5.10　记账凭证清单的编制

每月月末，企业应将本月的应付工资、计提的社保金按照发生的部门及产品的关系进行分配，并输出分录。

下面介绍编制工资记账凭证清单的方法。

例 5-9　编制工资记账凭证清单。

基于工资汇总表和社保金计算表，制作如图 5-101 所示的工资记账凭证清单。

该范例文件见网上资源"第 5 章"文件夹下"工资管理"工作簿中的"工资记账凭证清单"工作表。

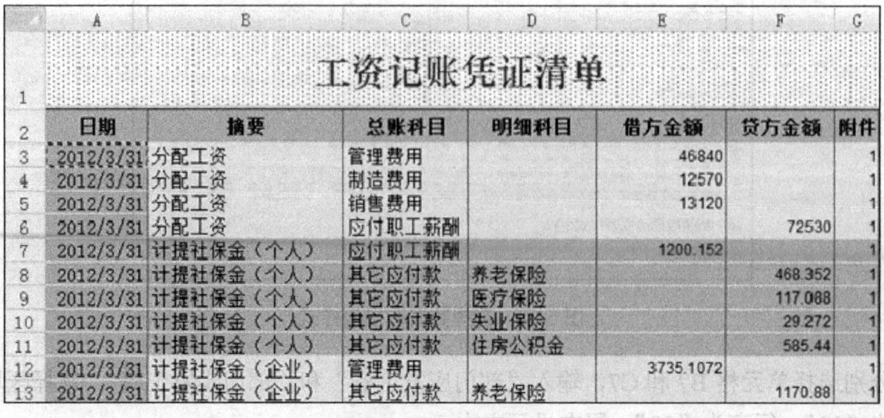

	日期	摘要	总账科目	明细科目	借方金额	贷方金额	附件
		工资记账凭证清单					
3	2012/3/31	分配工资	管理费用		46840		1
4	2012/3/31	分配工资	制造费用		12570		1
5	2012/3/31	分配工资	销售费用		13120		1
6	2012/3/31	分配工资	应付职工薪酬			72530	1
7	2012/3/31	计提社保金（个人）	应付职工薪酬		1200.152		1
8	2012/3/31	计提社保金（个人）	其它应付款	养老保险		468.352	1
9	2012/3/31	计提社保金（个人）	其它应付款	医疗保险		117.088	1
10	2012/3/31	计提社保金（个人）	其它应付款	失业保险		29.272	1
11	2012/3/31	计提社保金（个人）	其它应付款	住房公积金		585.44	1
12	2012/3/31	计提社保金（企业）	管理费用		3735.1072		1
13	2012/3/31	计提社保金（企业）	其它应付款	养老保险		1170.88	1

图 5-101　工资记账凭证清单

5.10.1 记账凭证清单格式设计

记账凭证清单的格式如图 5-101 所示，制作步骤如下。

（1）打开工作簿"工资管理"，单击工作表插入标签 ，
插入一张工作表，双击该工作表标签，重命名为"记账凭证清单"，
如图 5-102 所示。

图 5-102　重命名工作表

（2）在单元格 B1 中输入"工资记账凭证清单"，合并并居中区域 B1:F1，设置字体为"华文中宋"，字号为"20"，字体颜色"深蓝色"，设置行高为"40"，添加双底框线。

（3）在单元格 A2 至 W2 中分别输入"日期""摘要""总账科目""明细科目""借方金额""贷方金额""附件"，设置行高为 20，字体加粗。

（4）在 B3:E25 中输入如图 5-103 所示的摘要、总账科目、明细科目名称；选择区域 A3:F25，设置字体为"Arial"，字号为"9"，日期格式为"短日期"，居中显示文本；选择区域 E3:F25，设置字体为"Arial"，字号为"9"。

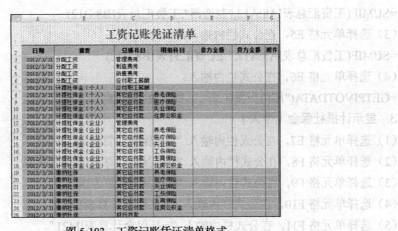

图 5-103　工资记账凭证清单格式

（5）将单元格指针移动到 A 列至 F 列的列字母之间，变成左右拉伸形状之后，单击并拖动，将单元格区域 A 列至 F 列调整到合适的宽度。

（6）按 Ctrl+1 组合键，打开"设置单元格格式"对话框，在"边框"选项卡中添加区域边框线，如图 5-104 所示。

图 5-104　设置"边框"选项卡

5.10.2　相关公式设计

记账凭证清单的格式基本固定，数据来源于"工资汇总表"工作表和"社保金计算"工作表，需要设置公式显示的内容有日期、借方金额、贷方金额、附件，具体操作步骤如下。

1. 显示日期

（1）选择单元格 A3，在公式栏内输入"=EOMONTH(工资调整表!$D$2,0)"。

（2）选择单元格 A3，向下填充到第 25 行。

2. 显示分配工资的借/贷方金额

（1）选择单元格 E3，在公式栏内输入：

=GETPIVOTDATA("部门应发工资",工资汇总表!$A$6,"部门","财务部")+GETPIVOTDATA("部门应发工资",工资汇总表!$A$6,"部门","人事部")+GETPIVOTDATA("部门应发工资",工资汇总表!$A$6,"部门","行政部")

（2）选择单元格 E4，在公式栏内输入：

=SUMIF(工资汇总表!A8:A12,"制造部",工资汇总表!B8:B12)

（3）选择单元格 E5，在公式栏内输入：

=SUMIF(工资汇总表!A8:A12,"",工资汇总表!B8:B12)

（4）选择单元格 E6，在公式栏内输入：

=GETPIVOTDATA("部门应发工资",工资汇总表!$A$6)

3. 显示计提社保金（个人）

（1）选择单元格 E7，在公式栏内输入"=社保金计算表!M22"。

（2）选择单元格 F8，在公式栏内输入"=社保金计算表!M16"。

（3）选择单元格 F9，在公式栏内输入"=社保金计算表!M17"。

（4）选择单元格 F10，在公式栏内输入"=社保金计算表!M18"。

（5）选择单元格 F11，在公式栏内输入"=社保金计算表!M21"。

4. 显示计提社保金（企业）借/贷方金额

（1）选择单元格 E12，在公式栏内输入"=社保金计算表!N22"。

（2）选择单元格 F13，在公式栏内输入"=社保金计算表!L16"。

（3）选择单元格 F14，在公式栏内输入"=社保金计算表!L17"。

（4）选择单元格 F15，在公式栏内输入"=社保金计算表!L18"。

（5）选择单元格 F16，在公式栏内输入"=社保金计算表!L21"。

（6）选择单元格 F17，在公式栏内输入"=社保金计算表!L18"。

（7）选择单元格 F18，在公式栏内输入"=社保金计算表!L21"。

5. 显示缴纳社保的借/贷方金额

（1）选择单元格 E19，在公式栏内输入"=社保金计算表!N16"。

（2）选择单元格 E20，下拉至单元格 F25。

GETPIVOTDATA 函数

返回存储在数据透视表中的数据。如果报表中的汇总数据可见，则可以使用函数 GETPIVOTDATA 从数据透视表中检索汇总数据。

通过以下方法可以快速地输入简单的 GETPIVOTDATA 公式：在返回值所在的单元格中，键入 =，然后在数据透视表中单击包含要返回的数据的单元格。

函数语法：

GETPIVOTDATA(data_field,pivot_table,field1,item1,field2,item2,...)

GETPIVOTDATA 函数语法具有下列参数：

Data_field　　为包含要检索的数据的数据字段的名称，用引号引起来。

Pivot_table　　为在数据透视表中对任何单元格、单元格区域或命名的单元格区域的引用。此信息用于决定哪个数据透视表包含要检索的数据。

Field1, Item1, Field2, Item2　　为 1 到 126 对用于描述要检索的数据的字段名和项名称，可以按任何顺序排列。字段名和项名称（而不是日期和数字）用引号引起来。对于 OLAP 数据透视表，项可以包含维的源名称以及项的源名称。OLAP 数据透视表的一对字段和项如下所示：

"[产品]","[产品].[所有产品].[食品].[烤制食品]"

以下是一个示例，包含数据透视表的区域为：

	A	B	C	D	E
2	地区	北部 ▼			
3					
4	求和项:销售额		产品		
5	月份	销售人员	饮料	农产品	总计
6	三月	Buchanan	$ 3,522	$ 10,201	$ 13,723
7		Davolio	$ 8,725	$ 7,889	$ 16,614
8	三月汇总		$ 12,247	$ 18,090	$ 30,337
9	四月	Buchanan	$ 5,594	$ 7,265	$ 12,859
10		Davolio	$ 5,461	$ 668	$ 6,129
11	四月汇总		$ 11,055	$ 7,933	$ 18,988
12	总计		$ 23,302	$ 26,023	$ 49,325

GETPIVOTDATA("Sales",$A$4)返回"销售额"字段的总计值￥49,325。

GETPIVOTDATA("Sum of Sales",$A$4)也返回"销售额"字段的总计值￥49,325。字段名可以按照它在工作表上显示的内容直接输入，也可以只输入主要部分（没有"求和项""计数项"等）。

GETPIVOTDATA("Sales",$A$4,"Month","March")返回"三月"的总计值￥30,337。

GETPIVOTDATA("Sales",$A$4,"Month","March","Product","Produce","Salesperson","Buchanan")返回￥10,201。

GETPIVOTDATA("Sales",$A$4,"Region","South")返回错误值 #REF!，这是因为"南部"地区的数据是不可见的。

GETPIVOTDATA("Sales",$A$4,"Product","Beverages","Salesperson","Davolio") 返回错误值 #REF!，这是因为没有"Davolio"饮料销售的汇总值。

课后习题

1. 在 Excel 2010 中，能够计算员工工龄的函数是（　　　）。

A. RANK　　　　B. ROUND　　　　C. IF　　　　D. DATEDIF

2．合并单元格，除了单击（　　　）选项卡中的"合并后居中"按钮，还可以在"设置单元格格式"对话框中设置。

    A．开始　　　　　　　B．插入　　　　　　　C．数据　　　　　　D．公式

3．设置单元格数据的条件格式，需在（　　　）对话框中进行。

    A．"新建格式规则"　　　　　　　　　　　　　B．"新建格式"

    C．"设置单元格格式"　　　　　　　　　　　　D．"条件格式"

4．新建一个"公司管理"工作簿，如题图 5-1 所示。

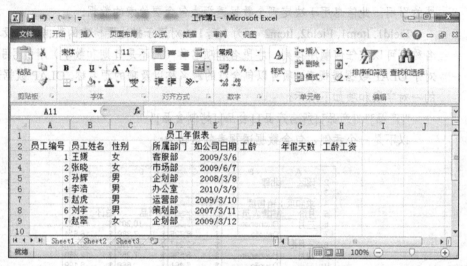

题图 5-1　"公司管理"工作簿

    A．新建 6 张工作表，分别重命名为"年假表""缺勤记录表""考勤管理表""业绩管理表""薪资管理表""年度考核表"。

    B．填入相应的字段和数据后，用公式计算出员工的工龄、年假天数、加班费、个人所得税以及年终奖金。

    C．在"年度考核表"中，设置"排名"字段的条件格式，排名前三的单元格数据呈蓝色显示。

应收账款是企业营运资金管理的重要环节，它关系到企业的资金是否能够顺畅流通，及时准确地了解应收账款的分布、坏账的计提情况，对于款项的收回、信用政策的制定、业绩考核等都具有重要的意义。本章主要介绍 Excel 在应收账款管理中的应用。虽然介绍的是应收账款管理，但是其设计方法同样适用于应付账款的管理。

【学习目标】

通过本章的学习，读者应掌握和了解以下知识点。

- 掌握账龄的计算方法。
- 掌握应收账款清单的制作方法。
- 掌握账龄分析表的制作方法。
- 掌握使用账龄分析法提取坏账的方法。
- 掌握应收账款客户明细表的制作。
- 掌握应收账款业务员明细表的制作。
- 掌握电子印章的制作方法。

6.1 应收账款核算概述

应收账款的管理包括对应收款项的核算、已收款项的核算、计提坏账、从不同角度分析应收账款的分布结构。在核算之前，需设置一张工作表，保存客户、业务员、常用摘要、坏账在不同的账龄区间内计提的比例等基本信息。

应收账款管理中数据处理的基本流程如图 6-1 所示。

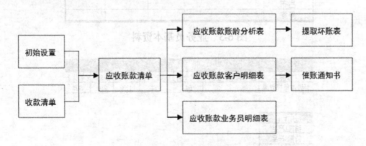

图 6-1　应收账款管理的数据处理流程

根据以上数据处理流程，我们首先需要创建一个名为"应收账款管理"的工作簿。该工作簿中应包含以下工作表。

（1）基础信息：存储客户、业务员及其他基本资料。

（2）收款清单：记录收款的日期、合同号、客户、收款金额等收款信息。

（3）应收款清单：记录应收款的基本信息，并根据信用判断应收款项的账龄区间。

（4）应收账款账龄分析表：基于应收账款清单，利用公式计算不同应收账款在不同账龄区间的分布。

（5）提取坏账表：基于应收账款账龄分析表，计提不同账龄区间计提的坏账的准备金额。

（6）应收账款客户明细表：基于应收账款清单，利用公式计算不同应收账款在不同客户间的分布。

（7）应收账款业务员明细表：基于应收账款清单，利用公式计算不同负责人所负责的应收账款。

（8）催账通知书：基于应收账款客户明细表，用于向客户催收应收账款的文书。

6.2　应收账款管理初始设置

基本信息是应收账款管理的基础表格之一。它包括对应收账款往来客户基本资料、业务员基本资料、常用摘要、不同账龄提取坏账准备率等信息。

下面以客户基本资料为例，介绍制作基本信息表的方法。

例 6-1　制作基本信息表。

A 公司应收账款管理中所需要设置的基本信息如图 6-2～图 6-4 所示，其中图 6-2 所示是客户基本资料，图 6-3 所示是业务员基本资料，图 6-4 所示是关于坏账准备提取率和常用摘要等基本信息。

客户基本资料					
客户名称	联系电话	邮箱	地址	法定代表人	业务种类
A公司					
B公司					
C公司					
D公司					
E公司					
F公司					

图 6-2　客户基本资料

业务员基本资料				
业务员	性别	联系电话	邮箱	负责地区
赵云				
周泰				
马超				
黄盖				
吕布				
姜维				

图 6-3　业务员基本资料

坏账准备提取率							
账龄	信用期内	0-3个月	3-6个月	6-12个月	1-2年	2-3年	4年以上
坏账准备提取率	0%	3%	5%	10%	15%	20%	50%

常用摘要
销售A产品
销售B产品
收款

图 6-4　其他基本信息

该范例文件见网上资源"第 6 章"文件夹下"应收账款管理"工作簿中的"基本信息"工作表，制作方法具体如下。

1. 设置客户基本资料

操作步骤如下。

（1）新建名为"应收账款管理"的工作簿，双击"Sheet1"工作表标签，重命名为"基本信息"，如图 6-5 所示。

图 6-5　重命名工作表

（2）选择单元格 A1，输入"客户基本资料"；选择区域 A1:F1，转到"开始"选项卡，在"对齐方式"功能组中单击按钮 ，合并该区域，并使文本居中显示；在"字体"功能组中设置字体为"华文中宋"，字号为"14"，在"单元格"功能组中设置行高为"20"。

（3）在单元格 A2 至 F2 中依次输入文本"客户名称""联系电话""邮箱""地址""法定代表人"和"业务种类"，如图 6-6 所示。

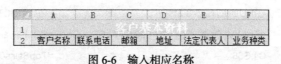

图 6-6　输入相应名称

（4）在单元格 A3 至 A8 中依次输入如图 6-2 所示的公司名称；选择区域 A1:F8，按 Ctrl+1 组合键，打开如图 6-7 所示的"设置单元格格式"对话框，转到"边框"选项卡，设置如图 6-2 所示的边框，单击"确定"按钮，关闭对话框，返回工作表界面，完成对客户基本资料的设置。

图 6-7　"设置单元格格式"对话框

（5）选择区域 A3:A8，在名称框中输入"客户"，按 Enter 键，完成对客户名称区域的命名，如图 6-8 所示，方便创建数据有效性序列。

图 6-8　区域命名

在公式中定义和使用名称

使用名称可使公式更加容易理解和维护。可为单元格区域、函数、常量或表格定义名称。一旦采用了在工作簿中使用名称的做法，便可轻松地更新、审核和管理这些名称。

名称是一个有意义的简略表示法，便于我们了解单元格引用、常量、公式或表的用途，乍一看，可能上述每个概念都难以理解。下面的信息说明了名称的常见示例以及它们如何提高清晰度和易理解度。

示例类型	没有名称的示例	有名称的示例
引用	=SUM(C20:C30)	=SUM(FirstQuarterSales)
常量	=PRODUCT(A5,8.3)	=PRODUCT(Price,WASalesTax)
公式	=SUM(VLOOKUP(A1,B1:F20,5,FALSE), -G5)	=SUM(Inventory_Level,-Order_Amt)
表	C4:G36	=TopSales06

可以创建和使用的名称类型有以下几种。

已定义名称 代表单元格、单元格区域、公式或常量值的名称。可以创建自己的已定义名称，有时 Excel 也会为我们创建已定义名称，如当我们设置打印区域时。

表名称 Excel 表格的名称，Excel 表格是存储在记录（行）和字段（列）中的有关特定主题的数据集合。每次插入 Excel 表格时，Excel 都会创建 Table1、Table2 等默认 Excel 表格名称，但可以更改表格的名称使其更有意义。

2. 设置业务员基本资料

具体操作步骤如下。

（1）激活"基本信息"工作表，选择单元格 A10，输入"业务员基本资料"，选择区域 A10:F10，合并并居中，设置字体为"华文中宋"，字号为"14"，行高为"20"。

（2）在单元格 A11 至 E11 中依次输入文本"业务员""性别""联系电话""邮箱""负责地区"，如图 6-9 所示；在单元格 A12 至 A17 中依次输入如图 6-3 所示的业务员姓名。

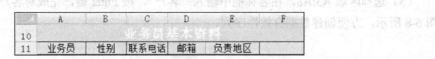

图 6-9 输入相应名称

（3）选择区域 A10:F17，按 Ctrl+1 组合键，打开"设置单元格格式"对话框，转到"边框"选项卡，如图 6-10 所示，设置边框，单击"确定"按钮，关闭对话框，返回工作表界面，完成对业务员基本资料的设置。

（4）选择区域 A12:A17，在名称框中输入"业务员"，如图 6-11 所示，按 Enter 键，完成对业务员姓名区域的命名，方便创建数据有效性序列。

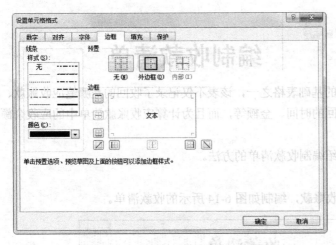

图 6-10 "设置单元格格式"对话框

图 6-11 区域命名

3. 设置其他基本资料

操作步骤如下。

（1）激活"基本信息"工作表，选择单元格 H1，输入"坏账准备提取率"，选择区域 H1:O1，合并并居中，设置字体为"华文中宋"，字号为"14"，行高为"20"。

（2）在单元格 H2 至 O2 中分别输入"账龄""信用期内""0-3 个月""3-6 个月""6-12 个月""1-2年""2-3 年""4 年以上"，如图 6-12 所示。

	H	I	J	K	L	M	N	O
2	账龄	信用期内	0-3个月	3-6个月	6-12个月	1-2年	2-3年	4年以上
3	坏账准备提取率	0%	3%	5%	10%	15%	20%	50%

图 6-12 输入相应信息

（3）选择区域 I3:O3，转到"开始"选项卡，在"数字"功能组中单击百分比按钮 %，设置区域内的数字格式，如图 6-13 所示。

图 6-13 单击百分比按钮 %

（4）在单元格 H3 至 O3 中分别输入"坏账准备提取率""0""3""5""10""15""20""50"；在单元格 H6:H9 中分别输入"常用摘要""销售 A 产品""销售 B 产品""收款"。

（5）选择区域 H1:O1，按 Ctrl+1 组合键，打开"设置单元格格式"对话框，转到"边框"选项卡，设置如图 6-4 所示的边框，单击"确定"按钮，关闭对话框，返回工作表界面，完成对其他基本资料的设置。

6.3 | 编制收款清单

收款清单是编制应收账款清单的基础表格之一，该表不仅记录了收回的是哪笔应收账款、客户金额、收回款项的业务员姓名、收回的时间、金额等，而且为计算应收账款清单中的应收余额项目提供了基础数据。

下面以公司应收账款为例，介绍编制收款清单的方法。

例 6-2 编制收款清单。

A 公司 8 月份共收回了 5 笔应收账款，编制如图 6-14 所示的收款清单。

日期	合同号	摘要	业务员	客户名称	收款金额
2012/3/2	09-05-006	销售B产品	黄盖	E公司	27,800.00
2012/3/15	06-09-010	销售A产品	赵云	A公司	10,000.00
2012/3/16	08-12-022	销售B产品	周泰	B公司	15,000.00
2012/3/25	09-03-023	销售A产品	黄盖	D公司	32,000.00
2012/3/29	09-01-015	销售B产品	马超	C公司	97,640.00

图 6-14 收款清单

该范例文件见网上资源"第 6 章"文件夹下"应收账款管理"工作簿中的"收款清单"工作表，具体制作步骤如下。

（1）打开"应收账款管理"工作簿，双击"Sheet2"工作表标签，重命名为"收款清单"，在单元格 A1 中输入"收款清单"，合并并居中区域 A1:Q1，设置字体为"华文中宋"，字号为"20"，字体颜色"深蓝色"，添加双底框线，设置行高为"40"，如图 6-15 所示。

图 6-15 设置相应格式

（2）选择区域 A2:F2，合并并居中，设置字体为"Arial"，字号为"12"，行高为"20"，输入"2012-3"。

（3）选择区域 A2:F2，按 Ctrl+1 组合键，打开"设置单元格格式"对话框，转到"数字"选项卡，在"分类"列表框中选择"日期"，在"类型"列表框中选择"2001 年 3 月 14 日"格式，如图 6-16 所示，单击"确定"按钮，关闭对话框，完成对日期格式的设置，日期显示为"2009 年 8 月"。

（4）在单元格 A3 至 F3 中分别输入"日期""合同号""摘要""业务员""客户姓名""收款金额"，如图 6-17 所示。

（5）选择区域 A4:F8，设置字体为"Arial"，字号为"9"，居中显示文本；将单元格指针移动到 A 列至 Q 列的列字母之间，变成左右拉伸形状之后，单击并拖动，将单元格区域 A 列至 Q 列调整到合适的宽度。

（6）选择区域 A4:F8，按 Ctrl+1 组合键，打开"设置单元格格式"对话框，选择"边框"选项卡，添加区域边框线，如图 6-18 所示。

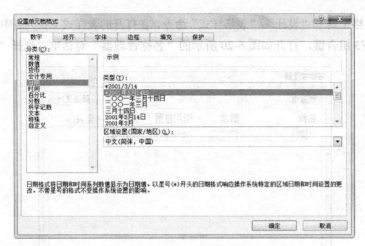

图 6-16 设置"日期类型"

图 6-17 输入相应数据

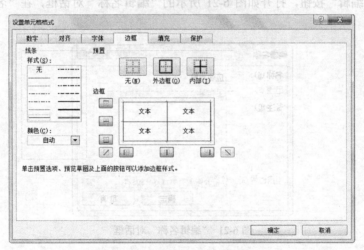

图 6-18 设置"边框"选项卡

（7）选择区域 A3:F8，选择"插入"/"表格"/"表格"命令，弹出如图 6-19 所示的"创建表"对话框，选择"表包含标题"复选框，单击"确定"按钮，关闭对话框，返回工作表界面，将所选区域转换为表格区域。

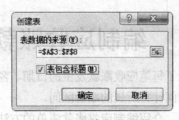

图 6-19 "创建表"对话框

（8）选择"表格工具"/"设计"/"表格样式"命令，在打开的表样式下拉列表中选择合适的样式。

（9）按Ctrl+F3组合键，打开如图6-20所示的"名称管理器"对话框，选择"表1"。

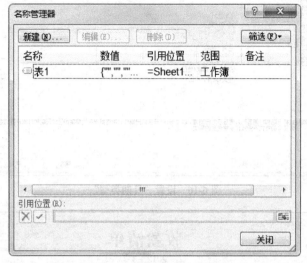

图 6-20 "名称管理器"对话框

（10）单击"编辑"按钮，打开如图6-21所示的"编辑名称"对话框，在"名称"文本框中输入"应收清单"。

图 6-21 "编辑名称"对话框

（11）单击"确定"按钮，关闭"编辑名称"对话框，返回"名称管理器"对话框，对话框中显示更改后更具描述性的表名称；单击"确定"按钮，关闭"名称管理器"，返回工作表界面，完成应收清单的表格设计和表格的重命名。

6.4 编制应收账款清单

应收账款清单按时间顺序记录了每笔应收账款发生的日期、客户名称、摘要、合同号、业务员、应收金额、信用期，并根据信用期间计算所属的账龄区间。

下面以公司应收账款业务为例，介绍编制应收账款清单的方法。

例 6-3　编制应收账款清单。

X 公司截至 2 月 28 日共有 24 笔应收账款业务，为便于应收账款的统一管理，编制如图 6-22 所示的应收账款清单。

应收账款清单

2012年3月1日

发生日期	摘要	合同号	客户名称	业务员	应收金额	信用期	应收余额	是否本期	信用期内	0-3个月	3-6个月	6-12个月	1-2年	2-3年	4年以上	备注
2008-1-9	销售B产品	05-07-001	E公司	黄盖	5,000.00	30	5,000.00	0	0						1	
2009-9-10	销售A产品	06-09-010	A公司	赵云	15,000.00	30	5,000.00	0	0					1		
2010-7-9	销售A产品	07-07-009	B公司	周泰	3,000.00	30	3,000.00	0	0				1			
2010-11-24	销售B产品	07-11-024	C公司	马超	26,000.00	30	26,000.00	0	0				1			
2010-12-8	销售A产品	02-08-008	D公司	黄盖	30,000.00	30	30,000.00	0	0				1			
2011-4-8	销售B产品	08-04-008	E公司	黄盖	12,800.00	30	12,800.00	0	0			1				
2011-5-28	销售B产品	08-05-029	F公司	吕布	9,000.00	30	9,000.00	0	0			1				
2011-7-1	销售A产品	08-07-001	D公司	姜维	56,000.00	30	56,000.00	0	0			1				
2011-9-20	销售B产品	08-09-009	A公司	赵云	5,800.00	30	5,800.00	0	0		1					
2012-1-22	销售B产品	08-12-022	B公司	周泰	23,000.00	30	8,000.00	0	0	1						
2012-1-15	销售B产品	09-01-015	C公司	马超	120,000.00	90	22,360.00	0	1							
2012-3-23	销售A产品	09-03-023	D公司	黄盖	49,800.00	30	17,800.00	1	1							
2012-2-6	销售A产品	09-05-006	E公司	黄盖	39,600.00	30	11,800.00	0	1							
2012-2-15	销售A产品	09-05-015	F公司	吕布	32,100.00	30	32,100.00	0	1							
2012-2-20	销售A产品	09-06-020	D公司	姜维	8,700.00	30	8,700.00	0	1							
2012-2-2	销售A产品	09-07-002	A公司	赵云	79,630.00	30	79,630.00	0	1							
2012-2-15	销售A产品	09-07-015	B公司	周泰	94,300.00	60	94,300.00	0	1							
2012-2-23	销售A产品	09-07-023	C公司	马超	67,000.00	30	67,000.00	0	1							
2012-2-15	销售A产品	09-08-001	D公司	黄盖	63,000.00	30	63,000.00	0	1							
2012-2-15	销售A产品	09-08-003	A公司	赵云	7,600.00	30	7,600.00	0	1							
2012-2-18	销售A产品	09-08-005	C公司	马超	4,900.00	30	4,900.00	0	1							
2012-2-18	销售A产品	09-08-006	C公司	马超	18,000.00	60	18,000.00	0	1							
2012-2-19	销售B产品	09-08-007	B公司	周泰	5,600.00	30	5,600.00	0	1							
2012-2-28	销售B产品	09-08-010	F公司	吕布	39,000.00	30	39,000.00	0	1							

图 6-22　应收账款清单

该范例文件见网上资源"第 6 章"文件夹下"应收账款管理"工作簿中的"应收账款清单"工作表。

6.4.1　相关格式设计

应收账款清单格式如图 6-23 所示，具体制作步骤如下。

图 6-23　应收账款清单格式

（1）打开"应收账款管理"工作簿，双击"Sheet3"工作表标签，重命名为"应收账款清单"，如图 6-24 所示。

图 6-24　重命名工作表

（2）在单元格 A1 中输入"应收账款清单"，合并并居中区域 A1:Q1；选择"开始"/"样式"/"单元格样式"命令，如图 6-25 所示，在打开的快捷菜单中选择"标题样式"；设置行高为"40"。

图 6-25　选择"单元格样式"

（3）选择区域 A2:Q2，合并并居中，设置字体为"Arial"，字号为"12"，行高为"20"，输入"2009-8-31"。

（4）选择区域 A2:Q2，按 Ctrl+1 组合键，打开"设置单元格格式"对话框，转到"数字"选项卡，在"分类"列表框中选择"日期"，在"类型"列表框中选择"2001 年 3 月 14 日"格式，如图 6-26 所示，单击"确定"按钮，关闭对话框，完成日期格式的设置，日期显示为"2009 年 8 月 31 日"。

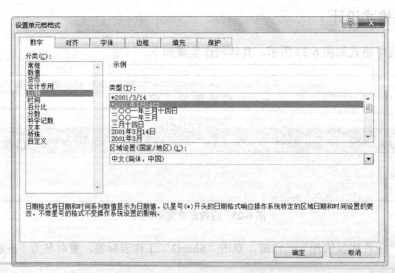

图 6-26　设置"数字"选项卡

（5）在单元格 A3 至 Q3 中分别输入"发生日期""摘要""合同号""客户名称""业务员""应收金额""信用期""应收余额""是否本期""信用期内""0-3 个月""3-6 个月""6-12 个月""1-2 年""2-3 年""4 年以上""备注"，如图 6-27 所示。

图 6-27　输入相应数据

（6）选择区域 A4:Q27，设置字体为"Arial"，字号为"9"，居中显示文本；将单元格指针移动
到 A 列至 Q 列的列字母之间，变成左右拉伸形状之后，单击并拖动，将单元格区域 A 列至 Q 列调
整到合适的宽度。

（7）选择区域 A4:Q27，按 Ctrl+1 组合键，打开"设置单元格格式"对话框，转到"边框"选
项卡，添加区域边框线，如图 6-28 所示。

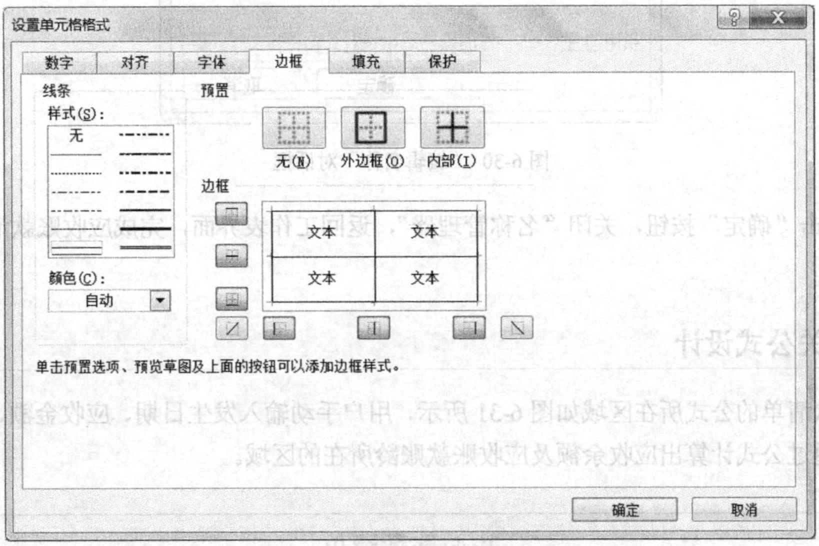

图 6-28　设置"边框"选项卡

（8）选择区域 A3:Q27，选择"插入"/"表格"/"表格"命令，弹出如图 6-29 所示的"创建表"
对话框，选择"表包含标题"复选框，单击"确定"按钮，关闭对话框，返回工作表界面，将所选
区域转化为表格区域。

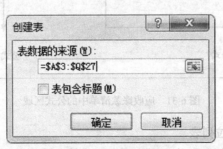

图 6-29　"创建表"对话框

（9）选择"表格工具"/"设计"/"表格样式"命令，在打开的表样式下拉列表中选择合适
的样式。

（10）按 Ctrl+F3 组合键，打开"名称管理器"，选择"表 2"，单击"编辑"按钮，打开如图 6-30
所示的"编辑名称"对话框，在"名称"文本框中输入"应收清单"。

（11）单击"确定"按钮，关闭"编辑名称"对话框，返回"名称管理器"对话框，对话框中显示更改后更具描述性的表名称。

图 6-30　"编辑名称"对话框

（12）单击"确定"按钮，关闭"名称管理器"，返回工作表界面，完成应收账款清单表格的重命名。

6.4.2　相关公式设计

应收账款清单的公式所在区域如图 6-31 所示，用户手动输入发生日期、应收金额、信用期等基本信息后，通过公式计算出应收余额及应收账款账龄所在的区域。

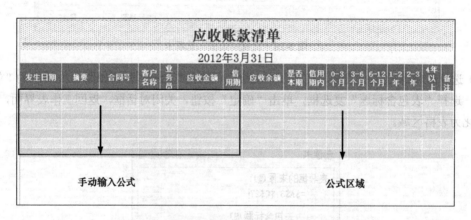

图 6-31　应收账款清单中的公式区域

1. 创建"摘要"列的下拉列表

由于"摘要"列、"客户名称"列、"业务员"列中输入的数据比较固定，可以通过数据有效性创建下拉列表，从而更准确、更快速地输入相关数据。设置数据有效性的步骤如下。

（1）选择单元格 B4，选择"开始"/"数据"/"数据工具"/"数据有效性"/"数据有效性"命令，打开"数据有效性"对话框，单击"有效性条件"右端的下拉按钮，在打开的列表中选择"序列"，如图 6-32 所示。

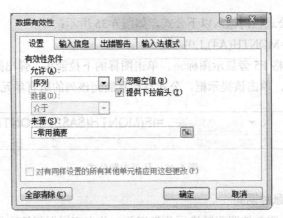

图 6-32 "数据有效性"对话框

（2）在"来源"文本框中输入"=常用摘要"，单击"确定"按钮，关闭对话框，返回工作表界面，完成对此单元格数据有效性的设置；选择单元格 B4，向下填充数据有效性的设置到第 27 行。

用同样的方法创建"客户名称"列、"业务员"列的下拉列表，在"来源"文本框中分别输入"=客户""=业务员"。在这 3 列中输入数据时，用户只需单击单元格，即可弹出如图 6-33 所示的下拉列表，然后选择相应的项目即可输入。

图 6-33 "业务员"下拉列表

2. 计算应收余额

应收账款产生后，必然会带来应收账款的收回，但并不是每笔应收账款都能全额收回，为了核算每笔合同对应的应收账款，应当将应收金额减去收款清单中同一合同号所对应的收款数。

选择单元格 H4，在公式栏内输入以下公式，如图 6-34 所示：

=F4-SUMIF(收款清单[合同号],C4,收款清单[收款清单])

按 Enter 键，在单元格 F5 旁显示图标，单击图标的下拉箭头，弹出提示框"使用此公式覆盖当前列中的所有单元格"，单击该提示框，公式自动复制到该列的所有单元格中。

图 6-34 应收余额公式

3. 判断应收账款是否属于本期

由于应收账款清单记录了公式内所有的应收账款信息，为了分析在某一期间内期初和期末发生的应收账款，应首先根据发生日期判断应收账款是否属于本期。如果输入本期，显示"1"；否则显示"0"。

选择单元格 I4，在公式栏内输入以下公式，如图 6-35 所示：

=IF(MONTH($A$2)=MONTH(A4),1,0)

按 Enter 键，在单元格 F5 旁显示图标，单击图标的下拉箭头，弹出提示框"使用此公式覆盖当前列中的所有单元格"，单击该提示框，公式自动复制到该列的所有单元格中。

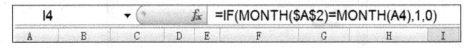

| I4 | ▼ | f_x | =IF(MONTH($A$2)=MONTH(A4),1,0) |

| A | B | C | D | E | F | G | H | I |

图 6-35 是否本期公式

4. 判断应收账款的账龄期间

为了便于后续对应收账款按照账龄进行分类汇总，首先应根据每笔应收账款的信用期与本期的日期差，计算其对应的账龄，并显示"1"。

（1）选择单元格 J4，在公式栏内输入公式：

=IF(($A$2-A4)/G4<=1,1,0)

（2）选择单元格 K4，在公式栏内输入公式：

=IF(AND(($A$2-A4-G4)/30>0,($A$2-A4-G4)/30<=3),1,"")

（3）选择单元格 L4，在公式栏内输入公式：

=IF(AND(($A$2-A4-G4)/30>3,($A$2-A4-G4)/30<=6),1,"")

（4）选择单元格 M4，在公式栏内输入公式：

=IF(AND(($A$2-A4-G4)/30>6,($A$2-A4-G4)/30<=12),1,"")

（5）选择单元格 N4，在公式栏内输入公式：

=IF(AND(($A$2-A4-G4)/360>1,($A$2-A4-G4)/360<=2),1,"")

（6）选择单元格 O4，在公式栏内输入公式：

=IF(AND(($A$2-A4-G4)/360>2,($A$2-A4-G4)/360<=3),1,"")

（7）选择单元格 P4，在公式栏内输入公式：

=IF(($A$2-A4-G4)/360>4,1,"")

（8）选择单元格 J4:P4，向下填充公式到第 27 行。

 提示

公式中常见运算符

若要完成基本的数学运算（如加法、减法或乘法）、合并数字以及生成数值结果，可使用以下算术运算符。

算术运算符	含义	示例
+（加号）	加法	3+3
-（减号）	减法	3-1
	负数	-1
*（星号）	乘法	3*3
/（正斜杠）	除法	3/3
%（百分号）	百分比	20%
^（脱字号）	乘方	3^2

可以使用下列运算符比较两个值。

比较运算符	含义	示例
=（等号）	等于	A1=B1
>（大于号）	大于	A1>B1
<（小于号）	小于	A1<B1
>=（大于等于号）	大于或等于	A1>=B1
<=（小于等于号）	小于或等于	A1<=B1
<>（不等号）	不等于	A1<>B1

当用这些运算符比较两个值时，结果为逻辑值：TRUE 或 FALSE。

可以使用与号 (&) 联接或连接一个或多个文本字符串，以生成一段文本。

文本运算符	含义	示例
&（与号）	将两个值连接或串起来产生一个连续的文本值	"North"&"wind"

可以使用以下运算符对单元格区域进行合并计算。

引用运算符	含义	示例
:（冒号）	区域运算符，生成对两个引用之间所有单元格的引用（包括这两个引用）	B5:B15
,（逗号）	联合运算符，将多个引用合并为一个引用	SUM(B5:B15,D5:D15)
（空格）	交集运算符，生成对两个引用中共有的单元格的引用	B7:D7 C6:C8

6.5 应收账款账龄分析表

应收账款的账龄，指的是信用期已到但是还没有收回的应收账款到目前为止所经历的时间。编制应收账款分析表，可以了解应收账款在各个顾客之间的金额分布情况及其拖欠时间的长短。除此之外，应收账款账龄分析表还提供以下信息。

1. 汇总不同账龄区间的应收账款

根据账龄长度，将应收账款分为几个时间段，汇总各个时间段内的应收账款总额。

2. 集中度分析

将每个账龄下的应收账款额度除以应收账款总额。根据这个比例可以分析哪个时间段内的应收账款最多，整体了解应收账款的分散程度。

账龄分析表提供的以上信息，可使管理当局了解收款、欠款情况，判断前款的可回收程度和可能发生的损失。利用该表，管理当局还可以酌情做出采取放宽或紧缩商业信用政策，并作为衡量负责收款部门、人员和资信部门工作效率的依据。

下面介绍编制应收账款账龄分析表的方法。

例 6-4 编制应收账款账龄分析表。

A 公司根据应收账款的挂账时间分为信用期内和逾期账龄两个项目核算，其中逾期账龄又分为 0-3 个月、3-6 个月、6-12 个月、1-2 年、2-3 年、4 年以上。在应收账款清单的基础上编制如图 6-36 所示的应收账款账龄分析表。

该范例文件见网上资源"第 6 章"文件夹下"应收账款管理"工作簿中的"应收账款账龄分析表"工作表。

应收账款账龄分析表								
				2012年3月				
客户	信用期内	逾期账龄						合计
		0-3个月	3-6个月	6-12个月	1-2年	2-3年	4年以上	
A公司	7,600.00	79,630.00	-	5,800.00	-	5,000.00	-	98,030.00
B公司	99,900.00	-	-	8,000.00	-	3,000.00	-	110,900.00
C公司	18,000.00	67,000.00	22,360.00	-	26,000.00	-	-	133,360.00
D公司	63,000.00	8,700.00	17,800.00	-	86,000.00	-	-	175,500.00
E公司	4,900.00	11,800.00	-	-	12,800.00	-	5,000.00	34,500.00
F公司	39,000.00	32,100.00	-	9,000.00	-	-	-	80,100.00
合计	232,400.00	199,230.00	40,160.00	13,800.00	133,800.00	8,000.00	5,000.00	632,390.00
所占比例	37%	32%	6%	2%	21%	1%	1%	100%

图 6-36　应收账款账龄分析表

6.5.1　相关格式设计

应收账款账龄分析表的格式如图 6-37 所示，具体制作步骤如下。

应收账款账龄分析表								
				2012年3月				
客户	信用期内	逾期账龄						合计
		0-3个月	3-6个月	6-12个月	1-2年	2-3年	4年以上	
A公司								
B公司								
C公司								
D公司								
E公司								
F公司								
合计								
所占比例								

图 6-37　应收账款账龄分析表

（1）打开"应收账款管理"工作簿，单击工作表标签插入按钮，插入一张工作表，双击该工作表标签，重命名为"应收账款账龄分析表"，如图 6-38 所示，在单元格 A1 中输入"应收账款账龄分析表"，合并并居中区域 A1:I1，应用"标题"样式，设置行高为"40"。

图 6-38　重命名工作表

（2）选择区域 A2:I2，合并并居中，设置字体为"Arial"，字号为"12"，行高为"20"，输入"2012-3"。

（3）选择区域 A2:F2，按 Ctrl+1 组合键，打开"设置单元格格式"对话框，转到"数字"选项卡，在"分类"列表框中选择"日期"，在"类型"列表框中选择"2001 年 3 月 14 日"格式，如图 6-39 所示，单击"确定"按钮，关闭对话框，完成对日期格式的设置，日期显示为"2012 年 3 月"。

（4）在单元格 A3 中输入"客户"，合并并居中区域 A3:A4；在单元格 B3 中输入"信用期内"，合并并居中区域 B3:B4；在单元格 C3 中输入"逾期账龄"，合并并居中区域 C3:H3；在单元格 I3 中输入"合计"，合并并居中区域 I3:I4。

（5）在单元格 C4 至 H4 中分别输入"0-3 个月""3-6 个月""6-12 个月""1-2 年""2-3 年""4年以上"；在单元格 A5 至 A12 中分别输入如图 6-36 所示的内容。

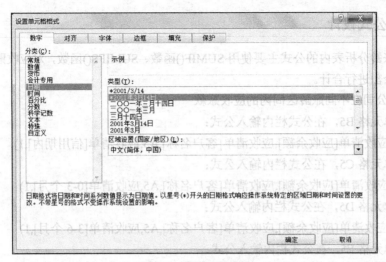

图 6-39 设置日期格式

（6）选择区域 B5:I11，设置字体为 "Arial"，字号为 "9"，居中显示文本；选择区域 B12:I12，转到"开始"选项卡，在"数字"功能组中单击百分比按钮 %，如图 6-40 所示，完成对该区域数字格式的设置。

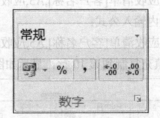

图 6-40 单击百分比按钮 %

（7）将单元格指针移动到 A 列至 I 列的列字母之间，变成左右拉伸形状之后，单击并拖动，将单元格区域 A 列至 I 列调整到合适的宽度。

（8）选择区域 A4:F8，按 Ctrl+1 组合键，打开"设置单元格格式"对话框，转到"边框"选项卡，添加如图 6-37 所示的边框线，如图 6-41 所示。

图 6-41 "边框"选项卡

6.5.2 相关公式设计

应收账款账龄分析表内的公式主要使用 SUMIF()函数、SUMIFS()函数，对应收账清单中符合条件的应收账款余额进行合计。

1. 统计各公司在不同账龄区间内的应收账款

（1）选择单元格 B5，在公式栏内输入公式：

=SUMIFS(应收清单[应收余额],应收清单[客户名称],A5,应收清单[信用期内],1)

（2）选择单元格 C5，在公式栏内输入公式：

=SUMIFS(应收清单[应收余额],应收清单[客户名称],A5,应收清单[0-3 个月],1)

（3）选择单元格 D5，在公式栏内输入公式：

=SUMIFS(应收清单[应收余额],应收清单[客户名称],A5,应收清单[3-6 个月],1)

（4）选择单元格 E5，在公式栏内输入公式：

=SUMIFS(应收清单[应收余额],应收清单[客户名称],A5,应收清单[6-12 个月],1)

（5）选择单元格 F5，在公式栏内输入公式：

=SUMIFS(应收清单[应收余额],应收清单[客户名称],A5,应收清单[1-2 年],1)

（6）选择单元格 G5，在公式栏内输入公式：

=SUMIFS(应收清单[应收余额],应收清单[客户名称],A5,应收清单[2-3 年],1)

（7）选择单元格 H5，在公式栏内输入公式：

=SUMIFS(应收清单[应收余额],应收清单[客户名称],A5,应收清单[4 年以上],1)

（8）选择单元格 B5:H5，向下填充复制到第 10 行，显示如图 6-42 所示的界面。

	A	B	C	D	E	F	G	H	I
3	客户	信用期内	逾期账龄						合计
4			0-3个月	3-6个月	6-12个月	1-2年	2-3年	4年以上	
5	A公司	7,600.00	79,630.00	-	5,800.00	-	5,000.00	-	
6	B公司	99,900.00	-	-	8,000.00	-	3,000.00	-	
7	C公司	18,000.00	67,000.00	22,360.00	-	26,000.00	-	-	
8	D公司	63,000.00	8,700.00	17,800.00	-	86,000.00	-	-	
9	E公司	4,900.00	11,800.00	-	-	12,800.00	-	5,000.00	
10	F公司	39,000.00	32,100.00	-	-	9,000.00	-	-	
11	合计								
12	所占比例								

图 6-42 各公司在不同账龄区间内的应收账款

2. 合计栏

（1）选择单元格 I5，在公式栏内输入“=SUM(B5:H5)”。

（2）选择单元格 I5，向下填充到单元格 I11。

（3）选择单元格 B11，在公式栏内输入“=SUM(B5:B10)”。

（4）选择单元格 B11，向右填充到单元格 H11，显示如图 6-43 所示的界面。

	A	B	C	D	E	F	G	H	I
3	客户	信用期内	逾期账龄						合计
4			0-3个月	3-6个月	6-12个月	1-2年	2-3年	4年以上	
5	A公司	7,600.00	79,630.00	-	5,800.00	-	5,000.00	-	98,030.00
6	B公司	99,900.00	-	-	8,000.00	-	3,000.00	-	110,900.00
7	C公司	18,000.00	67,000.00	22,360.00	-	26,000.00	-	-	133,360.00
8	D公司	63,000.00	8,700.00	17,800.00	-	86,000.00	-	-	175,500.00
9	E公司	4,900.00	11,800.00	-	-	12,800.00	-	5,000.00	34,500.00
10	F公司	39,000.00	32,100.00	-	-	9,000.00	-	-	80,100.00
11	合计	232,400.00	199,230.00	40,160.00	13,800.00	133,800.00	8,000.00	5,000.00	632,390.00
12	所占比例								

图 6-43 合计金额

3. 集中度分析

集中度分析就是将每个账龄下的应收账款额度除以应收账款总额。根据这个比例可以分析哪个时间段内的应收账款最多，从而判断整体应收账款的分散程度。

（1）选择单元格 B12，在公式栏内输入公式 "=B11/$I$11"。

（2）选择单元格 B12，向右填充到单元格 I12，显示如图 6-44 所示的界面。

客户	信用期内	逾期账龄						合计
		0-3个月	3-6个月	6-12个月	1-2年	2-3年	4年以上	
A公司	7,600.00	79,630.00	-	5,800.00	-	5,000.00	-	98,030.00
B公司	99,900.00	-	-	8,000.00	-	3,000.00	-	110,900.00
C公司	18,000.00	67,000.00	22,360.00	-	26,000.00	-	-	133,360.00
D公司	63,000.00	8,700.00	17,800.00	-	86,000.00	-	-	175,500.00
E公司	4,900.00	11,800.00	-	-	12,800.00	-	5,000.00	34,500.00
F公司	39,000.00	32,100.00	-	-	9,000.00	-	-	80,100.00
合计	232,400.00	199,230.00	40,160.00	13,800.00	133,800.00	8,000.00	5,000.00	632,390.00
所占比例	37%	32%	6%	2%	21%	1%	1%	100%

图 6-44　集中度分析

6.6 编制坏账提取表

计提坏账的方法有应收账款余额百分比法、账龄分析法、销货百分比法。这里只介绍账龄分析法在 Excel 中的应用。

账龄分析法就是根据应收账款的时间来估计坏账损失的一种方法。采用账龄分析法时，将不同账龄的应收账款进行分组，并根据前期坏账实际发生的有关资料，确定各账龄组的估计坏账损失百分比，再将各账龄组的应收账款乘以对应的估计坏账损失百分比数，计算出各组的估计损失额之和，即为当期的坏账损失预计金额。

下面介绍编制坏账提取表的方法。

例 6-5 编制坏账提取表。

A 公司对各个账龄组估计的坏账损失比例如图 6-45 所示，根据应收账款分析表，编制如图 6-46 所示的应收账款坏账提取表。

该范例文件见网上资源"第 6 章"文件夹下"应收账款管理"工作簿中的"坏账提取"工作表。

坏账准备提取率						
账龄	信用期内	0-3个月	3-6个月	6-12个月	1-2年	2-3年	4年以上
坏账准备提取率	0%	3%	5%	10%	15%	20%	50%

图 6-45　坏账准备提取率

应收账款坏账提取表
2012年3月

客户	信用期内	逾期账龄						合计	提取坏账
		0-3个月	3-6个月	6-12个月	1-2年	2-3年	4年以上		
A公司	7,600.00	79,630.00	-	5,800.00	-	5,000.00	-	98,030.00	3,968.90
B公司	99,900.00	-	-	8,000.00	-	3,000.00	-	110,900.00	1,400.00
C公司	18,000.00	67,000.00	22,360.00	-	26,000.00	-	-	133,360.00	7,028.00
D公司	63,000.00	8,700.00	17,800.00	-	86,000.00	-	-	175,500.00	14,051.00
E公司	4,900.00	11,800.00	-	-	12,800.00	-	5,000.00	34,500.00	4,774.00
F公司	39,000.00	32,100.00	-	-	9,000.00	-	-	80,100.00	2,313.00
合计	232,400.00	199,230.00	40,160.00	13,800.00	133,800.00	8,000.00	5,000.00	632,390.00	33,534.90
坏账提取比例	0%	3%	5%	10%	15%	20%	50%		
坏账准备	-	5,976.90	2,008.00	1,380.00	20,070.00	1,600.00	2,500.00	33,534.90	

图 6-46　应收账款坏账提取表

6.6.1 编制坏账提取表

坏账提取表是在应收账款账龄分析表的基础上编制而成的。具体制作步骤如下。

（1）打开"应收账款管理"工作簿，单击工作表标签插入按钮 ，插入一张工作表，双击该工作表标签，重命名为"坏账提取"，如图6-47所示。

图 6-47　重命名工作表

（2）在单元格A1中输入"应收账款账龄分析表"，合并并居中区域A1:I1，应用"标题"样式，设置行高为"40"；选择区域A2:J2，合并并居中，设置字体为"Arial"，字号为"12"，行高为"20"，输入"2012-3"。

（3）选择区域A2:J2，按Ctrl+1组合键，打开"设置单元格格式"对话框，转到"数字"选项卡，在"分类"列表框中选择"日期"，在"类型"列表框中选择"2001年3月14日"格式，如图6-48所示，单击"确定"按钮，关闭对话框，完成对日期格式的设置，日期显示为"2009年8月"。

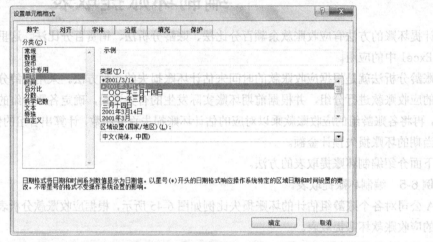

图 6-48　设置日期格式

（4）激活"应收账款账龄分析表"，选择区域A3:I11，按Ctrl+C组合键；激活"坏账提取"表，选择单元格A3，按Ctrl+V组合键，单击粘贴区域右下角的按钮，打开如图6-49所示的下拉列表，选择"保持源列宽"选项。

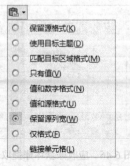

图 6-49　选择性粘贴下拉列表

（5）在单元格 A12、A13 内分别输入"坏账提取比例""坏账准备"；在单元格 J3 内输入"提取坏账"，选择区域 J3:J4，合并并居中。

（6）选择区域 B12:I12，转到"开始"选项卡，在"数字"功能组中单击百分比按钮 %，完成对该区域数字格式的设置，如图 6-50 所示；选择区域 B13:I13，设置字体为"Arial"，字号为"9"，居中显示文本。

图 6-50　单击百分比按钮 %

（7）选择区域 A3:J13，按 Ctrl+1 组合键，打开"设置单元格格式"对话框，转到"边框"选项卡，添加如图 6-46 所示的边框线。

（8）选择单元格 B12，在公式栏内输入"=基本信息!I3"；选择单元格 B13，在公式栏内输入"=B11*B12"；选择区域 B12:B13，向右填充复制公式到 H 列。

（9）选择单元格 J5，在公式栏内输入公式"=SUMPRODUCT(B5:H5,$B$12:$H$12)"。

（10）选择单元格 J5，向下填充复制公式到 11 行。

提示

SUMPRODUCT 函数

在给定的几组数组中，将数组间对应的元素相乘，并返回乘积之和。

函数语法：

SUMPRODUCT(array1,array2,array3, ...)

Array1, array2, array3, ...　为 2 到 255 个数组，其相应元素需要进行相乘并求和。

注意：

数组参数必须具有相同的维数，否则，函数 SUMPRODUCT 将返回错误值 #VALUE!。

函数 SUMPRODUCT 将非数值型的数组元素作为 0 处理。

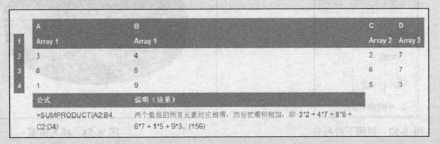

上例所返回的乘积之和与以数组形式输入的公式 SUM(A2:B4*C2:D4)的计算结果相同。使用数组公式可以为类似于 SUMPRODUCT 函数的计算提供更通用的解法。例如，使用公式=SUM(A2:B4^2)并按 Ctrl+Shift+Enter 组合键可以计算 A2:B4 中所有元素的平方和。

6.6.2　坏账准备占比分析

为了更直观地反映提取坏账在不同的账龄段内分布的情况，可以用 Excel 中的图标来表示。下面介绍制作"提取坏账占比分析"饼图的方法。

例 6-6　制作饼图"提取坏账占比分析"。

A 公司管理层要求能够反映每个账龄段内计提的坏账准备图表，如图 6-51 所示，以更好地控制应收账款的管理。

该范例文件见网上资源"第 6 章"文件夹下"应收账款管理"工作簿中的"坏账提取"工作表，具体制作步骤如下。

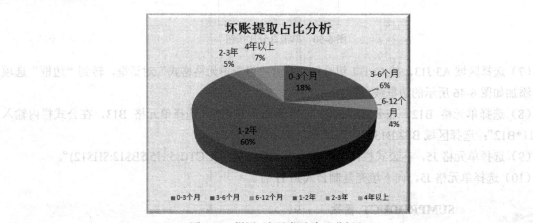

图 6-51　饼图"坏账提取占比分析"

（1）激活"坏账提取"工作表，选择区域 C4:H4，按住 Ctrl 键不放，选择区域 C13:H13。

（2）选择"插入"/"图表"/"饼图"命令，打开如图 6-52 所示的下拉列表。

（3）选择"三维饼图"中的第一个类型，在工作表内插入如图 6-53 所示的图表。

图 6-52　饼图下拉列表

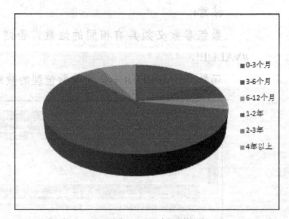

图 6-53　插入饼图

（4）选择"图表工具"/"设计"命令，在"图表布局"功能组中选择第二种布局后，显示如图 6-54 所示的图表。

（5）单击"图表标题"，更改为"坏账提取占比分析"，单击图例，拖动到图表下方，显示如图 6-55 所示的效果。

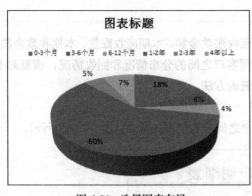

图 6-54 选择图表布局

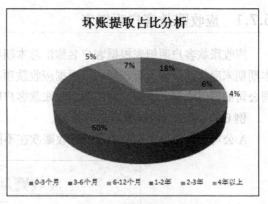

图 6-55 修改图表布局

（6）单击饼图中的数据标签，右键单击，在打开的快捷菜单中选择"设置数据标签格式"命令，打开如图 6-56 所示的对话框。

（7）在"标签包括"功能组中选择"类别名称"复选框，单击"关闭"按钮，返回工作表界面，显示如图 6-57 所示的图表。

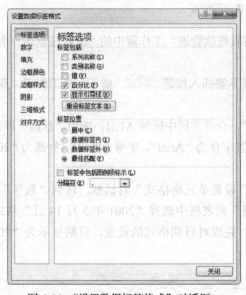

图 6-56 "设置数据标签格式"对话框

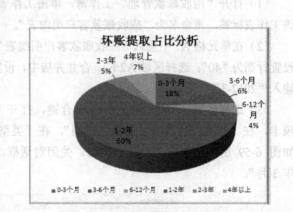

图 6-57 修改数据表前后的图表

（8）选中图表，单击"图表工具"/"格式"选项卡，在"形状样式"功能组中选择"形状填充"命令，在下拉菜单中选择"纹理"/"纸莎草纸"命令，选择"形状效果"命令，在下列菜单中选择"发光"组中的合适选项。对图表进行优化后的图表如图 6-51 所示。

6.7 | 应收账款分析

为了加强对应收账款的控制，为管理层提供应收账款在不同客户之间的分布情况、各个业务员款项收回状况等信息，需编制应收账款客户明细表和应收账款业务员明细表。

6.7.1 应收账款客户明细表

应收账款客户明细表根据客户名称汇总本期期初应收账款金额、本期应收账款、本期收款金额、本期期末应收款余额。管理层可以根据应收款项在不同客户之间的分布情况和回收情况，调整对不同公司的信用政策。下面介绍编制应收账款客户明细表的方法。

例 6-7 编制应收账款客户明细表。

A 公司管理层要求编制能反映应收账款在不同客户之间分布情况的报表，如图 6-58 所示。

应收账款客户明细表
2012年3月

客户	期初余额	本期		期末余额	比例
		应收账款	已收		
A公司	100,430.00	7,600.00	10,000.00	98,030.00	16%
B公司	120,300.00	5,600.00	15,000.00	110,900.00	18%
C公司	213,000.00	18,000.00	97,640.00	133,360.00	21%
D公司	144,500.00	63,000.00	32,000.00	175,500.00	28%
E公司	57,400.00	4,900.00	27,800.00	34,500.00	5%
F公司	41,100.00	39,000.00		80,100.00	13%
合计	676,730.00	138,100.00	182,440.00	632,390.00	100%

图 6-58 应收账款客户明细表

该范例文件见网上资源"第 6 章"文件夹下"应收账款管理"工作簿中的"应收账款客户明细表"工作表。具体制作步骤如下。

（1）打开"应收账款管理"工作簿，单击工作表标签插入按钮 ，插入一张工作表，双击该工作表标签，重命名为"应收账款客户明细表"。

（2）在单元格 A1 中输入"应收账款客户明细表"，合并并居中区域 A1:I1，应用"标题"样式，设置行高为"40"；选择区域 A2:F2，合并并居中，设置字体为"Arial"，字号为"12"，行高为"20"，输入"2012-3"。

（3）选择区域 A2:F2，按 Ctrl+1 组合键，打开"设置单元格格式"对话框，转到"数字"选项卡，在"分类"列表框中选择"日期"，在"类型"列表框中选择"2001 年 3 月 14 日"格式，如图 6-59 所示，单击"确定"按钮，关闭对话框，完成对日期格式的设置，日期显示为"2012 年 3 月"。

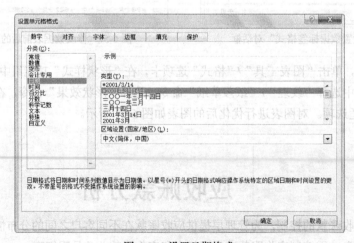

图 6-59 设置日期格式

（4）在区域 A3:F4、区域 A5:A11 内分别输入如图 6-58 所示的内容。

（5）选择单元格 B5，在公式栏内输入：

=SUMIFS(应收清单[应收金额]),应收清单[客户名称],应收账款客户明细表!A5,应收清单[是否本期],0)

（6）选择单元格 C5，在公式栏内输入：

=SUMIFS(应收清单[应收金额]),应收清单[客户名称],应收账款客户明细表!A5,应收清单[是否本期],1)

（7）选择单元格 D5，在公式栏内输入：

=SUMIF(应收清单[客户名称],A5,应收清单[收款金额])

（8）选择单元格 E5，在公式栏内输入"=B5+C5-D5"。

（9）选择单元格 F5，在公式栏内输入"=E5/$E$11"。

（10）选择单元格 B11，在公式栏内输入"=SUM(B5:B10)"。

（11）选择区域 B5:F5，向下填充公式到第 10 行；选择单元格 B11，向右填充公式到 F 列。

（12）选择区域 F5:F11，转到"开始"选项卡，在"数字"功能组中单击百分比按钮 % ，如图 6-60 所示，完成对该区域数字格式的设置。

图 6-60 单击百分比按钮 %

（13）将单元格指针移动到 A 列至 F 列的列字母之间，变成左右拉伸形状之后，单击并拖动，将单元格区域 A 列至 F 列调整到合适的宽度。

（14）选择区域 A3:F11，按 Ctrl+1 组合键，打开"设置单元格格式"对话框，转到"边框"选项卡，添加如图 6-58 所示的边框线。

提示

SUMIFS 函数

对区域中满足多个条件的单元格求和。例如，如果需要对区域 A1:A20 中符合以下条件的单元格的数值求和：B1:B20 中相应单元格的数值大于零且 C1:C20 中相应单元格的数值小于 10，则可以使用以下公式：

=SUMIFS(A1:A20, B1:B20, ">0", C1:C20, "<10")

注意：

SUMIFS 和 SUMIF 函数的参数顺序有所不同。具体而言，sum_range 参数在 SUMIFS 中是第一个参数，而在 SUMIF 中则是第 3 个参数。如果要复制和编辑这些相似函数，请确保按正确的顺序放置参数。

可参照以下示例。

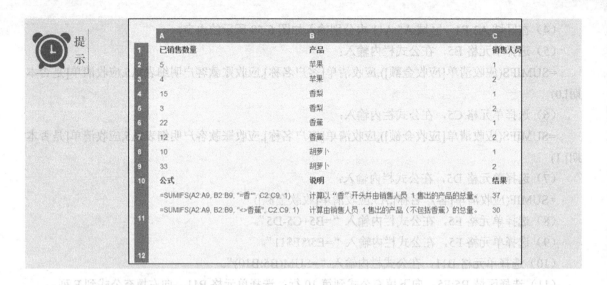

提示

	A	B	C
1	已销售数量	产品	销售人员
2	5	苹果	1
3	4	苹果	2
4	15	香梨	1
5	3	香梨	2
6	22	香蕉	1
7	12	香蕉	2
8	10	胡萝卜	1
9	33	胡萝卜	2
10	公式	说明	结果
11	=SUMIFS(A2:A9, B2:B9, "=香*", C2:C9, 1)	计算以"香"开头并由销售人员 1 售出的产品的总量。	37
11	=SUMIFS(A2:A9, B2:B9, "<>香蕉", C2:C9, 1)	计算由销售人员 1 售出的产品（不包括香蕉）的总量。	30

6.7.2 应收账款业务员明细表

应收账款业务员明细表根据业务员名称汇总本期期初应收账款金额、本期应收账款、本期收款金额、本期期末应收账款余额。管理层可以根据不同业务员的应收账款回收情况作为其业绩考核的依据。下面介绍编制应收账款业务员明细表的方法。

例 6-8 编制应收账款业务员明细表。

X 公司管理层要求编制能反映各个业务员应收账款情况的报表，如图 6-61 所示。

该范例文件见网上资源"第 6 章"文件夹下"应收账款管理"工作簿中的"应收账款业务员明细表"工作表。具体制作步骤如下。

应收账款业务员明细表

2012年3月

业务员	期初余额	本期		期末余额	比例
		应收	已收		
赵大	5,000.00	49,800.00	32,000.00	22,800.00	4%
孙二	157,300.00	-	-	157,300.00	25%
张三	45,800.00	-	-	45,800.00	7%
李四	320,300.00	-	122,640.00	197,660.00	31%
王五	141,630.00	-	27,800.00	113,830.00	18%
吴六	95,000.00	-	-	95,000.00	15%
合计	765,030.00	49,800.00	182,440.00	632,390.00	100%

图 6-61　应收账款业务员明细表

（1）打开"应收账款管理"工作簿，单击工作表标签插入按钮，插入一张工作表，双击该工作表标签，重命名为"应收账款业务员明细表"，如图 6-62 所示。

图 6-62　重命名工作表

（2）在单元格 A1 中输入"应收账款业务员明细表"，合并并居中区域 A1:I1，应用"标题"样

式，设置行高为"40"；选择区域 A2:F2，合并并居中，设置字体为"Arial"，字号为"12"，行高为
"20"，输入"2012-3"。

（3）选择区域 A2:F2，按 Ctrl+1 组合键，打开"设置单元格格式"对话框，转到"数字"选项
卡，在"分类"列表框中选择"日期"，在"类型"列表框中选择"2001 年 3 月 14 日"格式，如图
6-63 所示，单击"确定"按钮，关闭对话框，完成对日期格式的设置，日期显示为"2012 年 3 月"。

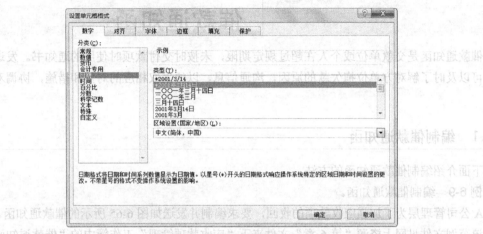

图 6-63　设置日期格式

（4）在区域 A3:F4、区域 A5:A11 内分别输入如图 6-61 所示的内容。

（5）选择单元格 B5，在公式栏内输入：

=SUMIFS(应收清单[应收金额],应收清单[业务员],A5,应收清单[是否本期],0)。

（6）选择单元格 C5，在公式栏内输入：

=SUMIFS(应收清单[应收金额],应收清单[业务员],A5,应收清单[是否本期],1)

（7）选择单元格 D5，在公式栏内输入：

=SUMIF(应收清单[业务员],A5,应收清单[是否本期])

（8）选择单元格 E5，在公式栏内输入"=B5+C5-D5"。

（9）选择单元格 F5，在公式栏内输入"=E5/$E$11"。

（10）选择单元格 B11，在公式栏内输入公式"=SUM(B5:B10)"。

（11）选择区域 B5:F5，向下填充公式到第 10 行；选择单元格 B11，向右填充公式到 F 列。

（12）选择区域 F5:F11，转到"开始"选项卡，在"数字"功能组中单击百分比按钮 %，完成
对该区域数字格式的设置，如图 6-64 所示。

图 6-64　单击百分比按钮 %

（13）将单元格指针移动到 A 列至 F 列的列字母之间，变成左右拉伸形状之后，单击并拖动，

将单元格区域 A 列至 F 列调整到合适的宽度。

（14）选择区域 A3:F11，按 Ctrl+1 组合键，打开"设置单元格格式"对话框，转到"边框"选项卡，添加如图 6-61 所示的边框线。

6.8 催款通知函

催款通知函是交款单位或个人在超过规定期限，未按时交付款项时使用的通知书。发送催款通知函可以及时了解对方单位拖欠款的原因，沟通信息，以便采取相应的对策和措施，协调双方的关系。

6.8.1 编制催款通知函

下面介绍编制催款通知函的方法。

例 6-9 编制催款通知函。

A 公司管理层为了加强应收款项的收回，要求编制并发送如图 6-65 所示的催款通知函。

该范例文件见网上资源"第 6 章"文件夹下"应收款项管理"工作簿中的"催款通知函"工作表，具体制作步骤如下。

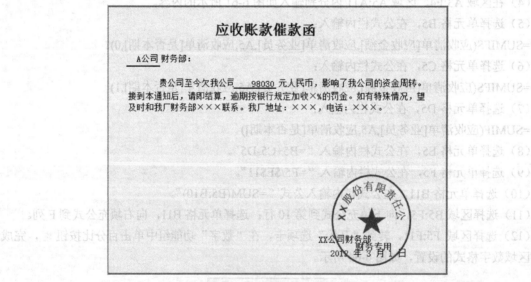

图 6-65   应收账款催款通知单

（1）打开"应收账款管理"工作簿，单击工作表标签插入按钮 ，插入一张工作表，双击该工作表标签，重命名为"催款函"，如图 6-66 所示，选择单元格 C3，输入"应收账款催款函"，选择区域 C3:G4，合并并居中显示。

图 6-66   重命名工作表

（2）选择单元格 B6，选择"数据"/"数据工具"/"数据有效性"/"数据有效性"命令，打开"数据有效性"对话框，在"允许"下拉列表中选择"序列"，显示如图 6-67 所示的界面。

图 6-67　"数据有效性"对话框

（3）在"来源"文本框中分别输入"=客户"，单击"确定"按钮，关闭对话框，创建客户下拉列表；选择单元格 C6，输入"=财务部"；选择单元格 C8，输入"贵公司至今欠我公司"，选择区域 C8:D8，合并并居中该区域。

（4）选择单元格 E8，在公式栏内输入如下公式，如图 6-68 所示：

=IF(B6="","",VLOOKUP(B6,应收账款客户明细表!A5:E10,5))

添加粗下框线；选择单元格 F8，输入"元人民币，影响了我公司的资金周转。"，选择区域 F8:H8，合并该区域。

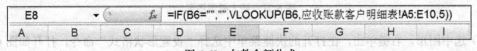

图 6-68　欠款金额公式

（5）选择单元格 B9，输入"接到本通知后，请即结算，逾期按银行规定加收××%的罚金。如有特殊情况，望及时和我厂财务部×××联系。我厂地址：×××，电话：×××。"。

（6）选择区域 B9:H9，合并该区域，转到"开始"选项卡，在"对齐方式"功能组中单击"自动换行"按钮，如图 6-69 所示，将单元格指针移动到第 8 行至第 9 行之间，变成左右拉伸形状之后，单击并拖动到可以显示所有文本的高度。

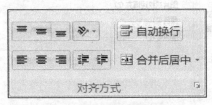

图 6-69　选择自动换行

（7）选择单元格 G21，输入"××公司财务部"；选择区域 G22:H22，合并并居中，输入"2012 年 3 月 31 日"。

（8）选择区域 A2:I23，添加如图 6-65 所示的边框；选择区域 A2:I23，转到"开始"选项卡，在"字体"功能组中添加背景颜色，如图 6-70 所示。

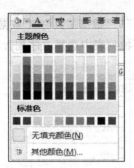

图 6-70 设置背景颜色

6.8.2 制作电子印章

催款单若通过 E-mail 发送，则需使用电子印章。制作步骤如下。

（1）激活"催款通知单"工作表，选择"插入"/"插图"/"形状"命令，在打开的下拉列表中选择"椭圆"，在工作表内插入如图 6-71 所示的图形。

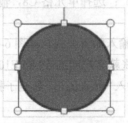

图 6-71 插入椭圆图形

（2）选中图形，右键单击，在打开的快捷菜单中选择"设置形状格式"命令，打开如图 6-72 所示的对话框，转到"填充"选项卡，选择"无填充"复选框；转到"线条颜色"选项卡，选择颜色为"红色"。

图 6-72 "设置形状格式"对话框

（3）选中图形，右键单击，在打开的快捷菜单中选择"编辑文字"命令，输入"××股份有限公司"，设置字体为"楷体"，字号为"14"，颜色为"红色"。

（4）选中文本"××股份有限责任公司"，选择"绘图工具"/"格式"/"艺术字样式"/"文本效果"/"转换"命令，在打开的下拉列表中选择"跟随路径"中的第一个样式，效果如图 6-73 所示。

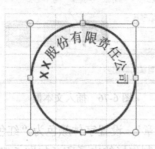

图 6-73　转换文本显示方式

（5）选择"插入"/"插图"/"形状"命令，如图 6-74 所示，在打开的下拉列表中选择"五角星"，在工作表内插入五角星。

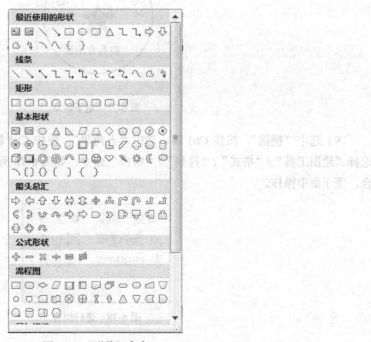

图 6-74　"形状"命令

（6）选中"五角星"，右键单击，在打开的快捷菜单中选择"设置形状格式"命令，转到"填充"选项卡，选择颜色为"红色"，转到"线条颜色"选项卡，选择"无线条"复选框，单击"关闭"按钮，效果如图 6-75 所示。

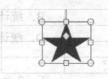

图 6-75　五角星

（7）选择"绘图工具"/"格式"/"插入形状"/"文本框"命令，在工作表中插入文本框，如图 6-76 所示。

图 6-76　插入文本框

（8）在文本框中输入"财务专用章"，设置字体颜色为"红色"，字号为"11"，移动五角星、文本框"财务专用章"到"椭圆"内，制作好的电子印章如图 6-77 所示。

图 6-77　电子印章

（9）选中"椭圆"，按住 Ctrl 键，选中"五角星"，按住 Ctrl 键，选中文本框"财务专用章"，选择"绘图工具"/"格式"/"排列"/"组合"命令，如图 6-78 所示，将这 3 个图形设置为一个组合，便于集中操作。

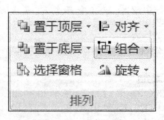

图 6-78　进行组合

课后习题

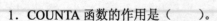

1．COUNTA 函数的作用是（　　　）。

    A．统计值为 0 的单元格个数　　　　　　　　B．统计所有的单元格个数

    C．统计值为数字的单元格个数　　　　　　　D．统计非空的单元格个数

2．SUMIF 函数的参数个数为（　　　）。

    A．1 个　　　　　　　　　B．2 个　　　　　　　　C．3 个　　　　　　　　D．7 个

3.（ 　 ）账户是专门归集企业与供应商之间债务关系的形成和清偿情况的有关数据。

A．应付账款　　　　　　B．应收账款　　　　　C．预付账款　　　　　　D．生产成本

4．通常企业提取坏账准备可以采用哪几种方法？

5．如题图 6-1 所示，在 B 列单元格中输入公式，公式的运算结果应等于 C 列对应单元格中的值。

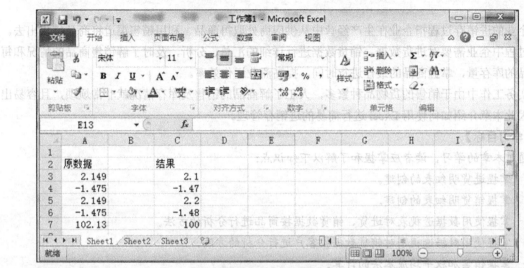

题图 6-1　数据按位舍入

第7章 Excel 在进销存管理中的应用

企业的进销存过程指企业在生产经营中从供应商处取得商品、利用销售渠道将商品销售出去。整个过程中企业需要对进货数据、销货数据进行详细的汇总、分析，及时了解销售商品的情况和每种商品的库存量，掌握商品的最佳进货时间，提高商业运作效率。

实务工作中由于销售的货物品种繁多，人工了解商品的销售及库存情况就非常烦琐，且容易出错。因此本章介绍如何使用 Excel 进行简易的进销存管理。

【学习目标】

通过本章的学习，读者应掌握和了解以下知识点：

- 掌握进货明细表的创建。
- 掌握销货明细表的创建。
- 掌握使用数据透视表对进货、销货数据按商品进行分析的方法。
- 掌握使用数据透视图对销货数据按客户进行分析的方法。
- 掌握销售加权平均成本法的计算。
- 掌握销售毛利、库存成本的计算。
- 掌握库存预警的设置方法。

7.1 进销存核算概述

进销存管理的核算包括进货数据的录入、进货数据的分析、销货数据的录入、销货数据的分析、加权平均成本法的计算和进销存报表的生成。作为核算的基础，首先需要设置一张基础工作表，包含的内容有商品的编号、名称、计量单位等基本信息，供应商资料、客户资料等信息。

进销存管理核算中，数据处理的基本流程如图 7-1 所示。

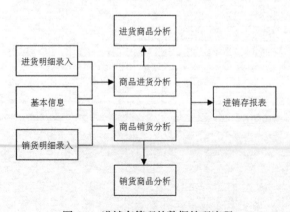

图 7-1　进销存管理的数据处理流程

根据上述流程，我们需要创建一个名为"进销存管理"的工作簿，该工作簿中包含以下工作表。

（1）基本信息：商品代码、名称、计量单位、客户名单、供应商名单。

（2）进货明细录入：详细记录每笔进货的资料。

（3）商品进货分析：按商品类别对进货数据分别使用数据透视表和数据透视图进行汇总、分析。

（4）销货明细录入：详细记录每笔销货的资料。

（5）商品销货分析：按商品类型对销货数据使用数据透视表汇总、分析。

（6）进销存报表：在期初存货数据的基础上，结合本期商品进货分析表和商品销货分析表，计算加权成本法下的存货成本、销售毛利和库存成本。

7.2 进销存管理初始设置

基本信息是进销存管理的基础表格之一。进销存管理的初始设置包括建立商品目录表、客户名单、供货方名单等。下面介绍编制基本信息表的方法。

例 7-1　编制基本信息表。

A 公司经营的产品资料、与其有业务往来的供货方、客户名单等基本资料如图 7-2 所示。

该范例文件见网上资源"第 7 章"文件夹下"进销存管理"工作簿中的"基本信息"工作表，制作步骤如下。

	A	B	C	D	E
1	基本资料				
2					
3	产品编号	产品名称	单位	供货方	客户
4	1001	A产品	个	供方1	客户1
5	1002	B产品	支	供方2	客户2
6	1003	C产品	套	供方3	客户3
7	1004	D产品	把	供方4	客户4
8	1005	E产品	件	供方5	客户5

图 7-2　基本信息表

（1）新建名为"进销存管理"的工作簿，双击"Sheet1"工作表标签，重命名为"基本信息"，如图 7-3 所示。

图 7-3　重命名工作表

（2）选择单元格 A1，输入"基本资料"；选择区域 A1:E1，转到"开始"选项卡，在"对齐方式"功能组中单击按钮 合并后居中，合并该区域，并使文本居中显示；在"字体"功能组中设置字体为"华文中宋"，字号为"20"，在"单元格"功能组中设置行高为"40"。

（3）在单元格 A2 至 E2 中依次输入文本"产品编号""产品名称""单位""供货方""客户"。

（4）选择区域 A3:E8，选择"插入"/"表格"/"表格"命令，弹出如图 7-4 所示的"创建表"

对话框，选择"表包含标题"复选框，如图 7-4 所示，单击"确定"按钮，关闭对话框，返回工作表界面，将所选区域转化为表格区域。

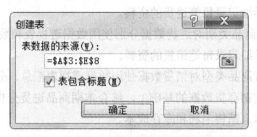

图 7-4 "创建表"对话框

（5）选择"表格工具"/"设计"/"表格样式"命令，在打开的表格样式下拉列表中选择合适的样式，如图 7-5 所示。

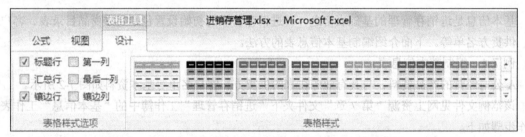

图 7-5 "表格样式"命令

（6）按 Ctrl+F3 组合键，打开如图 7-6 所示的"名称管理器"对话框。

图 7-6 "名称管理器"对话框

（7）选择"表1"，单击"编辑"按钮，打开如图 7-7 所示的"编辑名称"对话框，在"名称"文本框中输入"基本资料"。

（8）单击"确定"按钮，关闭"编辑名称"对话框，返回"名称管理器"对话框，对话框中显示更改后更具描述性的表名称；单击"确定"按钮，关闭"名称管理器"对话框，返回工作表界面，完成基本资料表的重命名。

图 7-7 "编辑名称"对话框

（9）选择区域 A4:A8，在名称框中输入"产品编号"，按 Enter 键，完成对产品编号的命令；选择区域 D4:D8，在名称框中输入"供货方"，按 Enter 键，完成对供货方列的命令；选择区域 E4:E8，在名称框中输入"客户"，按 Enter 键，完成对客户列的命令，如图 7-8 所示。

	A	B	C	D	E
3	产品编号	产品名称	单位	供货方	客户
4	1001	A产品	个	供方1	客户1
5	1002	B产品	支	供方2	客户2
6	1003	C产品	套	供方3	客户3
7	1004	D产品	把	供方4	客户4
8	1005	E产品	件	供方5	客户5

图 7-8 进行区域命名

7.3 进货管理

进货管理核算主要是利用 Excel 编制进货明细表，记录商品入库的详细信息，并根据进货明细表，按商品名称分析进货数据。

7.3.1 相关格式设计

进货明细表记录每笔进货的入库单号、入库日期、供货方、产品编号、产品名称、单位、数量、单价和金额等信息。下面介绍编制进货明细表的方法。

例 7-2 编制进货明细表。

X 公司 3 月份的进货资料如图 7-9 所示，为便于进一步的管理、分析，编制进货明细录入表。

该范例文件见网上资源"第 7 章"文件夹下"进销存管理"工作簿中的"进货明细录入"工作表，具体制作步骤如下。

（1）打开"进销存管理"工作簿，双击"Sheet2"工作表标签，重命名为"进货明细"，在单元格 A1 中输入"进货明细"，合并并居中区域 A1:J1；选择"开始"/"样式"/"单元格样式"命令，如图 7-10 所示，在打开的表样式下拉列表中选择"标题样式"；设置行高为"40"。

图 7-9 进货明细表

A	B	C	D	E	F	G	H	I	J
				进货明细					
				2012年3月					
入库单号码	入库日期	供货方	产品编号	产品名称	单位	数量	单价	金额	备注
12-03-001	2012/3/1	供方1	1001	A产品	个	200.00	5.00	1,000.00	
12-03-002	2012/3/5	供方2	1002	B产品	支	1,000.00	3.30	3,300.00	
12-03-003	2012/3/9	供方2	1001	A产品	个	2,000.00	4.80	9,600.00	
12-03-004	2012/3/13	供方3	1003	C产品	套	1,500.00	40.00	60,000.00	
12-03-005	2012/3/17	供方1	1001	A产品	个	300.00	5.10	1,530.00	
12-03-006	2012/3/21	供方4	1004	D产品	把	3,000.00	3.90	11,700.00	
12-03-007	2012/3/25	供方4	1001	A产品	个	500.00	5.08	2,540.00	
12-03-008	2012/3/29	供方4	1004	D产品	把	2,500.00	4.30	10,750.00	
12-03-009	2012/3/31	供方5	1005	E产品	件	1,200.00	15.00	18,000.00	

图 7-9 进货明细表

图 7-10 "单元格样式"命令

（2）选择区域 A2:J2，合并并居中，设置字体为"Arial"，字号为"12"，行高为"20"，输入"2012-3"。

（3）选择区域 A2:J2，按 Ctrl+1 组合键，打开"设置单元格格式"对话框，转到"数字"选项卡，在"分类"列表框中选择"日期"，在"类型"列表框中选择"2001 年 3 月"格式，如图 7-11 所示，单击"确定"按钮，关闭对话框，完成对日期格式的设置，日期显示为"2012 年 3 月"。

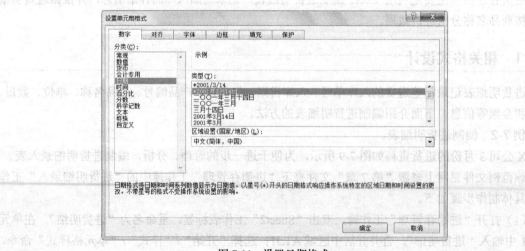

图 7-11 设置日期格式

（4）在单元格 A3 至 J3 中分别输入"入库单号码""入库日期""供货方""产品编号""产品名称""单位""数量""单价""金额""备注"。

（5）选择区域 B4:B12，转到"开始"选项卡，单击"字体"功能组中文本框右端的下拉按钮，如图 7-12 所示，在打开的下拉列表中选择"Arial"，字号为"9"，居中显示文本；选择区域 A4:J12，设置字体为"Arial"，字号为"9"，居中显示文本。

（6）将单元格指针移动到 A 列至 J 列的列字母之间，变成左右拉伸形状之后，单击并拖动，将单元格区域 A 列至 J 列调整到合适的宽度。

（7）选择区域 A4:J12，选择"插入"/"表格"/"表格"命令，弹出如图 7-13 所示的"创建表"对话框，选择"表包含标题"复选框，单击"确定"按钮，关闭对话框，返回工作表界面，将所选区域转化为表格区域。

图 7-12 选择对应字体

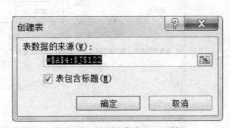

图 7-13 "创建表"对话框

（8）选择"表格工具"/"设计"/"表样式"命令，在打开的表样式下拉列表中选择合适的样式，如图 7-14 所示。

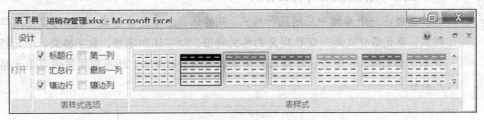

图 7-14 "表样式"命令

（9）按 Ctrl+F3 组合键，打开"名称管理器"对话框，选择"表 2"，单击"编辑"按钮，打开如图 7-15 所示的"编辑名称"对话框，在"名称"文本框中输入"进货明细"。

（10）单击"确定"按钮，关闭"编辑名称"对话框，返回"名称管理器"对话框，对话框中显示更改后更具描述性的表名称，单击"确定"按钮，关闭"名称管理器"对话框，返回工作表界面，完成应收账款清单表格的重命名。

（11）选择区域 A4:J12，按 Ctrl+1 组合键，打开"设置单元格格式"对话框，转到"边框"选项卡，添加区域边框线，如图 7-16 所示。

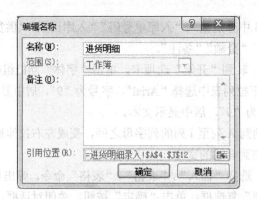

图 7-15 "编辑名称"对话框

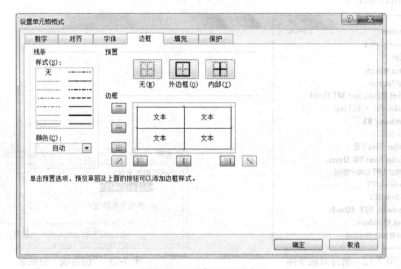

图 7-16 "边框"选项卡

 应用、创建或删除单元格样式

若要在一个步骤中应用几种格式，并确保各个单元格格式一致，可以使用单元格样式。单元格样式是一组已定义的格式特征，如字体和字号、数字格式、单元格边框和单元格底纹。若要防止任何人对特定单元格进行更改，还可以使用锁定单元格的单元格样式。

Excel 有几种可以应用或修改的内置单元格样式。还可以修改或复制单元格样式以创建自己的自定义单元格样式。

单元格样式基于应用于整个工作簿的文档主题。当切换到另一文档主题时，单元格样式会更新以便与新文档主题相匹配。

7.3.2 相关公式设计

进货明细表包含公式的区域、设置数据有效性序列的区域，如图 7-17 所示。用户输入产品编号后，通过公式可以将编号对应的产品编号、产品名称自动显示。

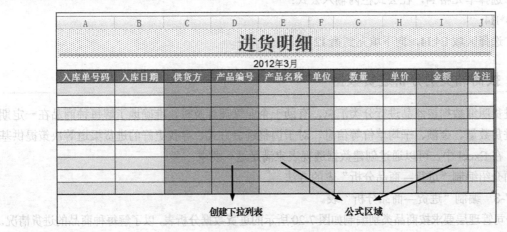

图 7-17 进货明细表的公式及创建下拉列表区域

1. 创建"供货方"下拉列表

具体操作步骤如下。

（1）选择单元格 C4，选择"开始"/"数据"/"数据工具"/"数据有效性"/"数据有效性"命令，打开"数据有效性"对话框，单击"有效性条件"右端的下拉按钮，在打开的列表中选择"序列"，如图 7-18 所示。

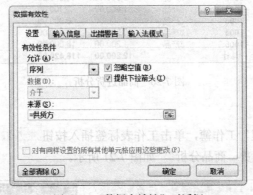

图 7-18 "数据有效性"对话框

（2）在"来源"文本框中输入"=供货方"，单击"确定"按钮，关闭对话框，返回工作表界面，完成对此单元格数据有效性的设置；选择单元格 C4，向下填充数据有效性的设置到第 12 行。

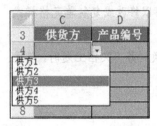

图 7-19 "供货方"下拉列表

用同样的方法创建"产品编号"列的下拉列表，在"来源"文本框中分别输入"=产品编号"。在这两列中输入数据时，用户只需单击单元格，即可弹出如图 7-19 所示的下拉列表，然后选择相应的项目单击即可输入。

2. 自动显示"产品名称""单位"

（1）选择单元格 E4，在公式栏内输入公式：

=IF(ISBLANK(D4),"",VLOOKUP(D4,基本资料,2))

（2）选择单元格 F4，在公式栏内输入公式：

=IF(ISBLANK(D4),"",VLOOKUP(D4,基本资料,3))

（3）选择单元格 I4，在公式栏内输入公式：

=G4*H4

（4）选择区域 E4:I4，向下填充到第 12 行。

7.3.3 按商品类别分析进货数据

对进货明细数据按商品进行分类汇总，有助于企业管理者及时、准确地了解每种商品在一定期间内的进货数量、金额、平均单价等信息。对于调整进货方式、寻找更好的进货渠道等决策提供基础信息。在 Excel 中，可以通过创建数据透视表来满足这一要求。

下面介绍编制"进货—商品分析"表的方法。

例 7-3 编制"进货—商品分析"表。

A 公司管理层要求按商品类别编制如图 7-20 所示的进货数据分析表，以了解每种商品的进货情况。

该范例文件见网上资源"第 7 章"文件夹下"进销存管理"工作簿中的"进货—商品分析"工作表，具体操作步骤如下。

产品编号	产品名称	进货数量	进货金额	进货平均单价
		值		
1001	A产品	3,000.00	14,670.00	4.89
1002	B产品	1,000.00	3,300.00	3.30
1003	C产品	1,500.00	60,000.00	40.00
1004	D产品	5,500.00	22,450.00	4.08
1005	E产品	1,200.00	18,000.00	15.00
总计		12,200.00	118,420.00	9.71

商品进货分析

2012年3月

图 7-20 商品进货分析

1. 创建数据透视表

（1）打开"进销存管理"工作簿，单击工作表标签插入按钮，插入一张工作表，双击该工作表标签，重命名为"进货—商品分析"，如图 7-21 所示。

图 7-21 重命名工作表

（2）在单元格 B1 中输入"商品进货分析"，合并并居中区域 B1:F1，设置字体为"华文中宋"，字号为"20"，字体颜色"深蓝色"，设置行高为"40"，添加双底框线；选择区域 B2:F2，合并并居中，设置字体为"Arial"，字号为"12"，行高为"20"，输入"2012-3"。

（3）选择区域 B2:F2，按 Ctrl+1 组合键，打开"设置单元格格式"对话框，转到"数字"选项卡，在"分类"列表框中选择"日期"，在"类型"列表框中选择"2001 年 3 月"格式，如图 7-22 所示，单击"确定"按钮，关闭对话框，完成对日期格式的设置，日期显示为"2012 年 3 月"。

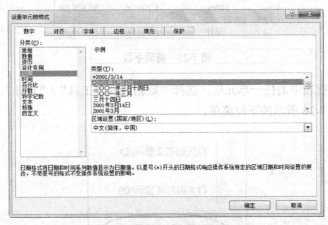

图 7-22　设置日期格式

（4）选择单元格 B3，选择"插入"/"表格"/"数据透视表"命令，打开如图 7-23 所示的"创建数据透视表"对话框。

（5）在"请选择要分析的数据"中勾选"选择一个表或区域"，在其后的公式栏内输入"=进货明细"，单击"确定"按钮，弹出如图 7-24 所示的"数据透视表字段列表"对话框。

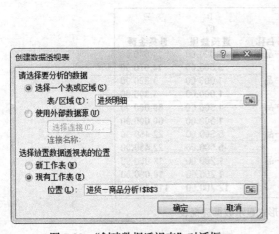

图 7-23　"创建数据透视表"对话框

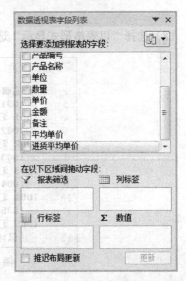

图 7-24　"数据透视表字段列表"对话框

（6）在"选择要添加到报表的字段"列表中将"产品编号""产品名称"字段拖动到"行标签"区域，将"数量""金额"字段拖动到"数值"区域，在工作表中显示如图 7-25 所示的界面。

	B	C	D
1		**值**	
2	**行标签** ▽	**进货数量**	**进货金额**
3	⊟1001	3,000.00	14,670.00
4	A产品	3,000.00	14,670.00
5	⊟1002	1,000.00	3,300.00
6	B产品	1,000.00	3,300.00
7	⊟1003	1,500.00	60,000.00
8	C产品	1,500.00	60,000.00
9	⊟1004	5,500.00	22,450.00
10	D产品	5,500.00	22,450.00
11	⊟1005	1,200.00	18,000.00
12	E产品	1,200.00	18,000.00
13	**总计**	12,200.00	118,420.00

图 7-25 拖动字段

（7）单击数据透视表中的任一单元格，选择"数据透视表工具"/"设计"/"布局"/"报表布局"命令，打开如图 7-26 所示的下拉菜单。

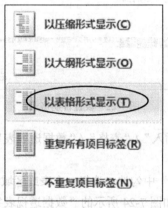

图 7-26 "报表布局"下拉菜单

（8）选择"以表格形式显示"选项，数据透视表显示如图 7-27 所示的效果。

	B	C	D	E
1			**值**	
2	**产品编号** ▽	**产品名称** ▽	**进货数量**	**进货金额**
3	⊟1001	A产品	3,000.00	14,670.00
4	**1001 汇总**		3,000.00	14,670.00
5	⊟1002	B产品	1,000.00	3,300.00
6	**1002 汇总**		1,000.00	3,300.00
7	⊟1003	C产品	1,500.00	60,000.00
8	**1003 汇总**		1,500.00	60,000.00
9	⊟1004	D产品	5,500.00	22,450.00
10	**1004 汇总**		5,500.00	22,450.00
11	⊟1005	E产品	1,200.00	18,000.00
12	**1005 汇总**		1,200.00	18,000.00
13	**总计**		12,200.00	118,420.00

图 7-27 以表格形式显示数据透视表

（9）单击数据透视表中的任一单元格，选择"数据透视表工具"/"设计"/"布局"/"分类汇总"/"不显示分类汇总"命令，数据透视表显示如图 7-28 所示的效果。

（10）选择"数据透视表工具"/"选项"/"工具"/"公式"/"计算字段"命令，显示如图 7-29 所示的"插入计算字段"对话框。

（11）在"名称"文本框中输入"平均单价"，在"公式"文本框中输入"=金额/数量"，单击"确定"按钮，返回工作表界面，完成对数据透视表的创建，工作表中显示如图 7-30 所示的效果。

	B	C	D	E
3			值	
4	行标签 ▼	产品名称 ▼	求和项：数量	求和项：金额
5	⊟1001	A产品	1,100.00	11,175.00
6	⊟1002	B产品	1,200.00	9,850.00
7	⊟1003	C产品	1,000.00	79,000.00
8	⊟1004	D产品	4,200.00	56,460.00
9	⊟1005	E产品	500.00	17,500.00
10	总计		8000	173985

图 7-28　不显示分类汇总后的数据透视表

图 7-29　"插入计算字段"对话框

	B	C	D	E	F
3			值		
4	产品编号 ▼	产品名称 ▼	求和项：数量	求和项：金额	求和项：进货平均单价
5	⊟1001	A产品	1,100.00	11,175.00	10.16
6	⊟1002	B产品	1,200.00	9,850.00	8.21
7	⊟1003	C产品	1,000.00	79,000.00	79.00
8	⊟1004	D产品	4,200.00	56,460.00	13.44
9	⊟1005	E产品	500.00	17,500.00	35.00
10	总计		8000	173985	21.75

图 7-30　插入"进货平均单价"字段

（12）将单元格 D4、E4、F4 中的标题分别改为"进货数量""进货金额""进货平均单价"，完成对数据透视表的创建。

2．优化数据透视表

创建上述数据透视表后，可以对其进行进一步的优化和数据格式设置，具体步骤如下。

（1）选择"数据透视表工具"/"设计"/"数据透视表样式"命令，如图 7-31 所示，在样式功能组中选择合适的表样式；选择区域 B3:F10，转到"开始"选项卡，单击"字体"功能区中的"居中显示"按钮 ≡，居中显示数据透视表内的内容。

（2）选择 B 列至 F 列，设置字体为"Arial"，字号默认为"11"；选择 D 列至 F 列，转到"开始"选项卡，单击"数字"功能区中千分位分隔符按钮，，如图 7-32 所示，设置所选区域内的数据格式。

（3）将单元格指针移动到 B 列至 F 列的列字母之间，变成左右拉伸形状之后，单击并拖动，将单元格区域 B 列至 F 列调整到合适的宽度。

完成对数据透视表的优化，显示如图 7-33 所示的效果。

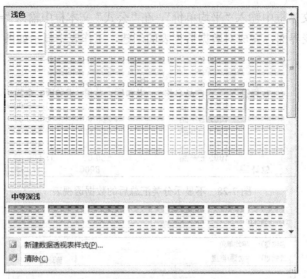

图 7-31 "数据透视表样式"命令

图 7-32 设置数据格式

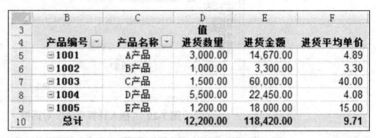

	B	C	D	E	F
3			值		
4	产品编号 ▾	产品名称 ▾	进货数量	进货金额	进货平均单价
5	⊟1001	A产品	3,000.00	14,670.00	4.89
6	⊟1002	B产品	1,000.00	3,300.00	3.30
7	⊟1003	C产品	1,500.00	60,000.00	40.00
8	⊟1004	D产品	5,500.00	22,450.00	4.08
9	⊟1005	E产品	1,200.00	18,000.00	15.00
10	总计		12,200.00	118,420.00	9.71

图 7-33 "商品进货分析"表

 提示

更改公式的重新计算、迭代或精度

　　若要有效地使用公式（公式：单元格中的一系列值、单元格引用、名称或运算符的组合，可生成新的值。公式总是以等号(=)开始），需要了解以下 3 个重要事项：

　　计算　就是先计算公式，然后在包含公式的单元格中显示结果值的过程。为避免不必要的计算，只有在公式所依赖的单元格发生更改时，Microsoft Office Excel 才会自动重新计算公式。第一次打开工作簿以及编辑工作簿时，会默认执行重新计算。但是，可以控制 Excel 重新计算公式的时间和方式。

　　迭代　就是对工作表进行重复的重新计算，直到满足特定的数字条件为止。Excel不能自动计算这样一个公式，该公式直接或间接引用了包含该公式的单元格，这叫做循环引用。如果一个公式引用了自身所在的某个单元格，那么必须确定该公式应该重新计算多少次。循环引用可以无限迭代。但是，可以控制最大迭代次数和可接受的改变量。

　　精度　是对计算的精确程度的度量。Excel 采用 15 个有效数字的精度进行存储和计算。但是，可以更改计算的精度，以使 Excel 在重新计算公式时使用显示值而不是存储值。

7.3.4 使用图形分析进货数据

为了将进货金额按商品类别分类，并以更直观的方式反映出来，可以使用 Excel 中的图形来表示。下面介绍创建"进货商品占比分析"饼图的方法。

例 7-4 创建"进货商品占比分析"饼图。

A 公司管理层要求编制能反映各类商品进货比例的图形，因此编制如图 7-34 所示的饼图。

图 7-34 饼图"进货商品占比分析"

该范例文件见网上资源"第 7 章"文件夹下"进销存管理"工作簿中的"进货—商品分析"工作表，具体制作步骤如下。

（1）激活"进货—商品分析"工作表，单击数据透视表的任一单元格，选择"插入"/"图表"/"饼图"命令，插入如图 7-35 所示的图形和数据透视图筛选窗格。

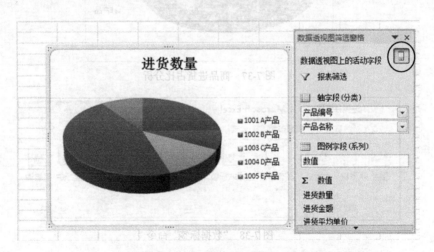

图 7-35 饼图和数据透视图筛选窗格

（2）单击饼图的标题，将其更改为"进货商品占比分析"；单击"数据透视图筛选窗格"右上角的字段列表按钮，显示如图 7-36 所示的"数据透视表字段列表"对话框。

（3）单击"轴字段"区域内的"产品编号"字段，拖动到字段列表内，饼图显示如图 7-37 所示的效果。

（4）单击图表，选择"数据透视图工具"/"布局"/"标签"/"数据标签"/命令，如图 7-38 所示，在饼图内添加数据标签。

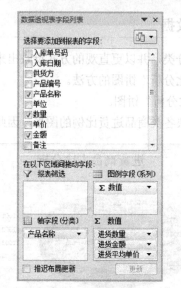

图 7-36 "数据透视表字段列表"对话框

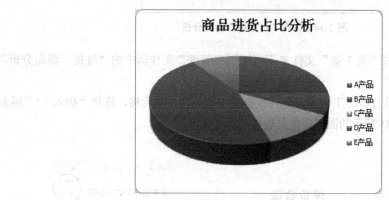

图 7-37 商品进货占比分析

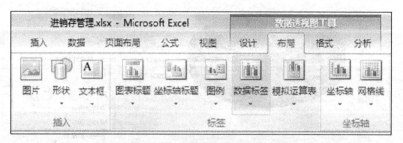

图 7-38 "数据标签"命令

（5）单击饼图内的任一数据标签，右键单击，在打开的快捷菜单中选择"设置数据标签格式"命令，打开如图 7-39 所示的"设置数据标签格式"对话框。

（6）在"标签选项"选项卡的"标签包括"功能组中选择"类别名称""百分比""显示引导线"复选框，单击"关闭"按钮，关闭对话框，返回工作表界面，饼图显示如图 7-40 所示的效果。

（7）选中图表，单击"图表工具"/"格式"选项卡，在"形状样式"功能组中选择"形状填充"命令，在下拉菜单中选择"纹理"/"纸莎草纸"命令；选择"形状效果"命令，在下列菜单中选择"发光"组中的合适样式。

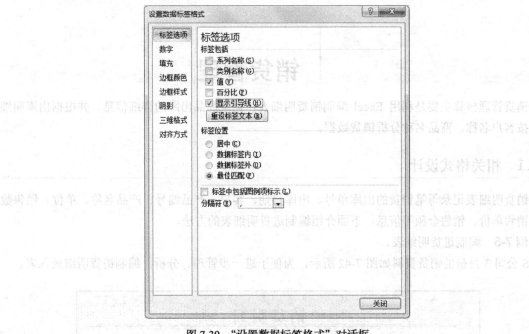

图 7-39 "设置数据标签格式"对话框

图 7-40 饼图添加数据标签后的效果

对图表进行优化后的效果如图 7-41 所示。

图 7-41 优化后的饼图效果

7.4 | 销货管理

销货管理核算主要是利用 Excel 编制销货明细表，记录商品出库的详细信息，并根据出库明细表，按客户名称、商品名称分析销货数据。

7.4.1 相关格式设计

销货明细表记录每笔销货的出库单号、出库日期、客户、产品编号、产品名称、单位、销售数量、销售单价、销售金额等信息。下面介绍编制进货明细表的方法。

例 7-5 编制进货明细表。

S 公司 3 月份的销货资料如图 7-42 所示，为便于进一步管理、分析，编制销货明细录入表。

	A	B	C	D	E	F	G	H	I
1				销货明细					
2				2012年3月					
3	出库单号码	出库日期	客户	产品编号	产品名称	单位	数量	单价	金额
4	12-03-001	2012-2-2	客户1	1001	A产品	个	300.00	10.00	3,000.00
5	12-03-002	2012-2-4	客户2	1001	A产品	个	350.00	10.50	3,675.00
6	12-03-003	2012-2-6	客户3	1002	B产品	支	400.00	8.00	3,200.00
7	12-03-004	2012-2-8	客户4	1002	B产品	支	300.00	8.00	2,400.00
8	12-03-005	2012-2-10	客户4	1003	C产品	套	300.00	80.00	24,000.00
9	12-03-006	2012-2-12	客户2	1004	D产品	把	1,000.00	9.00	9,000.00
10	12-03-007	2012-2-14	客户5	1005	E产品	件	500.00	35.00	17,500.00
11	12-03-008	2012-2-16	客户4	1004	D产品	把	700.00	35.00	24,500.00
12	12-03-009	2012-2-18	客户2	1004	D产品	把	400.00	9.10	3,640.00
13	12-03-010	2012-2-20	客户3	1004	D产品	把	600.00	9.20	5,520.00
14	12-03-011	2012-2-22	客户3	1003	C产品	套	500.00	80.00	40,000.00
15	12-03-012	2012-2-24	客户2	1004	D产品	把	1,500.00	9.20	13,800.00
16	12-03-013	2012-2-26	客户1	1002	B产品	支	500.00	8.50	4,250.00
17	12-03-014	2012-2-28	客户1	1001	A产品	个	450.00	10.00	4,500.00
18	12-03-015	2012-3-1	客户3	1003	C产品	套	200.00	75.00	15,000.00

图 7-42 销货明细表

该范例文件见网上资源"第 7 章"文件夹下"进销存管理"工作簿中的"销货明细录入"工作表，制作步骤如下。

（1）打开"进销存管理"工作簿，单击工作表标签插入按钮 ，插入一张工作表，双击该工作表标签，重命名为"进货明细录入"，如图 7-43 所示。

图 7-43 重命名工作表

（2）在单元格 A1 中输入"销货明细"，合并并居中区域 A1:I1；选择"开始"/"样式"/"单元格样式"命令，如图 7-44 所示，在打开的下拉列表中选择"标题样式"；设置行高为"40"；选择区域 A2:I2，合并并居中，设置字体为"Arial"，字号为"12"，行高为"20"，输入"2012-3"。

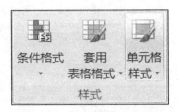

图 7-44 "单元格样式"命令

（3）选择区域 A2:I2，按 Ctrl+1 组合键，打开"设置单元格格式"对话框，转到"数字"选项卡，在"分类"列表框中选择"日期"，在"类型"列表框中选择"2001 年 3 月"格式，如图 7-45 所示，单击"确定"按钮，关闭对话框，完成对日期格式的设置，日期显示为"2012 年 3 月"。

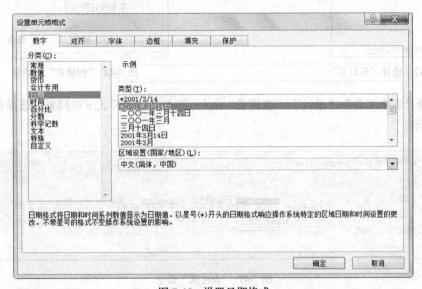

图 7-45 设置日期格式

（4）在单元格 A3 至 I3 中分别输入"出库单号码""出库日期""客户""产品编号""产品名称""单位""数量""单价""金额"，如图 7-46 所示。

图 7-46 输入对应名称

（5）选择区域 B4:B12，转到"开始"选项卡，单击"数字"功能组中的"常规"文本框右端的下拉按钮，在打开的下拉列表中选择"短日期"，如图 7-47 所示，完成对该列日期格式的设置；选择区域 A4:I18，设置字体为"Arial"，字号为"9"，居中显示文本。

（6）将单元格指针移动到 A 列至 I 列的列字母之间，变成左右拉伸形状之后，单击并拖动，将单元格区域 A 列至 I 列调整到合适的宽度。

（7）选择区域 A4:I18，选择"插入"/"表格"/"表格"命令，弹出如图 7-48 所示的"创建表"对话框，选择"表包含标题"复选框，单击"确定"按钮，关闭对话框，返回工作表界面，将所选区域转化为表格区域。

图 7-47 选择"短日期"　　　　　　　　　　　　图 7-48 "创建表"对话框

（8）选择"表格工具"/"设计"/"表样式"命令，在打开的表样式下拉列表中选择合适的样式，如图 7-49 所示。

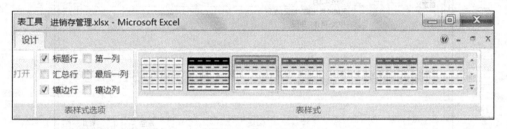

图 7-49 "表样式"命令

（9）按 Ctrl+F3 组合键，打开"名称管理器"对话框，选择"表 2"，单击"编辑"按钮，打开如图 7-50 所示的"编辑名称"对话框，在"名称"文本框中输入"销货明细"。

图 7-50 "编辑名称"对话框

（10）单击"确定"按钮，关闭"编辑名称"对话框，返回"名称管理器"对话框，对话框中显示更改后更具描述性的表名称，单击"确定"按钮，关闭"名称管理器"对话框，返回工作表界面，完成应收账款表格的重命名。

（11）选择区域 A4:I12，按 Ctrl+1 组合键，打开"设置单元格格式"对话框，转到"边框"选项卡，添加区域边框线，如图 7-51 所示。

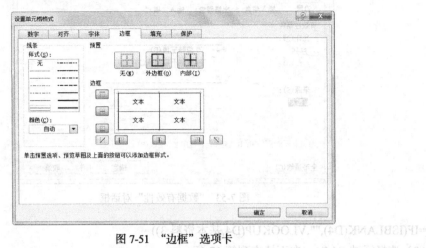

图 7-51 "边框"选项卡

7.4.2 相关公式设计

销货明细表包含公式的区域、设置数据有效性序列的区域，如图 7-52 所示。用户输入产品编号后，通过公式可以将编号对应的产品编号、产品名称自动显示。

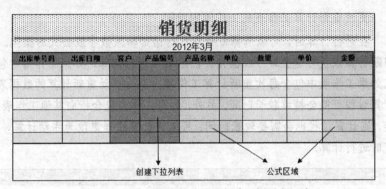

图 7-52 销货明细表的公式及创建下拉列表区域

1. 创建"客户"下拉列表

具体操作步骤如下。

（1）选择单元格 C4，选择"开始"/"数据"/"数据工具"/"数据有效性"/"数据有效性"命令，打开"数据有效性"对话框，单击"有效性条件"右端的下拉按钮，在打开的列表中选择"序列"，如图 7-53 所示。

（2）在"来源"文本框中输入"=客户"，单击"确定"按钮，关闭对话框，返回工作表界面，完成对此单元格数据有效性的设置，选择单元格 C4，向下填充数据有效性的设置到第 18 行。

用同样的方法创建"产品编号"列的下拉列表，在"来源"文本框中分别输入"=产品编号"。

2. 自动显示"产品名称""单位"

（1）选择单元格 E4，在公式栏内输入公式：

=IF(ISBLANK(D4),"",VLOOKUP(D4,基本资料,2))

（2）选择单元格 F4，在公式栏内输入公式：

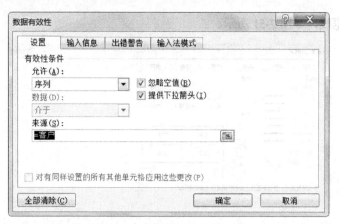

图 7-53 "数据有效性"对话框

=IF(ISBLANK(D4),"",VLOOKUP(D4,基本资料,3))

（3）选择区域 E4:F4，向下填充到第 18 行。

3．计算"金额"

（1）选择单元格 I4，在公式栏内输入公式"=G4*H4"。

（2）选择单元格 I4，向下填充到第 18 行。

 提示

更改重新计算工作表或工作簿的时间

在进行计算时，可以选择命令或执行诸如输入数字或公式的操作。Excel 会暂时中断计算以执行这些命令或操作，然后继续进行计算。如果工作簿中包含大量公式，或如果工作表中包含每次重新计算工作簿时都会自动重新计算的数据表或函数，那么计算过程可能会持续较长时间。另外，如果工作表包含指向其他工作表或工作簿的链接，则计算过程也会需要较长时间。可以将计算过程更改为手动计算，从而可以控制何时进行计算。

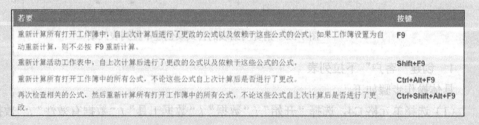

若要	按键
重新计算所有打开工作簿中，自上次计算后进行了更改的公式以及依赖于这些公式的公式，如果工作簿设置为自动重新计算，则不必按 F9 重新计算。	F9
重新计算活动工作表中，自上次计算后进行了更改的公式以及依赖于这些公式的公式。	Shift+F9
重新计算所有打开工作簿中的所有公式，不论这些公式自上次计算后是否进行了更改。	Ctrl+Alt+F9
再次检查相关的公式，然后重新计算所有打开工作簿中的所有公式，不论这些公式自上次计算后是否进行了更改。	Ctrl+Shift+Alt+F9

7.4.3 按商品类别分析销货数据

对销货数据按照商品类别分类汇总，有助于管理者了解在一定时期内每种商品销售的数量、金额、平均单价，对于做出调整销售结构、销售价格等销售决策有重要用途。在 Excel 中，可以通过创建数据透视表来满足这一要求。

下面介绍编制"销货—商品分析"表的方法。

例 7-6 编制"销货—商品分析"表。

A 公司管理层要求按商品类别编制如图 7-54 所示的销货数据分析表，以了解每种商品的销货情况。

该范例文件见网上资源“第 7 章”文件夹下“进销存管理”工作簿中的“销货-商品分析”工作表，具体操作步骤如下。

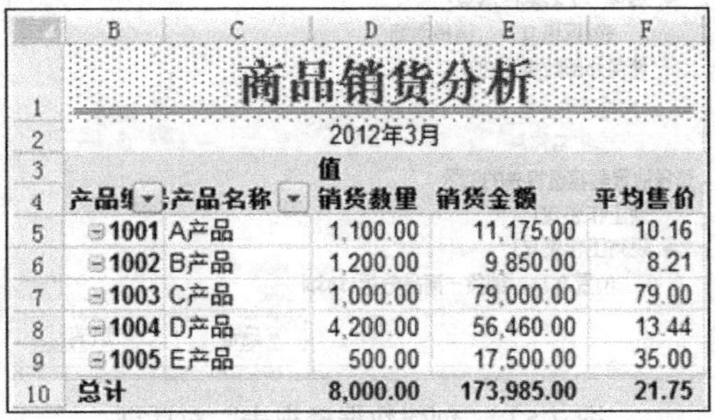

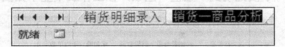

	B	C	D	E	F
1	商品销货分析				
2	2012年3月				
3			值		
4	产品编	产品名称	销货数量	销货金额	平均售价
5	⊟1001	A产品	1,100.00	11,175.00	10.16
6	⊟1002	B产品	1,200.00	9,850.00	8.21
7	⊟1003	C产品	1,000.00	79,000.00	79.00
8	⊟1004	D产品	4,200.00	56,460.00	13.44
9	⊟1005	E产品	500.00	17,500.00	35.00
10	总计		8,000.00	173,985.00	21.75

图 7-54　商品销货分析表

1. 创建数据透视表

(1) 打开“进销存管理”工作簿，单击工作表标签插入按钮，插入一张工作表，双击该工作表标签，重命名为“销货—商品分析”，如图 7-55 所示。

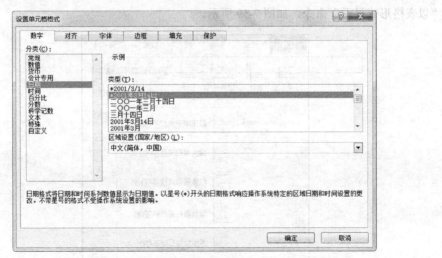

图 7-55　重命名工作表

(2) 在单元格 B1 中输入“商品销货分析”，合并并居中区域 B1:F1，设置字体为“华文中宋”，字号为“20”，字体颜色“深蓝色”，设置行高为“40”，添加双底框线；选择区域 B2:F2，合并并居中，设置字体为“Arial”，字号为“12”，行高为“20”，输入“2012-3”。

(3) 选择区域 B2:F2，按 Ctrl+1 组合键，打开“设置单元格格式”对话框，转到“数字”选项卡，在“分类”列表框中选择“日期”，在“类型”列表框中选择“2001 年 3 月”格式，如图 7-56 所示，单击“确定”按钮，关闭对话框，完成对日期格式的设置，日期显示为“2012 年 3 月”。

图 7-56　设置日期格式

（4）选择单元格 B3，选择"插入"/"表格"/"数据透视表"/"数据透视表"命令，打开如图 7-57 所示的"创建数据透视表"对话框。

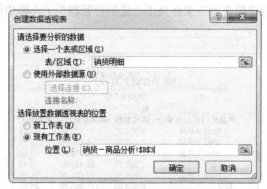

图 7-57　"创建数据透视表"对话框

（5）在"请选择要分析的数据"中勾选"选择一个表或区域"单选按钮，在其后的公式栏内输入"=销货明细"，单击"确定"按钮，弹出"数据透视表字段列表"对话框。

（6）在"选择要添加到报表的字段"列表中将"产品编号""产品名称"字段拖动到"行标签"区域，将"数量""金额"字段拖动到"数值"区域，在工作表中显示如图 7-58 所示的界面。

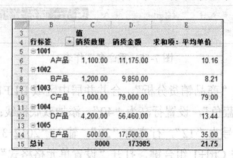

图 7-58　拖动字段

（7）单击数据透视表中的任一单元格，选择"数据透视表工具"/"设计"/"布局"/"报表布局"/"以表格形式显示"命令，如图 7-59 所示。

图 7-59　"以表格形式显示"命令

（8）单击数据透视表中的任一单元格，选择"数据透视表工具"/"设计"/"布局"/"分类汇总"/"不显示分类汇总"命令，数据透视表显示如图 7-60 所示的效果。

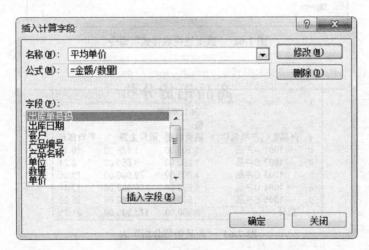

	B	C	D	E	F
3			值		
4	产品编号 ▾	产品名称 ▾	销货数量	销货金额	求和项：平均单价
5	⊟1001	A产品	1,100.00	11,175.00	10.16
6	⊟1002	B产品	1,200.00	9,850.00	8.21
7	⊟1003	C产品	1,000.00	79,000.00	79.00
8	⊟1004	D产品	4,200.00	56,460.00	13.44
9	⊟1005	E产品	500.00	17,500.00	35.00
10	总计		8000	173985	21.75

图 7-60　不显示分类汇总后的数据透视表

（9）选择"数据透视表工具"/"选项"/"工具"/"公式"/"计算字段"命令，显示如图 7-61 所示的"插入计算字段"对话框。

图 7-61　"插入计算字段"对话框

（10）在"名称"文本框中输入"平均单价"，在"公式"文本框中输入"=金额/数量"，单击"确定"按钮，返回工作表界面，完成对数据透视表的创建；将单元格 D4、E4、F4 中的标题分别改为"销货数量""销货金额""平均售价"，完成对数据透视表的创建。

2．优化数据透视表

创建上述数据透视表后，可以对其进行进一步的优化和数据格式设置，具体操作步骤如下。

（1）选择"数据透视表工具"/"设计"/"数据透视表样式"命令，如图 7-62 所示，在样式功能组中选择合适的表样式，选择区域 B3:F10，转到"开始"选项卡，单击"字体"功能区中的"居中显示"按钮 ≡，居中显示数据透视表的内容。

（2）选择 B 列至 F 列，设置字体为"Arial"，字号默认为"11"；选择 D 列至 F 列，转到"开始"选项卡，单击"数字"功能区中千分位分隔符按钮，，设置所选区域内的数据格式。

（3）将单元格指针移动到 B 列至 F 列的列字母之间，变成左右拉伸形状之后，单击并拖动，将单元格区域 B 列至 F 列调整到合适的宽度。

完成对数据透视表的优化，显示如图 7-63 所示的效果。

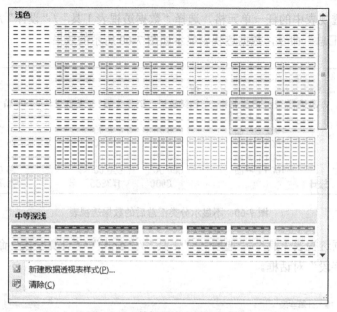

图 7-62 "数据透视表样式"命令

	B	C	D	E	F
1			商品销货分析		
2			2012年3月		
3			值		
4	产品纠 ▼	产品名称 ▼	销货数量	销货金额	平均售价
5	⊟1001	A产品	1,100.00	11,175.00	10.16
6	⊟1002	B产品	1,200.00	9,850.00	8.21
7	⊟1003	C产品	1,000.00	79,000.00	79.00
8	⊟1004	D产品	4,200.00	56,460.00	13.44
9	⊟1005	E产品	500.00	17,500.00	35.00
10	总计		8,000.00	173,985.00	21.75

图 7-63 "商品销货分析"表

7.4.4 使用图形分析每个客户的销售额

销售明细按时间顺序记录了每笔销售的详细信息,管理层若想从客户的角度了解每个客户的销售情况,可以创建数据透视表,也可以直接使用数据透视图,以图表的方式更形象地显示出来。

下面介绍创建"销货客户占比分析"饼图的方法。

例 7-7 创建饼图"销货客户占比分析"。

A 公司管理层想了解每个客户在当期的销售情况,要求财务部编制如图 7-70 所示的饼图。

该范例文件见网上资源"第 7 章"文件夹下"进销存管理"工作簿中的"销货-客户分析"工作表,具体制作步骤如下。

(1) 激活"销货-客户分析"工作表,选择单元格 B3,选择"插入"/"表格"/"数据透视表"/"数据透视图"命令,打开如图 7-64 所示的对话框。

(2) 在"请选择要分析的数据"中勾选"选择一个表或区域"单选按钮,在其后的公式栏内输入"=销货明细",单击"确定"按钮,弹出如图 7-65 所示的"数据透视表字段列表"对话框和数据透视图筛选窗格。

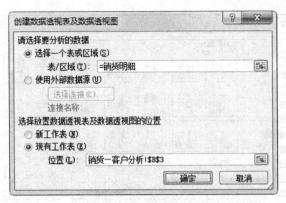

图 7-64　"创建数据透视表及数据透视图"对话框

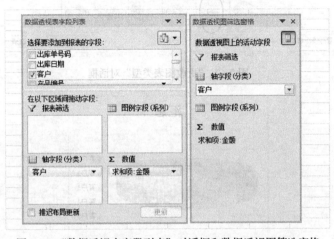

图 7-65　"数据透视表字段列表"对话框和数据透视图筛选窗格

（3）打开"数据透视表字段列表"对话框，将"客户"字段拖动到"轴字段"区域，将"金额"字段拖动到"数值"区域，关闭这两个对话框，工作表区域显示如图 7-66 所示的数据透视表和数据透视图。

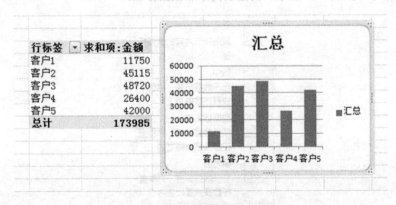

图 7-66　数据透视表和数据透视图

（4）单击数据透视图，右键单击，在打开的快捷菜单中选择"更改图表类型"命令，打开如图 7-67 所示的"更改图表类型"对话框，选择"饼图"组中的"三维饼图"选项，更改类型后的数据透视图显示如图 7-68 所示的效果。

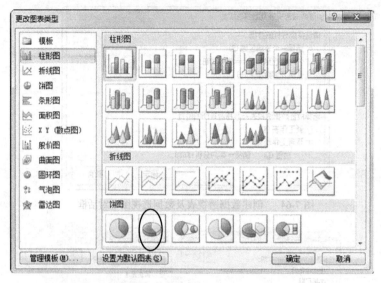

图 7-67 "更改图表类型"对话框

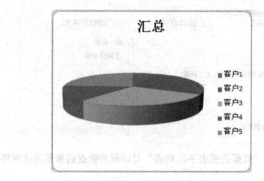

图 7-68 更改为饼图后的数据透视图

（5）更改图表标题为"销货客户占比分析"，选择"数据透视图工具"/"布局"/"数据标签"/
"数据标签内"命令，如图 7-69 所示，向图表内添加数据标签。

图 7-69 "数据标签内"命令

（6）选中图表内的数据标签，右键单击，在打开的快捷菜单中选择"设置数据标签格式"命令，打开"设置数据标签格式"对话框。

（7）在"标签选项"选项卡的"标签包括"功能组中，选择"类别名称""百分比""显示引导线"复选框，单击"关闭"按钮，关闭对话框，返回工作表界面，饼图显示如图 7-70 所示的效果。

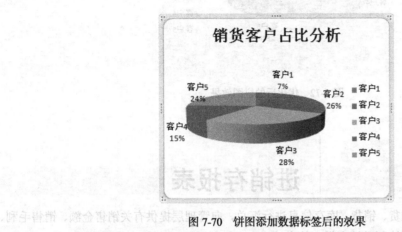

图 7-70 饼图添加数据标签后的效果

（8）选中图表，单击"图表工具"/"格式"选项卡，在"形状样式"功能组中选择"形状填充"命令，在下拉菜单中选择"纹理"/"纸莎草纸"命令，如图 7-71 所示；选择"形状效果"命令，在下列菜单中选择"发光"组中的合适样式。

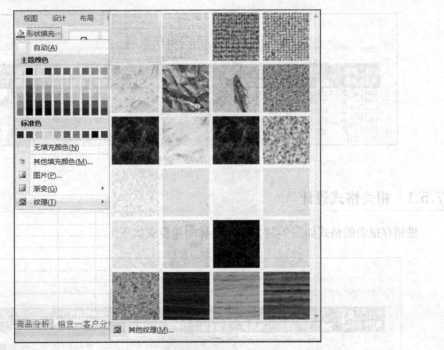

图 7-71 "纸莎草纸"命令

对图表进行优化后的效果如图 7-72 所示。

图 7-72　优化后的饼图效果

7.5 进销存报表

　　进销存报表对本月的进货、销货、库存信息进行汇总，向管理层提供有关销售金额、销售毛利、库存成本等资料。下面介绍编制进销存报表的方法。

　　例 7-8　编制进销存报表。

　　A 公司管理层要求提供包含本月进销存信息的报表，效果如图 7-73 所示。

　　该范例文件见网上资源"第 7 章"文件夹下"进销存管理"工作簿中的"进销存报表"工作表。

产品编号	产品名称	期初库存		本月入库		加权平均单价	本月销售				期末库存	
		数量	平均单价	入库数量	入库金额		销售数量	平均售价	销售金额	销售毛利	数量	库存成本
1001	A产品	1,500.00	4.90	3,000.00	14,670.00	0.64	1,100.00	4.89	5,379.00	4,674.92	3,400.00	2,176.25
1002	B产品	900.00	3.50	1,000.00	3,300.00	0.99	1,200.00	3.30	3,960.00	2,774.29	700.00	691.67
1003	C产品	600.00	39.00	1,500.00	60,000.00	0.41	1,000.00	40.00	40,000.00	39,589.11	1,100.00	451.98
1004	D产品	1,800.00	4.00	5,500.00	22,450.00	0.52	4,200.00	4.08	17,143.64	14,944.05	3,100.00	1,623.51
1005	E产品	800.00	16.00	1,200.00	18,000.00	0.74	500.00	15.00	7,500.00	7,127.66	1,500.00	1,117.02
总计	合计		67.40	12,200.00	118,420.00	0.10	8,000.00	9.71	77,652.46	76,828.27	4,200.00	432.70

图 7-73　进销存报表

7.5.1　相关格式设计

　　进销存报表的格式如图 7-74 所示，具体制作步骤如下。

产品编号	产品名称	期初库存		本月入库		加权平均单价	本月销售				期末库存	
		数量	平均单价	入库数量	入库金额		销售数量	平均售价	销售金额	销售毛利	数量	库存成本
总计	合计											

图 7-74　进销存报表的格式

(1) 打开"进销存管理"工作簿,单击工作表标签插入按钮 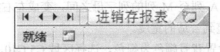,插入一张工作表,双击该工作表标签,重命名为"进销存报表",如图 7-75 所示。

图 7-75　重命名工作表

(2) 在单元格 A1 中输入"进销存报表",合并并居中区域 A1:M1,选择"开始"/"样式"/"单元格样式"命令,在打开的下拉列表中选择"标题样式";设置行高为"40";选择区域 A2:M2,合并并居中,设置字体为"Arial",字号为"12",行高为"20",输入"2012-3"。

(3) 选择区域 A2:M2,按 Ctrl+1 组合键,打开"设置单元格格式"对话框,转到"数字"选项卡,在"分类"列表框中选择"日期",在"类型"列表框中选择"2001年3月"格式,如图 7-76 所示,单击"确定"按钮,关闭对话框,完成对日期格式的设置,日期显示为"2012年3月"。

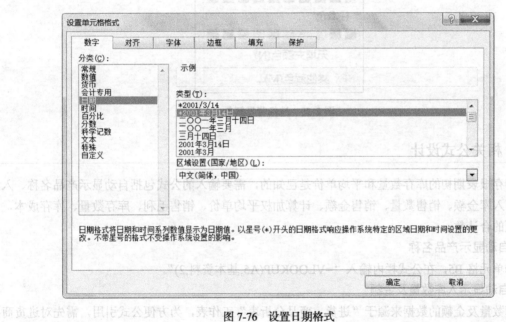

图 7-76　设置日期格式

(4) 在单元格 A3、B3、C3、E3、G3、H3、L3 内分别输入"产品编号""产品名称""期初库存""本月入库""加权平均单价""本月销售""期末库存";分别合并区域 A3:A4、B3:B4、C3:D3、E3:F3、G3:G4、H3:K3、L3:M3。

(5) 在单元格 B4 至 F4、H4 至 M4 内分别输入"数量""平均单价""入库数量""入库金额""销售数量""平均售价""销售金额""销售毛利""数量""库存成本",如图 7-77 所示。

图 7-77　输入对应名称

（6）在单元格 A10 内输入"合计"；选择区域 A3:M10，设置字体为"Arial"，字号为"9"，居中显示文本。

（7）将单元格指针移动到 A 列至 M 列的列字母之间，变成左右拉伸形状之后，单击并拖动，将单元格区域 A 列至 M 列调整到合适的宽度。

（8）选择区域 G5:G10，设置背景颜色为绿色，选择区域 C5:C10、E5:E10、H5:H10、L5:L10，设置背景颜色为"浅蓝色"，如图 7-78 所示，选择区域 F5:F10、J5:J10、K5:K10、M5:M10，设置背景颜色为红色；选择区域 A3:M10，添加如图 7-74 所示的边框。

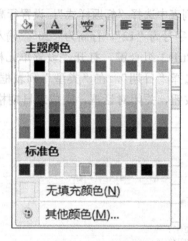

图 7-78　选择背景颜色

7.5.2　相关公式设计

进销存报表期初的库存数量和平均单价是已知的，需要输入的公式包括自动显示产品名称、入库数量、入库金额、销售数量、销售金额、计算加权平均单价、销售毛利、库存数量、库存成本，以及各项的合计数。

1.　自动显示产品名称

选择单元格 B5，在公式栏内输入"=VLOOKUP(A5,基本资料,2)"。

2.　自动显示入库数量及金额

入库数量及金额的数据来源于"进货—商品分析表"工作表，为方便公式引用，需先对进货商品分析表命名，具体操作步骤如下。

（1）激活"进货—商品分析"工作表，选择区域 B3:E10，在名称框中输入"进货商品汇总"。

（2）激活"进销存报表"工作表，选择单元格 E5，在公式栏内输入"=VLOOKUP(A5,进货商品汇总,3)"。

（3）选择单元格 F5，在公式栏内输入"=VLOOKUP(A5,进货商品汇总,4)"。

3.　计算加权平均单价

选择单元格 G5，在公式栏内输入"=(C5*D5+F5)/(C5+E5)"。

4.　自动显示及计算本月销售项目

销售数量及金额的数据来源于"进货—商品分析"工作表，为方便公式引用，需先对进货商品分析表命名，具体操作步骤如下。

（1）激活"销货—商品分析"工作表，选择区域 B3:E10，在名称框中输入"销货商品汇总"。

（2）激活"进销存报表"工作表，选择单元格 H5，在公式栏内输入"=VLOOKUP(A5,销货商品汇总,3)"。

（3）选择单元格 I5，在公式栏内输入"=VLOOKUP(A5,进货商品汇总,5)"。

（4）选择单元格 J5，在公式栏内输入"=H5*I5"。

（5）选择单元格 K5，在公式栏内输入"=H5*(I5−G5)"。

5．计算库存项目

（1）选择单元格 L5，在公式栏内输入"=C5+E5−H5"。

（2）选择单元格 M5，在公式栏内输入"=L5*G5"。

6．复制公式

选择区域 E5:M5，向下填充复制到第 9 行。

7．计算合计数

（1）选择单元格 C10，在公式栏内输入公式"=SUM(D5:D9)"。

（2）选择单元格 C10，向右填充复制到公式第 M 列。

 提示

合并文本和日期（或时间）

假设我们要根据几个数据列创建一个语法正确的句子以便发送大量信函，或者要用文本格式化日期而不影响使用这些日期的公式。要合并带有日期或时间的文本，可使用 TEXT 函数和&（连接符号）运算符。

7.5.3　库存预警设置

由于商品类别繁多，为保证经营的连续性，库存商品低于一定数量时，应该给予提示，在 Excel 中可以使用设置条件格式来满足这一要求。下面介绍为商品设置预警的方法。

例 7-9　为 B 商品设置预警。

公司要求，当 B 商品的库存低于 1000 件时，应以如图 7-79 所示的红色背景显示，提醒商品继续购进，保证生产经营的连续性。

设置条件格式的具体步骤如下。

（1）选定单元格 L5，选择"开始"/"样式"/"条件格式"/"突出显示单元格规则"命令，打开如图 7-80 所示的下拉菜单。

产品 编号	产品名 称	期末库存	
		数量	库存成本
1001	A产品	3,400.00	2,176.25
1002	B产品	700.00	691.67
1003	C产品	1,100.00	451.98
1004	D产品	3,100.00	1,623.51
1005	E产品	1,500.00	1,117.02
总计	合计	4,200.00	432.70

图 7-79　为 B 商品设置预警　　　　　　　　　　图 7-80　"条件格式"下拉菜单

（2）选择"小于"命令，打开如图 7-81 所示的"小于"对话框。

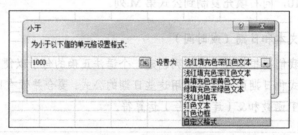

图 7-81　"小于"对话框

（3）在对话框的左侧文本框中输入"1000"，单击右侧文本框的下拉按钮，在打开的下拉菜单中选择"自定义格式"命令，打开"设置单元格格式"对话框。

（4）转到"填充"选项卡，设置背景颜色"红色"，如图 7-82 所示，单击"确定"按钮，关闭"设置单元格格式"对话框，返回"小于"对话框。

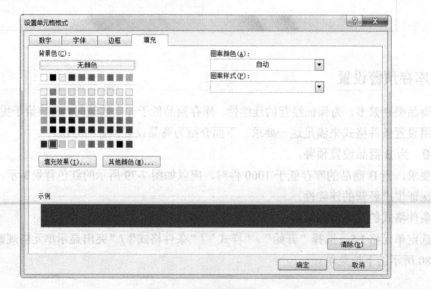

图 7-82　设置背景颜色

（5）单击"确定"按钮，关闭"小于"对话框，返回工作表界面，B 产品所对应的库存数量显示相应的红色。

使用同样的方法，对其他产品按照相应的库存最低要求进行设置。

课后习题

1. 在设置单元格格式时，可以使用（　　）快捷方式打开。

    A．Ctrl+1   B．Ctrl+2   C．Ctrl+B   D．Ctrl+X

2. （　　）是打开"名称管理器"对话框的快捷方式。

    A．Ctrl+F1   B．Ctrl+F2   C．Ctrl+F3   D．Ctrl+F4

3. 一个完整的"进销存管理"的工作簿，应该包含哪些工作表？

4. 进销存管理核算中，数据处理的基本流程是什么？

（5）单击"确定"按钮，弹出"小计"对话框，进行工作表设置。B2产

第8章 Excel 在财务分析中的应用

财务分析是评价企业财务状况、衡量企业经营业绩的重要依据。由于财务分析涉及的数据不仅类别繁多，而且还涉及不同时期、不同企业之间的比较，因此利用 Excel 所提供的各种功能来辅助财务人员和决策人员，可以迅速、准确地完成财务分析工作。

本章主要介绍财务分析中常用的方法和如何运用 Excel 进行简单的财务分析。

【学习目标】

通过本章的学习，读者应掌握和了解以下知识点：

- 了解财务分析的方法。
- 掌握财务指标分析的四大类具体指标。
- 掌握使用 Excel 进行财务指标分析的具体方法。
- 掌握利用折线图制作趋势图的方法。
- 掌握使用数据条显示项目构成百分比的方法。

8.1 财务报表分析概述

财务分析是以财务报表和相关资料为基础，对企业财务状况和经营成果进行评价和剖析，反映企业在运营过程中的利弊得失和发展趋势，为改进企业的财务管理工作和优化经济决策提供重要的财务信息。

8.1.1 财务分析的内容

财务分析的需求者主要包括权益投资者、债权人、治理层、管理层、雇员、顾客、政府及相关监管机构、注册会计师和其他财务信息使用者。不同主体处于不同的利益，所关心的问题和侧重点有所不同，因此财务分析的内容也有所不同。

但就企业的总体来看，财务分析的内容可以归纳为 4 个方面：偿债能力分析、营运能力分析、盈利能力分析和发展能力分析。其中偿债能力分析是财务目标实现的稳健保证，营运能力是财务目标实现的物质基础，盈利能力是两者共同作用的结果，同时对两者的增强起着推动用途。四者相辅相成，共同构成财务分析的基本内容。

8.1.2 财务分析的方法

财务报表的分析方法主要有比率分析法、趋势分析法和因素分析法。

1. 比率分析法

比率分析法主要是通过各种比率指标来确定经济活动变动程度的分析方法。比率是相对数，采用这种方法，能够把某些条件下的不可比指标变成可比指标，以利于分析。比率指标可以有不同的

类型，主要有以下 3 类。

（1）构成比率。

构成比率又称结构比率，它是某项财务指标的各组成部分数值占总体数值的百分比，反映部分与总体的关系。其计算公式为：

$$构成比率=某个组成部分数值/总体数值×100\%$$

例如，企业中的流动资产、固定资产和无形资产占资产总额百分比的（资产构成比率），企业负债中流动负债和非流动负债占负债总额的百分比（负债构成比率）。利用构成比率，可以考察总体中某个部分的形成和安排是否合理，以便协调各项财务活动。

（2）效率比率。

效率比率是某项财务活动中所费与所得的比例，反映投入与产出的关系。利用效率比率指标，可以进行得失比较，考虑经营成果，评价经济效益。如将利润与营业收入、营业等项目进行比较，可以计算出成本利润率、营业利润率等利润指标，可以从不同角度观察比较企业盈利能力的高低以及增减变化情况。

（3）相关比率。

相关比率是以某个项目和与其有关但又不同的项目加以对比所得的比率，反映有关经济活动的相关关系。利用相关比率指标，可以考察企业有联系的相关业务安排是否合理，以保障运营活动顺利进行。例如，将流动资产与流动负债加以对比，计算出流动比率，据以判断企业的短期偿债能力。

2．趋势分析法

趋势分析法，是通过对比两期或连续数期财务报告中相同指标，确定增减变动的方向、数额和幅度，来说明企业财务状况或经营成果变动趋势的一种方法。采用这种方法，可以分析引起变化的主要原因、变动的性质，并预测企业未来的发展前景。趋势分析法的具体运用主要有以下两种方式。

（1）财务报表项目趋势分析。

将企业连续数期的财务报表金额并列起来，比较其相同指标的增减变动金额和幅度，据以判断企业财务状况和经营成果发展变化的一种方法。

（2）财务报表项目构成百分比的比较。

将企业财务报表中某个总体指标作为 100%，再计算出各组成指标占总体指标的百分比，从而来比较各个项目百分比的增减变动，以此来判断有关财务活动的变化趋势。这种方法不仅可以用于同一时期财务状况的纵向比较，又可用于不同企业之间的横向比较，同时能够消除不同时期、不同企业之间业务规模的差异，有利于分析企业的资本结构、耗费水平和盈利水平。

3．因素分析法

因素分析法，是从数量上来确定一个综合经济指标所包含的各个因素的变动对该指标影响程度的一种分析方法。运用这一方法的出发点在于，当有若干因素对综合指标发生作用时，假定其他各个因素都无变化，顺序确定每一个因素单独变化所产生的影响。因素分析法主要有连环替代法和差额分析法两种具体方法。

（1）连环替代法。

连环替代法是根据因素之间的内在依存关系，依次测定各因素变动对经济指标差异影响的一种分析方法。连环替代法的主要作用在于分析计算综合经济指标变动的原因及其各因素的影响程度。

应用连环替代法的前提条件是，经济指标与它的构成因素之间有着因果关系，能够构成一种代数式。运用连环替代法数学模型，可以分析确定经济指标变动的原因，从而采取措拖，加强经济管理。

（2）差额分析法。

差额分析法也称绝对分析法，就是直接利用各因素的预算与实际的差异来按顺序计算，确定其变动对分析对象的影响程度。它是从连环替代法简化而成的一种分析方法的特殊形式，是利用各个因素的比较值与基准值之间的差额，来计算各因素对分析指标的影响。它通过分析财务报表中有关科目的绝对数值的大小，据此判断发行公司的财务状况和经营成果。

8.2 财务指标分析

财务指标分析是将财务报表中的有关项目进行比较，得出一系列的财务比率，以此来揭示企业财务状况的一种方法。

8.2.1 财务分析的具体指标

总结和评价企业财务状况和经营成果的分析指标包括偿债能力、营运能力、盈利能力和发展能力。

1. 偿债能力分析

偿债能力是指企业偿还到期债务的能力。偿债能力分析包括短期偿债能力分析和长期偿债能力分析。

（1）短期偿债能力分析。

短期偿债能力分析是指企业流动资产对流动负债及时足额偿还的保障程度，是衡量企业当前财务能力，特别是流动资产变现能力的重要标志。短期偿债能力的衡量指标主要有流动比率、速动比率、现金比率、现金流动负债比率等。

① 流动比率。流动比率是全部流动资产与流动负债的比值。其计算公式如下：

$$流动比率=流动资产\div流动负债$$

流动比率假设全部流动资产都可以用于偿还短期债务，表明每 1 元流动负债有多少流动资产作为偿债的保障。不存在统一的、标准的流动比率数值。不同行业的流动比率通常有明显差别。营业周期越短的行业，合理的流动比率越低。过去很长时期，人们认为生产型企业合理的最低流动比率是 2。这是因为流动资产中变现能力最差的存货金额约占流动资产总额的一半，剩下的流动性较好的流动资产至少等于流动负债，才能保证企业最低的短期偿债能力。这种认识一直未能从理论上证明。最近几十年，企业的经营方式和金融环境发生很大变化，流动比率有降低的趋势，许多成功企业的流动比率都低于2。

如果流动比率比上年发生较大变动，或与行业平均值出现重大偏离，就应对构成流动比率的流动资产和流动负债各项目逐一进行分析，寻找形成差异的原因。为了考察流动资产的变现能力，有时还需要分析其周转率。

流动比率有某些局限性，在使用时应注意：流动比率假设全部流动资产都可以变为现金并用于偿债，全部流动负债都需要还清。实际上，有些流动资产的账面金额与变现金额有较大差异，如产成品等；经营性流动资产是企业持续经营所必需的，不能全部用于偿债；经营性应付项目可以滚动续存，无需动用现金全部结清。因此，流动比率是对短期偿债能力的粗略估计。

② 速动比率。构成流动资产的各个项目的流动性有很大差别。其中的货币资金、交易性金融资产和各种应收、预付款项等，可以在较短时间内变现，称之为速动资产。另外的流动资产包括存货、待摊费用、一年内到期的非流动资产及其他流动资产等，称为非速动资产。

非速动资产的变现时间和数量具有较大的不确定性：a. 存货的变现速度比应收款项要慢得多；部分存货可能已损失报废还没做处理，或者已抵押给债权人，不能用于偿债；存货股价有多种方法，可能与变现金额相差悬殊；b. 待摊费用不能出售变现；c. 一年内到期的非流动资产和其他流动资产的数额有偶然性，不代表正常的变现能力。因此，将可偿债资产定义为速动资产，计算出来的短期债务存量比率更令人可信。

速动资产与流动资产的比值称为速动比率，其计算公式为：

速动比率=速动资产÷流动负债

速动比率假设速动资产是可以用于偿债的资产，表明每 1 元流动负债有多少速动资产作为偿还保障。如同流动比率一样，不同行业的速动比率有很大差别。例如，采用大量现金销售的商店，几乎没有应收账款，速动比率大大低于 1 是很正常的。相反，一些应收账款较多的企业，速动比率可能要大于 1。

影响速动比率可信性的重要因素是应收账款的变现能力。账面上的应收账款不一定都能变成现金，实际坏账可能比计提的准备要多；季节性的变化，可能使报表上的应收账款数额不能反映平均水平。这些情况，外部分析人不易了解，而内部人员却有可能做出估计。

③ 现金比率。速动资产中，流动性最强、可直接用于偿债的资金称为现金资产。现金资产包括货币资金、交易性金融资产等。它们与其他速动资产有区别，其本身就是可以直接偿债的资产，而非速动资产需要等待不确定的时间，才能转换为不确定数额的现金。

现金资产与流动负债的比值称为现金比率，其计算公式如下：

现金比率=（货币资金+交易性金融资产）÷流动负债

现金比率假设现金资产是可偿债资产，表明 1 元流动负债有多少现金资产作为偿还保障。

④ 现金流动负债比率。现金流动负债比率是企业一定时期的经营现金净流量同流动负债的比率，它可以从现金流量来反映企业当其偿付短期负债的能力。其计算公式为：

现金流动负债比率=年经营现金净流量×年末流动负债×100%

其中，年经营现金净流量是指一定时期内，有企业经营活动所产生的现金及现金等价物的流入量与流出量的差额。

该指标是从现金流入和流出的动态角度对企业实际偿债能力进行考察。现金流动负债比率越大，表明企业经营活动产生的现金净流量越多，越能保障企业按期偿还到期债务。但是，该指标也不是越大越好，指标过大表明企业流动资金利用不充分，获利能力不强。该指标从现金流入和流出的动态角度对企业的实际偿债能力进行考察，反映本期经营活动所产生的现金净流量足以抵付流动负债的倍数。

（2）长期偿债能力分析。

长期偿债能力是指企业偿还长期负债的能力。衡量长期偿债能力的指标主要有：资产负债率、产权比率、权益乘数、长期资本负债率、已获利息倍数、现金流量利息保障倍数等。

① 资产负债率。资产负债率是负债总额占资产总额的百分比，其计算公式如下：

资产负债率＝（负债总额÷资产总额）×100%

资产负债率反映总资产中有多大比例是通过负债取得的，它可以衡量企业在清算时保护债权人利益的程度。资产负债率越低，企业偿债越有保证，贷款越安全。资产负债率还代表企业的举债能力。一个企业的资产负债率越低，举债越容易。如果资产负债率高到一定程度，没有人愿意提供贷款了，则表明企业的举债能力已经用尽。

通常，资产在破产拍卖时的售价不到账面价值的 50%，因此资产负债率高于 50%，则债权人的利益就缺乏保障。各类资产变现能力有显著区别，房地产变现的价值损失小，专用设备则难以变现。不同企业的资产负债率不同，与其持有的资产类别有关。

② 产权比率和权益乘数。产权比率和权益乘数是资产负债率的另外两种表现形式，它和资产负债率的性质一样，其计算公式如下：

产权比率＝负债总额÷股东权益

权益乘数＝总资产÷股东权益＋产权比率

产权比率表明 1 元股东权益借入的债务数额。权益乘数表明 1 元股东权益拥有的总资产。它们是两种常用的财务杠杆计量，可以反映特定情况下利润率和权益利润率之间的倍数关系。财务杠杆表明债务的多少，与偿债能力有关，并且可以表明权益净利润的风险，也与盈利能力有关。

③ 长期资本负债率。长期资本负债率是指非流动负债占长期资本的百分比，其计算公式如下：

长期资本负债率＝[非流动负债÷（非流动负债＋股东权益）×100%]

长期资本负债率反映企业长期资本的结构。由于流动负债的数额经常发生变化，资本结构管理大多使用长期资本结构。

④ 已获利息倍数。已获利息倍数是指息税前利润为利息费用的倍数。其计算公式如下：

利息保障倍数＝息税前利润÷利息费用＝（净利润＋利息费用＋所得税费用）÷利息费用

通常，可以用财务费用的数额作为利息费用，也可以根据报表附注资料确定更准确的利息费用数额。

长期债务不需要每年还本，却需要每年付息。利息保障倍数表明 1 元债务利息有多少倍的息税前收益作保障，它可以反映债务政策的风险大小。如果企业一直保持按时付息的信誉，则长期负债可以延续，举借新债也比较容易。利息保障倍数越大，利息支付越有保障。如果利息支付尚且缺乏保障，归还本金就很难指望。因此，利息保障倍数可以反映长期偿债能力。

如果利息保障倍数小于 1，表明自身产生的经营收益不能支持现有的债务规模。利息保障倍数等于 1 也是很危险的，因为息税前利润受经营风险的影响，是不稳定的，而利息的支付却是固定数额。利息保障倍数越大，公司拥有的偿还利息的缓冲资金越多。

⑤ 现金流量利息保障倍数。现金流量基础的利息保障倍数，是指经营现金流量为利息费用的倍数。其计算公式如下：

现金流量利息保障倍数＝经营现金流量÷利息费用

现金基础的利息倍数表明，1 元的利息费用有多少倍的经营现金流量作保障。它比收益基础的利息保障倍数更可靠，因为实际用以支付利息的是现金，而不是受益。

2. 营运能力分析

营运能力是指企业基于外部市场环境的约束，通过人力资源和生产资料的配置组合而对财务目标实现所产生用途的大小。这里主要介绍生产资料的营运能力分析。生产资料的营运能力实际上就是企业的总资产及其各个组成要素的营运能力。资产的营运能力的强弱关键取决于资产的周转速度。

衡量生产资料的营运能力的指标主要有应收账款周转率、存货周转率、流动资产周转率、总资产周转率。

（1）应收账款周转率。

应收账款周转率是企业一定时期内营业收入与平均应收账款余额的比率，是反映企业周转速度的指标。它有 3 种表示形式：应收账款周转次数、应收账款周转天数和应收账款与收入比。其计算公式如下：

$$应收账款周转次数=营业收入÷应收账款$$
$$应收账款周转天数=365÷（营业收入/应收账款）$$
$$应收账款与收入比=应收账款÷营业收入$$

通常情况下，应收账款周转率越高，应收账款周转天数越短，说明应收账款的收回速度越快，可以降低发生坏账的可能性。在计算和使用应收账款周转率时应注意以下问题：①应收账款年末余额的可靠性问题。应收账款是特定时点的存量，容易受季节性、偶然性和人为因素影响。在应收账款周转率用于业绩评价时，最好使用多个时点的平均数，以减少这些因素的影响；②大量销售使用现金结算方式；③应收票据是否计入应收账款周转率。大部分应收票据是销售形成的。只不过是应收账款的另一种形式，应将其纳入应收账款周转天数的计算，称为"应收账款及应收票据周转天数"；④年末大量销售或年末销售大幅度下降。

总之，应当深入应收账款的内部，并且要注意应收账款与其他问题的联系，才能正确地评价应收账款周转率。

（2）存货周转率。

存货周转率是企业一定时期内营业成本与平均存货余额的比率，是反映企业流动资产流动性的一个指标，也是衡量企业生产经营环节中存货运营效率的一个综合性指标。它也有 3 种计量方式，其计算公式如下：

$$存货周转次数=营业收入÷存货$$
$$存货周转天数=365÷（营业收入÷存货）$$
$$存货与收入比=存货÷营业收入$$

在计算和使用存货周转率时，应注意以下问题：①计算存货周转率时，使用"营业收入"还是"销售成本"作为周转额，要看分析的目的；②存货周转天数不是越低越好。存货过多会浪费资金，存货过少不能满足流转需要，在特定的生产经营条件下存在一个最佳的存货水平；③应注意应付款项、存货和应收账款（或销售）之间的关系；④应关注构成存货的产成品、自制半成品、原材料、在产品和低值易耗品之间的比例关系。

（3）流动资产周转率。

流动资产周转率是企业一定时期内营业收入与平均流动资产余额的比率，也是反映企业资产流动性的一个指标。它有 3 种计量方式，其计算公式为：

$$流动资产周转次数=营业收入÷流动资产$$
$$流动资产周转天数=365÷（营业收入÷流动资产）=365÷流动资产周转次数$$
$$流动资产与收入比=流动资产÷营业收入$$

流动资产周转次数表明流动资产一年中周转的次数，或者说是 1 元流动资产所支持的营业收入。流动资产周转天数表明流动资产周转一次所需的时间，也就是期末流动资产转换成现金平均所需要的时间。流动资产与收入比，表明 1 元收入所需要的流动资产投资。

通常，流动资产中应收账款和存货占绝大部分，因此它们的周转状况对流动资产周转具有决定性影响。

（4）总资产周转率。

总资产周转率是企业一定时期内营业收入与平均资产总额之间的比率，可以用来反映企业全部资产的利用效率。它有 3 种表示方式：总资产周转率、总资产周转次数、总资产周转天数，计算公式可分别表示为：

$$总资产周转率 = 营业收入净额/平均资产总额$$

其中，营业收入净额是减去销售折扣及折让等后的净额。平均资产总额是指企业资产总额年初数与年末数的平均值。

$$总资产周转次数 = 营业收入 ÷ 总资产$$

$$总资产周转天数 = 365 ÷（营业收入/总资产）= 365 ÷ 总资产周转次数$$

总资产周转率越高，表明企业使用全部资产的使用效率越高；反之，如果该指标越低，则说明企业利用全部资产进行的效率越差，最终会影响企业的盈利能力。

3. 盈利能力分析

盈利能力就是企业资金增值的能力，它通常体现为企业收益数额的大小和水平的高低，盈利能力分析包括经营盈利能力分析、资产盈利能力分析、资本盈利能力分析和收益质量分析。

（1）经营盈利能力分析。

经营盈利能力是指通过企业生产过程中的产出、耗费和利润之间的比率关系，来研究和评价企业获利能力，其衡量指标主要有营业毛利率、营业利润率和营业净利率。

① 营业毛利率。营业毛利率是指企业一定时期毛利与营业收入的比率，表示 1 元营业收入扣除营业成本后，有多少钱可以用于各项期间费用和形成盈利。其计算公式为：

$$营业毛利率 =（营业收入-营业成本）/营业收入×100\%$$

② 营业利润率。营业利润率是指企业一定时期营业利润与营业收入的比率，其计算公式为：

$$营业利润率 = 营业利润/营业收入×100\%$$

营业利润率越高，表明企业的市场竞争力越强，发展潜力越大，从而盈利能力更强。

③ 营业净利率。营业净利率是指企业一定时期净利润与营业收入的比率，表示 1 元营业收入扣除成本费用之间可以挤出来的净利润。其计算公式为：

$$营业净利率 = 净利润/营业收入×100\%$$

营业净利率越大，则企业的盈利能力越强。

（2）资产盈利能力分析。

资产盈利能力是指企业经济资源创造利润的能力，其主要衡量指标有总资产利润率、总资产报酬率、总资产净利率等。

① 总资产利润率。该指标是企业利润总额与平均资产总额的比率，它反映企业综合运用所拥有的全部经济资源所获得的效果，是一个综合性的效益指标。其计算公式为：

$$总资产利润率 = 利润总额/平均资产总额×100\%$$

总资产利润率表现利用全部资产取得的综合效益。一般情况下，该表越高，反映企业利用效果越好。

② 总资产报酬率。该指标是企业一定时期内获得的报酬总额与平均资产总额的比率。它是反映企业资产综合利用效果的指标，也是衡量企业利用债权人和所有者权益总额所取得盈利的重要指标。

其计算公式为：

$$总资产报酬率=息税前利润总额/平均资产总额\times100\%$$

其中，息税前利润总额=利润总额+利息支出=净利润+所得税+利息支出。

总资产报酬率反映了企业全部资产的获利水平，该指标越高，表明企业资产利用效益越好，整个企业盈利能力越强，经营管理水平越高。

③ 总资产净利率。该指标是净利润与平均资产总额的比率。它反映公司从 1 元受托资产中得到的净利润。其计算公式为：

$$总资产净利润=净利润/平均资产总额\times100\%$$

（3）资本盈利能力分析。

资本盈利能力分析是指企业所有者通过投入资本在生产经营过程中所取得利润的能力，其衡量指标主要有净资产收益率、资本收益率。

① 净资产收益率。净资产收益率是企业一定时期内净利润与平均净资产的比率。

其计算公式为：

$$净资产收益率=净利润/平均净资产\times100\%$$

净资产收益率是评价自有资本及累计获取报酬水平的最具综合性与代表性的指标，反映企业资本运营的综合效益。一般认为，净资产收益率越高，企业自有资本获取收益的能力越强，运营效益越好，对企业投资人和债权人的保证程度越高。

② 资本收益率。该指标是企业一定时期内净利润与平均高资本的比率，反映企业实际获得投资额的回报水平。其计算公式为：

$$资本收益率=净利润/平均资本\times100\%$$

平均资本=（实收资本年初数+资本公积年初数+实收资本年末数+资本公积年末数）/2

（4）收益质量分析。

收益质量是指企业盈利的结构和稳定性，评价收益质量的主要指标是盈余现金保障倍数。

盈余现金保障倍数是企业一定时期经营现金净流量与净利润的比值，反映企业当前净利润中现金收益的保障程度，真实地反映了企业盈余的质量。其计算公式为：

$$盈余现金保障倍数=经营现金净流量/净利润$$

盈余现金保障倍数是从现金流入和现金流出的动态角度对企业收益质量进行评价，充分反映出企业当前净利润中有多少是有现金保障的。一般情况下，盈余现金保障倍数大于 1 或者等于 1，说明企业的净利润具有相应的现金流量为保障。

4. 发展能力分析

发展能力是指企业在生存的基础上扩大规模、壮大实力的潜在能力。发展能力分析包括盈利增长能力分析、资产增长能力分析、资本增长能力分析和技术投入增长能力分析。

（1）盈利增长能力分析。

企业的价值主要取决于其盈利和增长能力，因而企业的盈利增长能力是企业发展能力的重要方面，其衡量指标主要由营业收入增长率、营业利润增长率、净利润增长率等。

① 营业收入增长率。营业收入增长率是企业本年营业收入增长额与上年营业收入总额的比率，反映营业收入的增减变动情况。其计算公式为：

$$营业收入增长率=营业收入增长额/上年度营业收入总额\times100\%$$

其中，营业收入增长额=本年营业收入总额-上年营业收入总额。

营业收入增长率是衡量企业经营状况和市场占有能力，预测企业经营业务拓展趋势的重要指标。该指标反映了企业营业收入的成长状况及发展能力。该指标大于0，表示营业收入比上期有所增长，该指标越大，营业收入的增长幅度越大，企业的前景越好，该指标小于0，说明营业的收入减少，表示产品销售可能存在问题。

② 营业利润增长率。营业利润增长率是企业本年营业利润增长额与上年营业利润总额的比率，反映营业利润的增减变动情况。其计算公式为：

营业利润增长率=营业利润增长额/上年营业利润总额×100%

其中，营业利润增长额=本年营业利润总额-上年营业利润总额。

营业利润增长率越大，说明企业营业利润增长得越快，表明企业业务突出，业务扩张能力强。

③ 净利润增长率。净利润增长率是指企业本年净利润增长额与上年净利润的比率，是企业发展的基本表现，其计算公式为：

净利润增长率=本年净利润增长额/上年净利润×100%

净利润越大，表明企业收益增长得越多，企业经营业绩突出，市场竞争能力强。

（2）资产增长能力分析。

资产的增长是企业发展的一个方面，也是企业价值增长的重要手段，其衡量指标主要是总资产增长率。

总资产增长率是企业本年总资产增长额同年初资产总额的比率，反映企业本期资产规模的增长情况。

总资产增长率=本年总资产增长额/年初资产总额×100%

其中，本年总资产增长额=年末资产总额-年初资产总额。

总资产增长率越高，表明企业一定时期内资产经营规模扩张的速度越快。但在分析时，需要关注资产规模扩张的质和量的关系，以及企业的后续发展能力，避免盲目扩张。

（3）资本增长能力分析。

资本增长是企业发展强盛的标志，也是企业扩大再生产的重要源泉，展示了企业的发展水平，是评价企业发展能力的重要方面，其衡量指标主要是资本积累率、资本保值增值率等。

① 资本积累率。资本积累率即股东权增长率，是指企业本年所有者权益增长额同年初所有者权益的比率。资本积累率表示企业当年资本的积累能力，是评价企业发展潜力的重要指标。

资本积累率=本年所有者权益增长额÷年初所有者权益×100%

资本积累率是企业当年所有者权益总的增长率，反映了企业所有者权益在当年的变动水平。它体现了企业资本的积累情况，是企业发展强盛的标志，也是企业扩大再生产的源泉，展示了企业的发展潜力。资本积累率反映了投资者投入企业资本的保全性和增长性，该指标越高，表明企业的资本积累越多，企业资本保全性越强，应付风险、持续发展的能力越大。该指标如为负值，表明企业资本受到腐蚀，所有者权益受到损害，应予以充分重视。

② 资本保值增值率。资本保值增值率是企业扣除客观因素后的本年年末股东权益总额与年初股东权益总额的比率，反映企业当年资本在自身努力下的实际增减变动情况，反映了企业资本的运营效益与安全状况，其计算公式为：

资本保值增值率=（年末所有者权益÷年初所有者权益）×100%

一般认为，资本保值增值率越高，企业的资本保全状况就越好，所有者权益增长越快，债权人的债务越有保障。该指标通常应大于100%。

（4）技术投入增长能力分析。

技术投入增长体现了企业研究开发和技术创新的重视程度与投入情况，是评价企业成长能力的重要方面，其衡量的指标主要是技术投入比率。

技术投入比率是指企业报告年度科技支出（当年用于研究开发、技术改造、科技创新等方面的支出）与报告年度营业收入金额的比例关系，反映企业在科技进步方面的投入，在一定程度上可以体现企业的成长潜力和可持续发展能力。

① 指标计算方式。

技术投入比率=本年科技支出合计/本年营业收入净额

其中，营业收入净额=销售收入-销售折扣-销售折让-销货退回。

② 指标分析要点。

该指标越高，表明企业对新技术的投入越多，企业对市场的适应能力越强，未来竞争优势越明显，生存发展空间越大，发展前景越好。技术创新是企业在市场竞争中保持优势，不断发展壮大的前提。技术投入比率集中体现了企业对技术创新的重视程度和投入情况，是评价企业持续发展能力的重要指标。

8.2.2 Excel 在财务指标分析中的应用

资产负债表、利润表、现金流量表等基础数据给定后，在 Excel 中进行财务指标分析的方法比较简单。用户参考财务指标公式，从不同的财务报表中引用相关的基础数据，在对应的单元格中输入公式即可。

下面介绍编制财务指标分析表的方法。

例 8-1 编制财务指标分析表。

A 公司的资产负债表、利润表、现金流量表如图 8-1、图 8-2 和图 8-3 所示，要求以这 3 张财务报表中的数据为基础，分析企业的偿债能力、营运能力、盈利能力、发展能力，编制如图 8-4 所示的财务指标分析表。

该范例文件见网上资源"第 8 章"文件夹下"财务分析"工作簿中的"财务指标分析"工作表。具体制作步骤如下。

资产负债表
2012年3月1日

资　产	2012年	2011年	2010年	负债及所有者权益	2012 年	2011年2	2010年2
流动资产：				流动负债：			
货币资金	748,630.45	587,632.50	550189.98	短期借款	160,000.00	160,000.00	180,000.00
交易性金融资产	-			交易性金融负债			
应收票据		32,000.00	309,874.00	应付票据	35,100.00	-	23,987.70
应收账款	228,842.04	135,710.04	138,076.70	应付账款	58,500.00	23,400.00	27,986.30
预付账款	9,500.00	9,500.00	8,000.00	预收账款	-	15,000.00	45987
应收股利	-			应付职工薪酬	-		
应收利息				应交税费	72,062.88	50,102.05	34,087.45
其他应收款	12,000.00	12,000.00	10,000.00	应付利息	2,000.00	2,000.00	2,000.00
存货	474,229.50	520,260.00	500,349.95	应付股利			
其中：消耗性生物资产				其他应付款	1,000.00		3,289.00
一年内到期的非流动资产				预付负债			
其他流动资产	480,708.09	206,784.88	249,986.00	一年内到期的非流动负债			
流动资产合计	1,953,910.08	1,503,887.42	1,216,286.65	其他流动负债			
非流动资产：				流动负债合计	328,662.88	250,502.05	317,337.45
可供出售金融资产				非流动负债：			
持有至到期投资				长期借款			
投资性房地产				应付债券			

图 8-1 资产负债表

利润表			
2012年			
编制单位：			
项目	2012年	2011年	2010年
一、营业收入	330,000.00	270,000.00	240,000.00
减：营业成本	190,290.50	160,986.00	140,776.00
营业务税金及附加	4,250.00	3,900.00	3,500.00
销售费用	2,000.00	3,000.00	4,987.00
管理费用	26,600.00	29,800.00	25,139.00
财务费用	4,876.00	6,000.00	4,000.00
资产减值损失	468.00	800.00	1,000.00
加：公允价值变动净收益	-		
投资净收益	-		
二、营业利润	101,515.50	65,514.00	60,598.00
加：营业外收入	-	40,000.00	2,000.00
减：营业外支出	6,000.00	30,000.00	12,987.00
其中：非流动资产处置净损失			
三、利润总额	95,515.50	75,514.00	49,611.00
减：所得税	25,312.88	23,984.34	17,983.00
四、净利润	70,202.62	51,529.66	31,628.00

图 8-2 利润表

现金流量表		
编制单位：	单位：元	
项目	2012年	2011年
一、经营活动产生的现金流量：		
销售商品、提供劳务收到的现金	277,500.00	223,862.00
收到的税费返还	-	-
收到的其他与经营活动有关的现金	300.00	1,000.00
现金流入小计	277,800.00	224,862.00
购买商品、接受劳务支付的现金	32,000.00	27,000.00
支付给职工以及为职工支付的现金	-	29,000.00
支付的各项税费	-	-
支付的其他与经营活动有关的现金	-	-
现金流出小计	32,000.00	56,000.00
经营活动产生的现金流量净额	245,800.00	168,862.00
二、投资活动产生的现金流量：	-	-
收回投资所收到的现金	-	-
取得投资收益所收到的现金	-	-
处置固定资产、无形资产和其他长期资	-	-
收到的其他与投资活动有关的现金	-	-
现金流入小计	-	-
购建固定资产、无形资产和其他长期资	-	-
投资所支付的现金	-	-
支付的其他与投资活动有关的现金	-	-
现金流出小计	-	-
投资活动产生的现金流量净额	-	-
三、筹资活动产生的现金流量：	-	-
吸收投资所收到的现金	-	-
借款所收到的现金	-	-
收到的其他与筹资活动有关的现金	-	-
现金流入小计	-	-
偿还债务所支付的现金	-	-
分配股利、利润或偿付利息所支付的现	-	-
支付的其他与筹资活动有关的现金	-	-
现金流出小计	-	-
筹资活动产生的现金流量净额	-	-
四、汇率变动对现金的影响	-	-

图 8-3 现金流量表

财务指标分析					
指标名称			指标说明	2012	2011
偿债能力	短期偿债能力	流动比率	流动资产/流动负债	5.95	6.00
		速动比率	速动资产/流动负债	4.48	5.18
		现金比率	(货币资金+交易性金融资产)/流动负债	2.28	2.35
		现金流动负债比率	经营现金流量净额/年末流动负债	75%	67%
	长期偿债能力	资产负债率	负债总额/资产总额	12%	7%
		产权比率	负债总额/股东权益	14%	8%
		权益乘数	资产总额/股东权益	1.14	1.08
		长期资本负债率	非流动负债/（非流动负债+股东权益）	8%	4%
		已获利息倍数	息税前利润总额/利息费用	20.59	13.59
		现金流量利息保障倍数	经营现金流量净额/利息费用	50.41	28.14
营运	生产资料营运能力	应收账款周转率	营业收入/平均应收账款余额	1.81	1.97
		存货周转率	营业成本/平均存货余额	0.66	0.53
		流动资产周转率	营业收入/平均流动资产余额	0.19	0.20
		总资产周转率	营业收入/平均资产总额	0.05	0.04
盈利能力	经营盈利能力	营业毛利率	（营业收入-营业成本）/营业收入	42%	40%
		营业利润率	营业利润/营业收入	31%	24%
		营业净利率	净利润/营业收入	21%	19%
	资产盈利能力	总资产利润率	利润总额/平均资产总额	1%	1%
		总资产报酬率	息税前利润总额/平均资产总额	2%	1%
		总资产净利率	净利润/平均资产总额	1%	1%
	资本盈利能力	净资产收益率	净利润/平均净资产	1%	1%
		资本收益率	净利润/平均资本	1%	1%
	收益质量	盈余现金保障倍数	经营现金金流量/净利润	3.50	3.28
发展能	盈利增长能力	营业收入增长率	本年营业收入增长额/上年营业收入总额	22%	13%
		营业利润增长率	本年营业利润增长额/上年营业利润	55%	8%
		净利润增长额	本年净利润增长额/上年净利润	36%	63%
	资产增长能力	总资产增长率	本年总资产增长额/年初资产总额	7%	3%
	资本增长能力	资本积累率	本年股东权益增长额/年初股东权益	1%	6%
		资本保值增值率	年末股东权益总额/年初股东权益	101%	106%

图 8-4 财务指标分析表

（1）新建名为“财务分析”的工作簿，双击“Sheet1”工作表标签，重命名为“资产负债表”，创建如图 8-1 所示的资产负债表。

（2）双击“Sheet2”工作表标签，重命名为“利润表”，创建如图 8-2 所示的利润表；双击“Sheet3”

工作表标签，重命名为"现金流量表"，创建如图 8-3 所示的现金流量表。

（3）单击工作表标签插入按钮，插入一张工作表，双击该工作表标签，重命名为"财务指标分析"；在区域 A3:D32 中输入如图 8-4 所示的财务指标分析框架。

（4）选择区域 A3:F32，设置相应的边框；在区域 E4:F32 中创建公式。以计算 2012 年的流动比率为例，选择单元格 E4，在公式栏内输入"="。

（5）参照单元格 D4 中的公式提示"流动资产/流动负债"，激活"资产负债表"工作表，单击"流动资产"所在的单元格 B18；在公式栏内输入"/"。

（6）单击"流动负债"所在的单元格 F19。公式栏内显示如图 8-5 所示的公式。

| E4 | ▼ | f_x =资产负债表!B18/资产负债表!F19 |

图 8-5　计算流动比率公式

（7）按 Enter 键，单元格 E4 显示计算结果。以同样的方法，按照 D 列的指标说明，在 E 列的单元格中输入各个指标的计算公式，公式如图 8-6 所示。

图 8-6　各个财务指标计算公式

（8）由于 2011 年各比率的计算公式与 2012 年的计算公式一致，相对引用的工作表公式也一致，所以可以直接复制 E 列的公式到 F 列。选择区域 E4:E32，向右填充到 F 列。

公式的计算结果如图 8-7 所示。将计算的结果与同行业企业的财务指标标准值进行比较，分析企业的偿债能力、营运能力、盈利能力和发展能力。

指标名称	2012	2011
财务指标分析		
流动比率	5.95	6.00
速动比率	4.48	5.18
现金比率	2.28	2.35
现金流动负债比率	75%	67%
资产负债率	12%	7%
产权比率	14%	8%
权益乘数	1.14	1.08
长期资本负债率	8%	4%
已获利息倍数	20.59	13.59
金流量利息保障倍	50.41	28.14
应收账款周转率	1.81	1.97
存货周转率	0.66	0.53
流动资产周转率	0.19	0.20
总资产周转率	0.05	0.04
营业毛利率	42%	40%
营业利润率	31%	24%
营业净利率	21%	19%
总资产利润率	1%	1%
总资产报酬率	2%	1%
总资产净利率	1%	1%
净资产收益率	1%	1%
资本收益率	1%	1%
盈余现金保障倍数	3.50	3.28
营业收入增长率	22%	13%
营业利润增长率	55%	8%
净利润增长额	36%	63%
总资产增长率	7%	3%
资本积累率	1%	6%
资本保值增值率	101%	106%

图 8-7　各个指标计算结果

提示

使用 Excel 能够进行一系列的数据分析，主要有如下种类。

方差分析	相关系数
协方差	描述统计
指数平滑	F-检验 双样本方差
傅立叶分析	直方图
移动平均	随机数发生器
排位与百分比排位	回归分析
抽样分析	t-检验
Z-检验	

该数据分析功能一次只能应用于一张工作表。如果对组合的工作表进行数据分析，计算结果只会显示在第一张工作表上，其余工作表上将显示带格式的空白表格。若要对其余工作表进行数据分析，分别在每张工作表上运行一次分析工具即可。

8.3　财务趋势分析

财务趋势分析法，是通过对比两期或连续数期财务报告中的相同指标，确定增减变动的方向、数额和幅度，来说明企业财务状况或经营成果变动趋势的一种方法。采用这种方法，可以分析引起变化的主要原因、变动的性质，并预测企业未来的发展前景。不同时期的分析方法有多期比较分析、项目构成百分比分析等。

8.3.1　Excel 在多期比较分析中的应用

多期比较分析，是研究和比较连续几个会计年度的会计报表及相关项目。其目的是查找变化的内容、变化的原因及发展趋势。下面介绍创建企业费用趋势图的方法。

例 8-2　创建企业费用趋势图。

B 公司 2008 年到 2012 年的费用如图 8-8 所示，创建如图 8-10 所示的折线图，以图形的方式更直接地反映企业管理费用、营业费用、财务费用在这 5 年的变化及发展趋势。

17	项目	2008年	2009年	2010年	2011年	2012年
18	管理费用	592,961.90	564,817.78	546,972.41	413,703.88	518,197.63
19	营业费用	18,477.50	10,861.21	28,656.35	10,225.25	25,426.36
20	财务费用	40,261.95	73,462.19	51,233.15	74,107.31	144,948.34

图 8-8　2008～2012 年费用明细

该范例文件见网上资源"第 8 章"文件夹下"财务分析"工作簿中的"财务趋势分析"工作表，具体操作步骤如下。

（1）打开"财务分析"工作簿，单击工作表标签插入按钮 ，插入一张工作表，双击该工作表标签，重命名为"财务趋势分析"；选择区域 A17:F20，选择"插入"/"图表"/"折线图"命令，打开如图 8-9 所示的下拉列表。

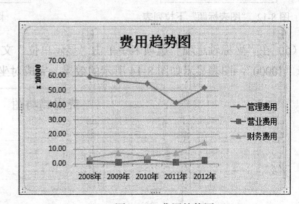

图 8-9　折线图下拉列表　　　　　　　　　　图 8-10　费用趋势图

（2）单击"二维折线图"组中的"带数据标记的折线图"选项，在工作表中插入如图 8-11 所示的图表。

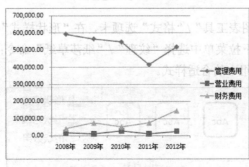

图 8-11　插入折线图

（3）单击折线图，选择"图表工具"/"布局"/"标签"/"图表标题"命令，打开如图8-12所示的下拉列表。

（4）选择"图表上方"选项，在图表的上方插入图表标题文本框，将文本框中的文本更改为"费用趋势图"；单击图表垂直坐标轴的标题，右键单击鼠标，在打开的快捷菜单中选择"设置坐标轴格式"命令，打开如图8-13所示的"设置坐标轴格式"对话框。

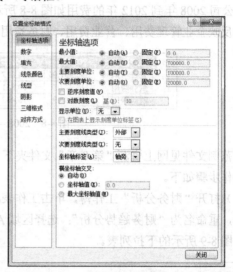

图8-12 "图表标题"下拉列表　　　　　　　　图8-13 "设置坐标轴格式"对话框

（5）在"坐标轴选项"选项卡中单击"显示单位"文本框右端下拉按钮，在打开的下拉列表中选择"10000"，图表显示如图8-14所示的效果，完成对坐标轴的设置。

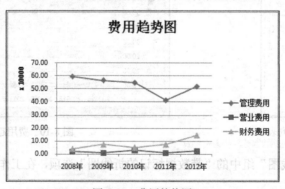

图8-14 费用趋势图

（6）选中图表，单击"图表工具"/"格式"选项卡，在"形状样式"功能组中选择"形状填充"命令，如图8-15所示，在下拉菜单中选择"纹理"/"纸莎草纸"命令；选择"形状效果"命令，在下列菜单中选择"发光"组中的合适样式。

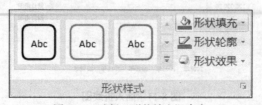

图8-15 选择"形状填充"命令

对图表进行优化后的效果如图 8-16 所示。

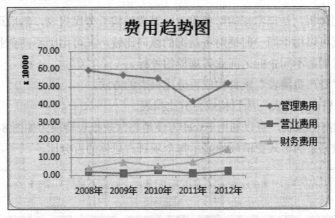

图 8-16　对图表优化后的效果

SmartArt 图形概述

　　SmartArt 图形是信息和观点的视觉表示形式。可以通过从多种不同布局中进行选择来创建 SmartArt 图形，从而快速、轻松、有效地传达信息。

　　虽然插图和图形比文字更有助于读者理解和回忆信息，但大多数人仍创建仅包含文字的内容。创建具有设计师水准的插图很困难，尤其是当我们是非专业设计人员或者聘请专业设计人员对于您来说过于昂贵时。如果使用早期版本的 Microsoft Office，则可能无法专注于内容，而是要花费大量时间进行以下操作：使各个形状大小相同并且适当对齐；使文字正确显示；手动设置形状的格式以符合文档的总体样式。使用 SmartArt 图形和其他新功能，如"主题"，只需单击几下鼠标，即可创建具有设计师水准的插图。

　　创建 SmartArt 图形时，系统将提示选择一种 SmartArt 图形类型，如"流程""层次结构""循环"或"关系"。类型类似于 SmartArt 图形类别，而且每种类型包含几个不同的布局。

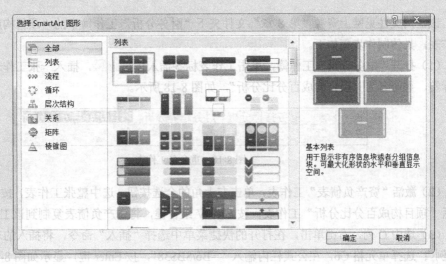

8.3.2 Excel在项目构成百分比分析中的应用

项目构成百分比分析，是把常规的财务报表换算成结构百分比报表，然后逐项比较不同年份的报表。这种方法不仅可以用于同一时期财务状况的纵向比较，又可用于不同企业之间的横向比较，同时能够消除不同时期、不同企业之间业务规模的差异。

下面介绍编制“资产负债表”项目构成百分比报表的方法。

例 8-3 编制“资产负债表”项目构成百分比报表。

沿用例 8-1 中的财务报表，可以利用 Excel 方便地将常规报表转换为如图 8-17 所示的项目构成百分比报表，并以数据条的形式更清晰地显示每个项目占总体的百分比。

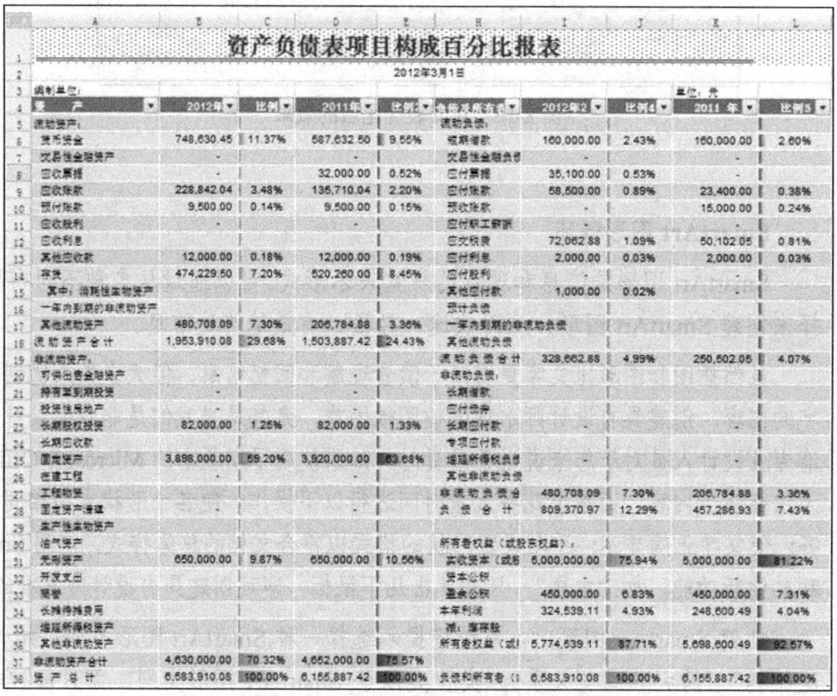

资产负债表项目构成百分比报表

2012年3月1日

编制单位： 单位：元

资产	2012年	比例	2011年	比例2	负债及所有者	2012年2	比例4	2011 年	比例5
流动资产：					流动负债：				
货币资金	748,630.45	11.37%	587,632.50	9.55%	短期借款	160,000.00	2.43%	160,000.00	2.60%
交易性金融资产	-		-		交易性金融负债	-		-	
应收票据	-		32,000.00	0.52%	应付票据	35,100.00	0.53%	-	
应收账款	228,842.04	3.48%	135,710.04	2.20%	应付账款	58,500.00	0.89%	23,400.00	0.38%
预付账款	9,500.00	0.14%	9,500.00	0.15%	预收账款	-		15,000.00	0.24%
应收股利	-		-		应付职工薪酬	-		-	
应收利息					应交税费	72,062.88	1.09%	50,102.05	0.81%
其他应收款	12,000.00	0.18%	12,000.00	0.19%	应付利息	2,000.00	0.03%	2,000.00	0.03%
存货	474,229.50	7.20%	520,260.00	8.45%	应付股利	-		-	
其中：消耗性生物资产					其他应付款	1,000.00	0.02%	-	
一年内到期的非流动资产					预计负债				
其他流动资产	480,708.09	7.30%	206,784.88	3.36%	一年内到期的非流动负债				
流动资产合计	1,953,910.08	29.68%	1,503,887.42	24.43%	其他流动负债				
非流动资产：					流动负债合计	328,662.88	4.99%	250,502.05	4.07%
可供出售金融资产	-		-		非流动负债：				
持有至到期投资	-		-		长期借款				
投资性房地产	-		-		应付债券				
长期股权投资	82,000.00	1.25%	82,000.00	1.33%	长期应付款	-		-	
长期应收款					专项应付款				
固定资产	3,896,000.00	59.20%	3,920,000.00	63.68%	递延所得税负债	-		-	
在建工程	-		-		其他非流动负债				
工程物资					非流动负债合	480,708.09	7.30%	206,784.88	3.36%
固定资产清理	-		-		负债合计	809,370.97	12.29%	457,286.93	7.43%
生产性生物资产									
油气资产					所有者权益（或股东权益）：				
无形资产	650,000.00	9.87%	650,000.00	10.56%	实收资本（或股	5,000,000.00	75.94%	5,000,000.00	81.22%
开发支出					资本公积	-		-	
商誉					盈余公积	450,000.00	6.83%	450,000.00	7.31%
长摊待摊费用					本年利润	324,539.11	4.93%	248,600.49	4.04%
递延所得税资产					减：库存股				
其他非流动资产					所有者权益（或	5,774,539.11	87.71%	5,698,600.49	92.57%
非流动资产合计	4,630,000.00	70.32%	4,652,000.00	75.57%					
资产总计	6,583,910.08	100.00%	6,155,887.42	100.00%	负债和所有者（	6,583,910.08	100.00%	6,155,887.42	100.00%

图 8-17 资产负债表项目构成百分比报表

该范例文件见网上资源“第 8 章”文件夹下“财务分析”工作簿中的“项目构成百分比分析”工作表，具体制作步骤如下。

（1）打开“财务分析”工作簿，单击工作表标签插入按钮，插入一张工作表，双击该工作表标签，重命名为“项目构成百分比分析”，如图 8-18 所示。

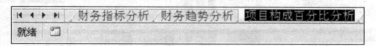

图 8-18 重命名工作表

（2）激活“资产负债表”工作表，单击左上角的全选按钮，选中整张工作表，按 Ctrl+C 组合键；激活“项目构成百分比分析”工作表，按 Ctrl+V 组合键，将资产负债表复制到该工作表中。

（3）选中 C 列，右键单击，在打开的快捷菜单中选择“插入”命令，将插入的表格列标题改为“比例”；选择单元格 C6，在公式栏内输入“=B6/$B$38”，按 Enter 键，显示如图 8-19 所示的按钮。

（4）单击该按钮，选择"使用此公式覆盖当前列中的所有单元格"命令，表格自动将 B6 中的公式复制到表格该列的其他行内。

（5）选择"比例"列，转到"开始"选项卡，在"数字"功能组中单击百分比按钮 %，设置该列的数字为百分比样式；选择"比例"列，转到"开始"选项卡，在"数字"功能组中单击增加小数位数按钮 ⁺⁰⁰，保留两位小数，如图 8-20 所示。

图 8-19　自动填充复制按钮

图 8-20　单击增加小数位数按钮 ⁺⁰⁰

（6）若只显示不为零的数据，单击"Office 按钮"，单击"Excel 选项"按钮，打开"Excel 选项"对话框，转到"高级"选项卡，在"此工作表的显示选项"功能组中选择"在具有零值的单元格中显示零"复选框，删去默认选择的标记，如图 8-21 所示。单击"确定"按钮，关闭对话框，返回工作表界面。此时，工作表中的所有零值不显示。

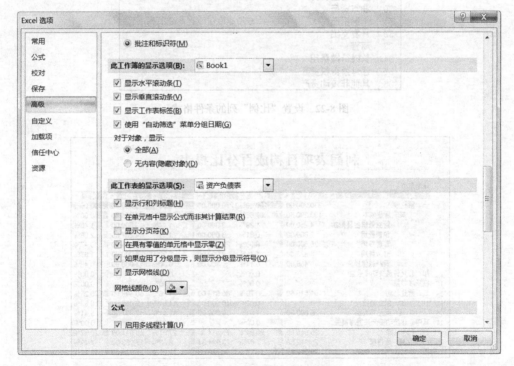

图 8-21　"Excel 选项"对话框

（7）选择"比例"列，选择"开始"/"样式"/"条件格式"/"数据条"命令，设置该列的条件格式，显示如图 8-22 所示的效果。

（8）参照以上方法，为"2011 年""2010 年"添加相应的列，计算其他列的结构百分比，并设置条件格式。

按照上述方法，制作如图 8-23 所示的利润表项目构成百分比报表。

资 产	2012年	比例
流动资产：		
货币资金	748,630.45	11.37%
交易性金融资产	-	
应收票据	-	
应收账款	228,842.04	3.48%
预付账款	9,500.00	0.14%
应收股利		
应收利息		
其他应收款	12,000.00	0.18%
存货	474,229.50	7.20%
其中：消耗性生物资产		
一年内到期的非流动资产		
其他流动资产	480,708.09	7.30%
流动资产合计	1,953,910.08	29.68%
非流动资产：		
可供出售金融资产	-	
持有至到期投资	-	
投资性房地产	-	
长期股权投资	82,000.00	1.25%
长期应收款		
固定资产	3,898,000.00	59.20%
在建工程	-	
工程物资		
固定资产清理	-	
生产性生物资产		
油气资产		
无形资产	650,000.00	9.87%
开发支出		
商誉		
长摊待摊费用		
递延所得税资产		
其他非流动资产		

图 8-22　设置"比例"列的条件格式

利润表项目构成百分比报表

2012年

编制单位： 单位：元

项 目	2012年	比例	2011年	比例2	2010年	比例3
一、营业收入	330,000.00	100.00%	270,000.00	100.00%	240,000.00	100.00%
减：营业成本	190,290.50	57.66%	160,986.00	59.62%	140,776.00	58.66%
营业税金及附加	4,250.00	1.29%	3,900.00	1.44%	3,500.00	1.46%
销售费用	2,000.00	0.61%	3,000.00	1.11%	4,987.00	2.08%
管理费用	26,600.00	8.06%	29,800.00	11.04%	25,139.00	10.47%
财务费用	4,876.00	1.48%	6,000.00	2.22%	4,000.00	1.67%
资产减值损失	468.00	0.14%	800.00	0.30%	1,000.00	0.42%
加：公允价值变动净收益	-	0.00%	-	0.00%	-	0.00%
投资净收益	-	0.00%	-	0.00%		0.00%
二、营业利润	101,515.50	30.76%	65,514.00	24.26%	60,598.00	25.25%
加：营业外收入	-	0.00%	40,000.00	14.81%	2,000.00	0.83%
减：营业外支出	6,000.00	1.82%	30,000.00	11.11%	12,987.00	5.41%
其中：非流动资产处置净损失		0.00%		0.00%		0.00%
三、利润总额	95,515.50	28.94%	75,514.00	27.97%	49,611.00	20.67%
减：所得税	25,312.88	7.67%	23,984.34	8.88%	17,983.00	7.49%
四、净利润	70,202.62	21.27%	51,529.66	19.09%	31,628.00	13.18%

图 8-23　利润表项目构成百分比报表

　　用资产负债表项目构成百分比表和利润项目构成百分比报表所显示的结果，可以用来分析企业资产、负债、权益、利润项目中各项目的构成情况，为全面了解企业财务状况或进行相关的决策提供重要的参考信息。

课后习题

1. 资产负债率的计算公式是（　　　）。

　　A. 资产负债率=流动资产/流动负债

　　B. 资产负债率=流动负债/流动资产

　　C. 资产负债率=流动资产/负债合计

　　D. 资产负债率=负债总额/资产总额

2. 以下关于流动比率和速动比率，说法正确的是（　　　）。

　　A. 流动比率和速动比率均是用来衡量企业获利能力的分析指标

　　B. 流动比率的计算公式为：流动负债合计/流动资产合计×100%

　　C. 速动比率的计算公式为：存货/流动负债×100%

　　D. 流动比率和速动比率均是用来衡量企业偿债能力的指标，其中速动比率又称为酸性测试

比率

3. 总资产报酬率的计算公式为（　　　）。

　　A. 总资产报酬率=（利润总额+利息支出）/平均资产总额×100%

　　B. 总资产报酬率=利润总额/平均资产总额

　　C. 总资产报酬率=利息支出/平均资产总额

　　D. 总资产报酬率=（利润总额+利息支出）/期末总资产

4. 假定企业近 5 年的现金支出项目及金额如题图 8-1 所示，请按照前面的方法对未来现金支出

进行线性预测。

	A	B	C	D	E	F
1	现金支出					
2	项目	2008	2009	2010	2011	2012
3	经营活动现金支出	85%	83.25%	79.88%	72.35%	66.68%
4	投资活动现金支出	9.50%	12.75%	15.68%	17.85%	19.16%
5	筹资活动现金支出	5.50%	4%	4.44%	9.80%	14.16%
6	现金支出合计	100%	100%	100%	100%	100%

题图 8-1　现金支出项目图

参考文献

[1] 姬昂，崔婕，穆乐福，等. Excel 在会计和财务中的应用. 北京：清华大学出版社，2012.

[2] 郭旭文，庄君，李丽丽，等. Excel 会计电算化与应用(修订版). 北京：电子工业出版社，2013.

[3] 徐涛，张报，曹正松. Excel 会计、出纳日常工作与财务数据处理. 北京：兵器工业出版社，2013.

[4] 宋传联，于书宝，陆丝. 基于 Excel 应用的会计实务. 北京：机械工业出版社，2012.

[5] 神龙工作室，邓芳. Excel 高效办公：会计实务. 北京：人民邮电出版社，2012.